教育发展与山区乡村振兴学科群建设项目（黔教
铜仁学院 2020 年博士科研启动基金项目（t

居民参与意愿、参与行为与乡村旅游发展绩效研究

黄玖琴◎著

湘潭大学出版社
XIANGTAN UNIVERSITY PRESS

图书在版编目（CIP）数据

居民参与意愿、参与行为与乡村旅游发展绩效研究 / 黄玖琴著. -- 湘潭 : 湘潭大学出版社, 2023.3
ISBN 978-7-5687-1008-4

Ⅰ. ①居… Ⅱ. ①黄… Ⅲ. ①农民－参与管理－乡村旅游－旅游业发展－经济绩效－研究－中国 Ⅳ. ① F592.3

中国国家版本馆 CIP 数据核字（2023）第 025141 号

居民参与意愿、参与行为与乡村旅游发展绩效研究

JUMIN CANYU YIYUAN、CANYU XINGWEI YU XIANGCUN LÜYOU FAZHAN JIXIAO YANJIU

黄玖琴 著

责任编辑：罗 联
封面设计：李 平
出版发行：湘潭大学出版社
社　　址：湖南省湘潭大学工程训练大楼
电　　话：0731-58298960 0731-58298966（传真）
邮　　编：411105
网　　址：http://press.xtu.edu.cn/
印　　刷：长沙鸿和印务有限公司
经　　销：湖南省新华书店
开　　本：710 mm×1000 mm 1/16
印　　张：14
字　　数：251 千字
版　　次：2023 年 3 月第 1 版
印　　次：2023 年 3 月第 1 次印刷
书　　号：ISBN 978-7-5687-1008-4
定　　价：65.00 元

前　言

党的二十大报告指出，全面推进乡村振兴，坚持农业农村优先发展，扎实推动乡村产业、人才、文化、生态、组织振兴。乡村旅游是旅游业的重要组成部分，是实施乡村振兴战略的重要力量，在加快推进农业农村现代化、城乡融合发展、贫困地区脱贫攻坚等方面发挥着重要作用。让乡村居民参与乡村旅游，并通过乡村旅游的发展而受益，正是发展乡村旅游的价值和意义。

本书以利益相关者理论、社区参与理论、旅游地生命周期理论为基础，结合计划行为理论的模型，推出居民参与意愿、居民参与行为、政府作用与乡村旅游发展绩效的关系，探讨居民参与乡村旅游的发展机制。结合贵州省乡村旅游发展的实际情况，设计针对居民参与乡村旅游的调查问卷，在贵州省9个地州市的乡村旅游点随机发放。运用SPSS统计软件，对回收的517份有效问卷进行检验。使用因子分析、多元回归等方法对变量进行分析。通过验证得出以下结论：居民参与意愿对居民参与行为存在显著正向影响；居民参与行为对乡村旅游发展绩效存在显著正向影响；居民参与行为在居民参与意愿与乡村旅游发展绩效的关系中存在中介作用；政府作用在居民参与行为与乡村旅游发展绩效之间存在调节作用。

本书的贡献在于：构建了居民参与意愿、居民参与行为、政府作用和乡村旅游发展绩效的理论模型；验证了居民参与行为在居民参与意愿与乡村旅游发展绩效间的中介效应；识别了政府作用在居民参与行为与乡村旅游发展绩效中的调节作用。

本书提出的乡村旅游发展对策包括：一是发挥政府引导作用，做好顶层设计和统筹规划；二是瞄准旅游市场，做大做强乡村旅游品牌；三是调动居民等利益相关者的积极性，多方发力，组成利益联盟。

本书共计六章。第一章是引言。第二章是文献综述。第三章是理论模型与研究假设。第四章是研究设计。第五章是实证分析。第六章是结论与讨论。

目录

第一章　引　言

一、研究背景

（一）国外乡村旅游发展

在西方发达国家，乡村旅游早已是习以为常的旅游形式。究其根本，是因为西方国家的经济在二战之后得到较快的恢复和发展，而东方国家中，除了日本之外，其他国家的经济发展都较为缓慢。旅游的发展是建立在经济基础之上的，在欧洲国家中，人均收入超过 3000 美元的时候，旅游已经成为一种普及的休闲活动。乡村旅游作为旅游的分支，是现代人为了逃避快节奏的工作压力和享受大自然的馈赠逐步发展起来的。由于现代社会发展进程加快，世界的空间距离逐步缩短。由于交通基础设施日益健全，人们越来越喜欢参加外出的休闲娱乐活动，而旅游成为多数人的选择。近年来，欧洲的很多国家，包括英国、德国、奥地利、西班牙和法国等，都在推动乡村旅游的大力发展，发展规模已经比较可观，旅游服务及基础设施也已经比较完善，多数已经规范发展并向更高质量发展前行。20 世纪 70 年代以来，乡村旅游在美国和加拿大等国也逐步兴起，并且在建设之初就具有较大的潜力和蓬勃发展的生命力。中国的乡村旅游发展则更晚一些。发达国家乡村旅游的发展兴起，有其特殊的历史背景。100 多年前，西方国家就因为工业革命的推动，使得工业化、城市化快速发展，其农村地区也发生了重大的变化。社会的分工和科技的进步使得乡村劳动力需求缩减，农业产品产量却在增加，政府开始了限制农产品的政策。大量乡村人口外移，乡村经济出现了衰败之势，同时，老龄化问题突出。乡村如何走出困境，引起了国家的重视。乡村旅游作为一种新的乡村生产生活方式，引发了人们的普遍关注。乡村旅游的兴起，也引发了大量学者的关注。

1. 法国

(1) 发展历程

成立于1953年的法国农会（APCA）于1998年专门设立了“农业及旅游接待服务处”，并联合其他有关社会团体，建立了名为“欢迎莅临农场”的组织网络，有3000多户农民加盟。2004年，法国农村地区接待了全国28.2%的旅游者，本国公民在本国乡村旅游的消费额约为200亿欧元。

(2) 产品类型

法国乡村旅游产品涵盖了农场客栈、农产品市场、点心农场、骑马农场、教学农场、探索农场、狩猎农场、暂住农场和露营农场等九大系列。法国郊区农业旅游也出现多种形式，包括家庭农场、教育农场、自然保护区、家庭农园等，活动类型多种多样。

(3) 经验做法

① 加强宣传。法国出版了专门的宣传和指导手册，大力促销乡村旅游产品。

② 制定相关计划。法国推出了“农庄旅游”计划，使1.6万户农家建立了家庭旅馆。

③ 社区参与，实行本地化策略。法国鼓励农民参与乡村旅游开发，加强培训和引导。新兴的“绿色度假”每年可以给法国农民带来700亿法郎的收益，相当于全国旅游业收入的1/4。

2. 美国

(1) 发展历程

美国有着悠久的乡村旅游传统，美国旅行行业协会（Travel Industry Association of America）2001 年对 1300 位乡村旅游者的抽样调查表明：亲近自然的乡村旅游最受旅游者青睐。二战以后，乡村旅游成为中产阶级生活的一部分，他们假期经常在城边不贵的乡村食宿接待设施和私人农场中度过，旅游食宿设施的形式一般是乡村旅馆和农场上的私人闲置房间。

（2）产品类型

在美国，乡村旅游主要包括农业旅游、森林旅游、民俗旅游、牧场旅游、渔村旅游和水乡旅游等。美国乡村旅游的主要类型有观光农场、农场度假和家庭旅馆等。观光休闲农场是集观光旅游和科普知识学习于一体的农场。家庭旅馆代表了一个 50 亿美元的产业，主要分为乡村家庭旅馆和城市家庭旅馆。20 世纪 60 年代末，两种形式的家庭旅馆在美国都很盛行，尤其是 80 年代后，得到了迅速的发展。外出用餐、购物、自然旅游、游览古迹、划船、打猎、骑马、骑自行车、登山、节庆活动都是美国游客喜爱的乡村旅游活动。

（3）经验做法

① 减少中间环节，提高经济效益。美国夏威夷 2000 年全州有 5500 座农场从事农业旅游，全州农业旅游产值中，1/3 来自农产品的直接销售。

② 举办乡村旅游巡回展览和专题研讨会议，向全国的农牧业生产者提供乡村旅游知识培训，鼓励所有农牧业生产者加盟协会和组织。

③ 政府在资金和政策上给予大力扶持，向从事乡村旅游的个人和团体提供优惠贷款和补贴，提高他们的经营水平和抗风险能力，同时也制定了严格的管理法规。

④ 发挥非营利性组织的作用。1992 年，美国出台正式的关于乡村旅游与小商业发展的国家政策，并建立非营利行业组织——国家乡村旅游基金（NRTF），从事项目规划、募集、发放资助、提供宣传等工作。

⑤ 切合实际，更多地瞄准国内市场，特别是周边城市的居民。乡村旅游的发展主要是靠国内居民，特别是周边城市的居民所带动的。美国在选择乡村旅游目标市场上着重打好“本地牌”。

⑥ 注意突出地方特色，在市场定位和宣传上，从本地资源特色和文化历史中挖掘题材，突出与众不同的“卖点”。

⑦ 通过节会营销树立本地乡村旅游品牌，进一步拓展乡村旅游市场。

3. 日本

(1) 发展历程

日本的乡村旅游开始于20世纪70年代，近些年得到大规模发展。日本借鉴法国、丹麦、德国等欧洲国家的先进经验，1991年制定了《市民农园整备促进法》，农园的规模较大、设施较齐全。

(2) 产品类型

日本乡村旅游的主要类型有观光农园、市民农园、农业公园、乡村休养等，主要的活动有农业观光、农事参与、乡村度假、参观学习、品尝购物等。

(3) 经验做法

① 农产品直接销售，提高了乡村旅游对当地的带动效应。

② 日本各地观光农业经营者们成立了协会，有利于行业自律及提高卫生、管理和服务水平。

③ 注重活动的参与性，达到增长知识、亲近自然、修身养性的目的。

4. 西班牙

(1) 发展历程

西班牙从20世纪60年代开始大力推行乡村旅游，政府出资修建乡村旅游社区，为度假游客提供服务。目前，乡村旅游已经是西班牙的主要旅游形式之一。

(2) 产品类型

西班牙是欧洲乡村旅游的发源地和世界上著名的旅游大国。西班牙最早将废弃的城堡改造后开展旅游活动，主要有房屋出租型、别墅出租型、山地度假型、乡村观光型等，开展徒步、骑马、滑翔、登山、漂流等多种休闲活动，85%的乡村旅游者周末驾车前往100～150千米以内的农场休闲度假。

(3) 经验做法

① 注重主客交流和生活方式的体验。在农舍内，游客可与农场主人共同生活，体验性较强。

② 经营形式灵活多样。在农场范围内，游客可以把整个农场租下，远离

农场主人，自行料理生活上的事务，也可以在农场范围内搭帐篷露营或者利用旅行车旅行。

③ 重视文化的复兴和传统习俗的渗透，保持乡村旅游的独特魅力，开拓国际市场。

5. 意大利

(1) 发展历程

意大利在1865年就成立了农业与旅游协会，专门介绍城市居民到农村去体味乡村野趣，参与农业活动，开展骑马、钓鱼、采摘、品尝新鲜食品、欣赏田园风光等乡村旅游活动。2002年，意大利大约有1.15万家专门从事绿色农业旅游的经营单位，当年夏天就接待了120万人次的本国旅游者和20万人次的外国旅游者。目前，意大利专供绿色旅游者饮食起居的农庄已有6500间。

(2) 产品类型

意大利乡村旅游的主要类型有农场度假、农场观光、乡村户外运动、乡村美食品尝等。手工制作、古文化体验、乡村节日之旅、乡村美食、骑马等都是很受欢迎的项目。

(3) 经验做法

① 根据资源特色，推出专题旅游线路。

② 成立旅游协会和行业互助组织。

③ 农业部门对乡村旅游进行资助，形成合力。

④ 把政府的干预机制与市场经济整合起来发展乡村旅游。

(二) 国内乡村旅游发展

乡村旅游经过长时间的发展，已由初期的自发阶段发展到现在的自觉阶段。1994年，在西班牙召开了“旅游在农村的可持续发展地区间研讨会”，会上确定了关于乡村旅游开发中应注意的培训、规划、信息、管理等问题。1998年，首届国际乡村旅游研讨会在西班牙埃斯特城举行，讨论了深入开发乡村旅游文化的问题。这些都为我国乡村旅游的发展指明了方向。我国国家旅游局在1998年把该年的旅游活动主题确定为“华夏城乡游”，从而掀起了我国乡村旅游的高潮。乡村旅游在我国方兴未艾。

1. 发展规模

乡村旅游的发展规模比较大。据不完全统计，1996—1997年，我国从南到北涉及观光农业这一主题的开发项目累计投资达30亿元以上。1998年，国家旅游局推出的乡村旅游“国线”涉及全国20多个省、自治区、直辖市。据调查，我国已有至少1万个村、约300万人口通过发展乡村旅游致富。

2. 地理区位

乡村旅游主要有城郊型和景郊型两大类。城郊型主要是依托大、中城市，以城市居民为主要目标市场，开发中人工雕琢的痕迹较多，如珠海的蝴蝶公园、苏州的未来农林大世界等。目前，城郊型是我国乡村旅游的主要形式。景郊型主要是依托某一国家级（或世界级）、省级风景名胜区，以景区游客为主要的目标市场，开发中较多地保存着乡村的原生状态，如江西井冈山的公社食堂、湖北随州观光农业区等。随着乡村旅游的发展，一种中心型的乡村旅游区位模式正在出现，这种乡村旅游区既不依托城市，也不依托景区，而是依托连接两个城市或景区的便利交通，利用自己交通中心的地位，开发乡村旅游资源。如湖南汉寿县以观鸟为主的乡村生态旅游区的开发，正是利用其处于长沙至张家界高速公路的中心地的优势。

3. 存在形式

乡村旅游的形式主要有观光旅游，如各种形式的观光农业旅游、休闲农业旅游以及民俗旅游等；度假旅游，如各种农民客栈、农村度假村等；修学旅游，如各种务农旅游、农业考察旅游等；购物旅游，如各种采摘旅游等。此外，还有探险旅游、商务旅游、会议旅游、探亲访友旅游等各种形式。

4. 发展现状

1998年，国家旅游局确定“华夏城乡游”的旅游主题口号，并将1999年定为“99 生态旅游年”。可以说，开启了中国乡村旅游的大发展。1999 年，国务院出台《全国年节及纪念日放假办法》，以春节、劳动节、国庆节等传统节日为主，加之邻近的周末双休共 7 天假期，形成特殊的“黄金周”，也促使旅游业迎来开门红。“黄金周”为全国乡村旅游持续快速发展奠定了坚实的基础，可以说，对于推动中国大众旅游的发展有着十分重要的作用。之后的乡村旅游发展，我们可以根据时间轴线梳理出一个国家层面支持政策方面的脉络。2002 年，国家出台并实施《全国工农业旅游示范点检查标准（试行）》，界定了农业旅游的要求和标准。以农业为基础的旅游活动是乡村旅游业的关键，农业旅游的标准化发展进一步促进了中国乡村旅游业健康、可持续、规范化发展。2003 年，上海颁布的《农家乐旅游服务质量等级划分》，成为第一个地方层面的乡村旅游规范。2006 年初，国务院发布《关于推进社会主义新农村建设的若干意见》，对社会主义新农村建设提出要求。要求新农村建设中要做到：生产得到大力发展，农民生活日益宽裕，乡风文明向好发展，村容村貌日益整洁，基层治理民主化。这些也成为今后乡村旅游业发展的政策支持。2006 年，国家旅游局确定当年为“中国乡村旅游年”，就此发布了“新农村、新旅游、新体验、新时尚”的乡村旅游发展政策口号，将乡村旅游业发展与统筹城乡发展相协调，以实现“以工促农，以城带乡”的重要政策目标。2007 年，国家旅游局和农业部印发《关于大力推进全国乡村旅游发展的通知》，并启动“中国和谐城乡游”，其宣传口号是“魅力乡村、活力城市、和谐中国”。通过这些活动，深入细致地完善乡村旅游合作章程，在保障各方利益的基础上，重点保障乡村旅游地居民的开发经营权和获取实际收益的权利。同年，国家农业部和旅游局一起推动乡村旅游的“百千万工程”，提出在第十一个五年规划期间，在全国范围内建设一百个乡村旅游发展示范县，建设一千个乡村旅游发展示范乡镇，建设一万个乡村旅游发展示范村。2008 年，中共中央出台《关于推进农村改革发展若干重大问题的决定》，允许并鼓励农村土地合法流转，扶持农民合作组织发展，探索农业多元化经营发展模式，这为乡村旅游业的发展提供了更便利的政策依据。同年，中国共产党的第十七届三中全会审议并通过了《中共中央关于推进农村改革发展若干重大问题的决定》，指出“发展特色产业和乡村旅游业要因地制宜”。旅游产业由于辐射能力较强、关联性较大，随后被列为国家经济发展的新兴战略性产业，国家大力扶持其优先发展。2009 年，国家旅游局制定《全国乡村旅游发展纲要(2009—2015 年)》，当时就拟定了 2015 年中国乡村旅游的既定目标，即乡村旅游业中，接待总人次要达到 7.71 亿，总体旅游相关收入 1145 亿元，带动旅游产业就业 989 万人，带动相关产业就业 3680 万人，年平均从事乡村旅游业的农民收入增长 5%以上。乡村旅游业的发展是弥合城乡差距，解决城乡二元结构的关键发力点。2009 年 11 月，国家制定出台《关于加快发展旅游业的意见》，提出要把旅游业培育成国家经济的战略性产业和人民群众更加满意的休闲服务业。在“十三五”期间，通过发展乡村旅游业，成功带动中国 2 万个贫困村、230 万户建档立卡贫困户、747 万建档立卡贫困人口脱贫。通过乡村旅游精准扶贫工程建设，促使中国乡村旅游年经营总收入突破 100 万元的扶贫重点村达到上万个。2010 年，国家旅游局出台《“全国休闲农业与乡村旅游星级示范创建行动”实施方案（试行)》，强调乡村旅游要向旅游产业发展，推动农业产业革命，促进农业向高效、绿色、生态和休闲农业的发展道路转变，推动乡村走可持续发展的农旅一体化道路。2013 年，中共中央办公厅和国务院办公厅联合制定出台《关于创新机制扎实推进农村扶贫开发工作的意见》，明确提出要充分挖掘乡村旅游资源，通过开展贫困区域旅游资源调查，以美丽乡村建设为依托，结合当地自然资源和民族文化资源，大力发展旅游业，以点带面，发挥乡村旅游景区的带动作用，促进当地农民摆脱贫困，走上小康之路。2014 年，国务院制定出台《关于促进旅游业改革发展的若干意见》，明确提到要通过大力发展旅游业特别是乡村旅游，依靠农村地区的自然和民族文化资源优势，深挖市场需求，使资源与旅游市场对接，充分发挥农村的生态环境优势，发展特色乡村休闲观光旅游，挖掘乡村特色资源，形成各具特色、各有侧重点的乡村旅游景区。计划到 2020 年，力争使中国国内旅游消费总额突破 5.5 万亿元，中国国内居民人均出游次数突破 4 次，旅游业生产总值在国民生产总值的占比突破 5%。2014 年 11 月，国家发展改革委等 7 部门发布《关于实施乡村旅游富民工程推进旅游扶贫工作的通知》，力争推出一批资源优势比较明显的贫困村，利用财政投入和整合社会资金，集中投入这些村发展乡村旅游业，通过基础设施建设，完善交通及旅游配套设施，进而通过旅游业的发展带动贫困村村民脱贫致富。2015 年，国家旅游局会同国务院扶贫办，出台相关文件，建立旅游扶贫观测点制度，在全国 560 个乡村旅游扶贫试点中，按照发展规模选取 100 个试点旅游村建立观测点，对全国乡村旅游发展及扶贫情况进行监测。同年，国务院办公厅制定出台《关于进一步促进旅游投资和消费的若干意见》，指出旅游业已成为当前国民经济与社会发展的支柱型产业，也是现代服务业的组成部分。当前，通过大力推动改革，推进旅游相关投资和扩大旅游相关消费，对促进服务业的发展，增加农村居民的就业和收入，推动小康社会建设具有重要的意义。在乡村旅游发展中，可以突出地方资源和生态优势，保持乡村生活原生态，挖掘具有乡土特色的农产品，定期开展地方特色的民族文化和节日活动。计划到 2020 年，全国建成 6000 个以上的乡村旅游发展示范村，建立 10 万个以上的农旅一体化旅游特色村寨，形成 300 万家具有特色的农家乐，接待游客数量突破 20 亿人次，使 5000 万农民从中受益。2016 年，中央一号文件《关于落实发展新理念加快农业现代化实现全面小康目标的若干意见》指出，应充分利用农村优质的田园风景、优美的自然景观，大力发展农旅一体化产业，带动乡村旅游和特色农业融合发展，使农村新兴产业成为带动农民致富、促进农业现代化发展的产业。2018 年，文化和旅游部等 17 部门联合制定出台《关于促进乡村旅游可持续发展的指导意见》，提出根据各地农村的实际情况，充分挖掘各种资源优势，大力发展农村基础设施，增加对农村地区的投入力度，引导社会资金投入农村地区，开发乡村旅游相关产业，促进农业向现代高效农业转型，提升农业发展质量，促进农业发展与旅游产业发展深度融合，保护农村环境，保持民族风情，保持乡土特色，大力开拓旅游市场，形成乡村旅游可持续发展的大好局面。

（三）贵州乡村旅游发展

2015 年，贵州省委、省政府制定出台《关于坚决打赢扶贫攻坚战确保同步全面建成小康社会的决定》，提出结合贵州特点，针对农村地区实施旅游扶贫计划，大力推动农旅一体化战略，促进农业发展与旅游业发展深度融合，把农村美丽的自然风景和人文景观转化为旅游资源，推动农村脱贫致富。同年，贵州省委办公厅、省政府办公厅制定出台《关于扶持生产和就业推进精准扶贫的实施意见》，提出应充分利用贵州的资源优势，发展乡村旅游业，结合美丽乡村建设，把贫困地区的农村建设成为休闲养生的乡村旅游点，吸引游客来旅游，促进农村地区脱贫。同年，贵州省发改委、旅游局等在实施富民工程的意见中提出，到 2020 年，争取实现 500 多个贫困村发展旅游业，争取每个村的旅游年收入突破 100 万元，通过发展旅游业，带动上万贫困人口脱贫。2016 年，贵州省扶贫办与省旅游发展委员会制定印发《贵州省旅游精准扶贫实施意见》，提出旅游扶贫是贵州精准扶贫的重点增量，应把发展乡村旅游作为农村精准扶贫的切入点和发力点，力争打造特色乡村旅游业，打造山地旅游品牌，推行农民入股旅游企业、参与企业经营的发展模式，促进扶贫产业发展。2017 年，贵州省政府出台《贵州省发展旅游业助推脱贫攻坚三年行动方案（2017—2019 年）》，计划到 2019 年，全省的乡村旅游经营户达到 4450 户左右，相比 2016 年要有较大的提升，实施乡村旅游产业标准化发展工程，制定若干关于乡村旅游发展的标准，促进乡村旅游业标准化发展、健康稳定可持续发展，为贵州人民脱贫攻坚事业增加动力。至 2019 年底，力争使贵州全省有 1500 家以上的乡村旅游经营户达到标准化建设标准，并通过标准化建设验收。同年 4 月 27 日，贵州省旅发委会同省质监局制定发布《贵州省乡村旅游村寨建设与服务标准》《贵州省乡村旅游客栈服务质量等级划分与评定》《贵州省乡村旅游经营户（农家乐）服务质量等级划分与评定》等标准体系，规定了乡村旅游发展中村寨的建设要达到的基本条件，旅游客栈建设及服务的基本要求，农家乐服务的基本要求，促进乡村旅游标准化、规范化发展，使乡村旅游景区形成旅游产业链，吸引游客停下来，深度游和慢游，促进游客消费，促进乡村旅游地旅游收入的增长，增加农民的收入，为推动旅游业发展做出贡献。

贵州地形地貌多样，自然风光迷人，且大部分地区未受到工业化的影响，还保持着原有的生产生活方式，再加上省内居住着多个民族，多民族的文化交流与融合，带来了丰富多彩的民族文化和风土人情，这些成为贵州省乡村旅游发展的重要动力。乡村古朴纯洁的民风、具有民族特色的各类建筑、充满乐趣的田园景观、绿色环保的食材、悠久的历史文化、奇特的竹楼和木屋，俨然一副优美的田园画卷。这些都成为久居城市的人心之向往，也成为乡村旅游兴起的契机。乡村旅游已有了多重功能：放松身心、陶冶性情、体验原味、学习感恩、接近自然，让旅游者身心得以放松和享受。

习近平总书记指出："要抓住乡村旅游兴起的时机，把资源变资产，实践好绿水青山就是金山银山的理念。同时，要对乡村旅游作分析和预测。如果市场趋于饱和，要提前采取措施，推动乡村旅游可持续发展。"乡村旅游作为广大农村一种新的生产方式，经过多年的发展，已经具有很大的规模，研究乡村旅游发展绩效有很重要的意义。

1. 贵州旅游资源

中共中央、国务院印发的《中国农村扶贫开发纲要（2011—2020年）》提出，全国划分出14个集中连片特困地区，其中贵州有3个。全省88个县中有65个县位于武陵山区、乌蒙山区和滇、桂、黔石漠化集中连片特困区。贵州是一个地处内陆的山区省份，不临边沿海，全省92.5%的面积为山地、丘陵，其中喀斯特地貌发育尤为显著，在全省总面积中占比达61.9%。由于这一特殊地质地貌以及社会历史的限制，贵州不适合工业化发展，经济发展始终缓慢，因此，这里的贫困被形象地称为喀斯特式贫困。

贵州各族人民数千年来居住在这片神奇的土地上，创造出独具特色的民族文化，过着日出而作、日落而息的生活。在这样的传统生活方式下，这些宝贵的民族文化和生存方式没有受到过多的干扰和阻断，工业化文明对这里冲击不大，反而形成了后工业社会人们向往与回归的一种生活方式。

(1) 自然资源

位于西南云贵高原上的贵州，岩溶分布广泛，发育类型齐全，堪称"绿色喀斯特王国"。在漫长的岁月长河中，这方土地滋养出姿态万千的自然风景，包括数不胜数的大瀑布、喀斯特地貌的各种溶洞、各种山地峡谷、温泉和姿态万千的湖泊与河流。

在古地中海时期，贵州是一片汪洋，也成为古生物的家园。由于曾生活在这片土地的物种很丰富，因此又被誉为"古生物化石的宝库"。这里也是古人类的居住地。

(2) 文化资源

贵州有17个世居的少数民族，是典型的少数民族聚居地区，多年来已经形成各民族之间友好相处的一种新模式，但各民族的生产生活方式依然保持着本民族的特色，由于民族文化的差异性，贵州又被称为“文化千岛”。贵州文化在发展中融合了历史的、民族的、传统的元素，因此也成为独具魅力的旅游资源。

贵州还是承载民间传统技艺的宝库，在此可以一览古朴的工艺技法。贵州是传统民族工艺艺术的优秀传承之地，可称为传统民族文化的博物馆。此处有最古老的造纸技术、手工纺织技艺、蜡画技艺、古老的印染技术、刺绣挑花、古酒酿造技艺、制茶工艺，还有祭祖和祭祀仪式、传统的节日和民俗风俗、民间口传文学、民族绘画艺术、民族乐器技艺和各种民族舞蹈、民间传说、原生态敬畏自然的环保意识、古老的生产技术和生活习俗、传统的礼仪制度和信仰等。

(3) 乡村资源

贵州被习近平总书记赞誉为“公园省”，而美丽乡村是其中最斑斓、最丰富的元素。贵州全省自然形成的村寨数量有5万个之多，从而赋予了贵州一个别样的名字“大农村”。贵州被誉为美丽乡村建设的中国样板，在传统村落保护名录中有545个村寨上榜，被评为中华民族特色村寨的有213个，堪称原生态民族博物馆。贵州是“百节之乡”，有姊妹节、芦笙节、鼓社节、查白歌节、端节、龙舟节、赛马节等民族节日。

(4) 气候资源

贵州地处中国西南，属于副热带东亚大陆的季风区，亚热带湿润季风气候。全省日照时数有限，但雨量充沛，每年夏季6月至7月降雨量最大，年平均气温14～18 ℃。从海拔高度看，海拔高度每上升1000米，气温下降约6 ℃。贵州平均海拔1170米，处于全国地势第二阶地（海拔1000～2000米）。贵州海拔适中，不会引起高原反应。

贵州“冬无严寒，夏无酷暑”，全年旅游气象舒适度属于很舒适的类型，舒适气候天数达233天以上，绝大多数天数属于优良天气。全省森林覆盖率占比超过55%，每立方米空气中含负氧离子数量超过2万个。全省空气质量优良率保持在95%以上，绝大多数乡村优良率达到100%。贵州夏季旅游的舒适度仅次于云南，平均气温22～25 ℃，平均湿度达65%左右，风速适宜，非常适合旅游，是人体感觉到的最舒适温度和湿度。贵州的地理优势使得它成为中国紫外线辐射最低的地方之一。得天独厚的气候和优美的生态环境使贵州当之无愧成为“大空调”“大氧吧”。

贵州是“避暑休闲游”首选地，根据《贵州省旅游气象舒适度标准》(DB 52/T556—2009)，每年夏季（6～8月）的旅游气象舒适度分布如下：除东部极少部分低海拔河谷地带舒适度较差外，中部与西北部包括贵阳市、六盘水市、安顺市、毕节市、黔西南自治州，夏季舒适度在63～65之间，属于旅游气象很舒适类型。贵州省东部和南部包括遵义市、铜仁市、黔东南自治州和黔南自治州，夏季舒适度在69～73之间，属于旅游气象舒适类型。贵州不但适宜于夏季避暑旅游，春秋季节的旅游舒适度也在51～58之间，属于舒适类型。一年中适合旅游的时间多达10个月之久，最佳的旅游时间也有半年以上，旅游出现淡、旺季区分度不高的局面。

2. 贵州旅游资源评价

根据《旅游资源分类、调查与评价》，贵州旅游资源具有如下特点：第一，适宜旅游的时间长，除南部低海拔河谷地带和西北部高原地带，贵州大部分地区都适宜旅游。第二，贵州气候条件与地质条件共同作用，不但造就了典型的喀斯特地貌景观，而且与自然风光、民族风情一起，巧妙组合成独具贵州特色的旅游产品。第三，贵州的气候灾害和地质灾害相对较少。

2016年4月，贵州开始进行第一次全省资源大普查。在《旅游资源分类、调查与评价》的基础上，增加了乡村旅游、红色旅游、山地体育、康体养生4个资源主类。此次普查共登记资源82679处，其中有51626处是新发现资源，占普查资源总数的六成以上；乡村旅游类的资源有9013处，四级资源有128处，五级资源有28处。

2016年，贵州村寨乡村旅游已经在3000个以上的自然村开展，用于乡村旅游的投资超过50亿元，游客超过2亿人次，接近总接待客量的一半；乡村旅游总收入872.92亿元，占旅游总收入的四分之一；着力建设131个以乡村旅游发展形式进行扶贫开发的示范村，经过示范带动作用，带动新建的1100多个旅游扶贫重点村的发展。2017年，贵州乡村旅游完成投资120亿元以上，接待游客超过3亿人次，总收入超过1500亿元，带动30万以上贫困人口就业，获评中国优秀国际乡村旅游目的地1个，中国乡村旅游创客基地2个。至2018年，贵州拥有世界自然遗产地4个，成为全国世界自然遗产地数量最多的省份。贵州有1个世界地质公园，18个国家风景名胜区，10个国家自然保护区，1个国家矿山公园，30个国家森林公园，10个国家地质公园，1个国家一级博物馆，2个国家历史文化名城，26处国家水利风景区、23处国家历史文化名镇名村。贵州广袤的乡间田野保存着原始的耕作技艺，陡坡、山峰、坝子和特殊的喀斯特地貌，世居的少数民族，自然的搭配早已融为一体，这些都成为乡村旅游的靓丽风景。

贵州由于工业化难以得到发展，另辟蹊径地找到了一条发展之路——乡村旅游，成为中国最早发展此种旅游类型的省份之一。贵州乡村旅游的发展已经引起多方关注，世界性旅游组织在贵州设立了观测点，世界银行也为此提供专门的贷款，作为全球的示范性项目。贵州乡村旅游的发展速度在全国排名靠前，贵州乡村原生态的民族吸引力、非物质文化的奇特性、无法复制的唯一性都成为乡村旅游可持续发展的内生动力。

红色旅游、生态旅游、度假旅游和乡村旅游是贵州正在兴起的旅游产品。其中，乡村旅游的旅游资源类型多样，产品需要连片成体系打造，这也成为其旅游产品的创新点。贵州的乡村旅游资源有很丰富的潜在价值，需要深度挖掘和打造，而贵州的乡村特色与其预期价值都能使贵州乡村旅游脱颖而出，使其富有独特性而无可取代。贵州的乡村旅游以一枝独秀的方式散发出迷人的吸引力，市场潜力巨大。

3. 贵州乡村旅游发展

贵州是中国经济社会发展较慢的省份之一，贵州一直在寻找一条适合自己发展的道路。贵州的乡村旅游在这一背景下逐渐兴起、发展、成熟起来，大体可以分为以下几个阶段。

（1）零星自发阶段（1978—2005年）

改革开放以来，伴随着旅游业的兴起，贵州的乡村旅游逐步发展起来。在黄果树等开发较早的景区，周边农民通过售卖农产品、特色小吃、提供导游服务等被动参与到乡村旅游的相关行业中，从而实现增收，改变了贫困面貌。在这一阶段，贵州的乡村旅游发展主要集中在大景区，全省重点打造了黄果树、织金洞、荔波漳江等旅游品牌，在规划、建设和管理等方面都缺少对景区周边居民的关注和安排。在实践中，贵州探索出景区带动、特色饮食等乡村旅游路径，乡村旅游从大景区周边逐步发展起来，这也符合李源等[①]（2013）的研究分类。林刚等[②]（2006）根据旅游地的地理位置、旅游吸引物、游客来源等特点对乡村旅游进行了分类。分为以下几种类型：都市郊区型，这种类型周末游的特征明显；景区周缘型，这种类型游客量稳定；特色村寨型，这种类型多以原生态的民族风情为旅游内容。韩卢敏等[③]（2011）以景区边缘型乡村旅游地为例，认为这种类型旅游地具备三种功能：为主景区分流、带动旅游地经济发展和保护景区环境。

这一阶段的乡村旅游参与主体并没有明确，缺乏对旅游服务设施的统一规划和建设，缺乏旅游专门从业人员，服务质量良莠不齐，辐射带动群众增收不够明显，乡村旅游呈现出典型的“贫困地区自我开发”的特点。

（2）规范提升阶段（2006—2010年）

2006年9月，贵州省第一届旅游产业发展大会在安顺市黄果树景区举行，贵州开始重点打造旅游品牌，建设自然风景与民族风情相结合的旅游省份。自此，旅游产业发展大会每年轮流在全省各地州市举行。除此之外，贵州连续9届举办多彩贵州“两赛一会”，会上汇集了贵州民间多种工艺，使得各种非物质文化遗产得以传承，同时打造出极具贵州特色的旅游商品，带动了贵州旅游经济的发展。自此，外省游客开始关注贵州，旅游人数开始增多，省

① 李源，陈琴，张述林. 国内乡村旅游发展模式研究综述［J］. 浙江万里学院学报，2013（6）：34-38.

② 林刚，石培基. 关于乡村旅游概念的认识［J］. 开发研究，2006（6）：72-74.

③ 韩卢敏，焦华富，李俊峰. 景区边缘型乡村旅游地开发研究——兼论黄山风景区周边乡村旅游开发［J］. 安徽师范大学学报（自然科学版），2011（2）：186-190.

内旅游消费需求增加，乡村旅游发展迅速，形成了一定规模。

针对乡村旅游普遍存在档次不高、内容单调、管理水平低、服务质量差等问题，贵州省逐步出台推动乡村旅游发展的标准化规范和对策措施。2007年，贵州省委、省政府印发《关于大力发展乡村旅游的意见》，提出以学习体验民族文化和旅游休闲度假为中心，带动乡村旅游的发展，使之形成产品体系。2008年11月，提出乡村旅游要提供20%的就业岗位满足农村劳动力就业，从事乡村旅游经营的农户家庭年收入中有20%来自旅游，乡村旅游产业的年收入要占到贵州省旅游业年收入的五分之一。与此同时，涵盖乡村旅游发展各方面的规范标准在贵州陆续出台，如《贵州省乡村旅社等级评定与管理》《贵州省旅游民族村寨设施与服务规范》等，对贵州全省乡村旅游的规范化发展起到了很大的促进作用。

经过规范提升，贵州以乡村旅游为主的旅游业稳步推进，增收脱贫目标、基础设施建设、规范服务等重点任务得到明确和强化，乡村旅游的标准化、精细化、人性化程度明显提升，民族文化创新、产业带动等乡村旅游路径初现雏形，扶贫效果显著增强。到2010年底，贵州省通过乡村旅游实现旅游收入178亿元。“十一五”时期，全省依靠参与旅游业发展而脱贫致富的贫困人口合计达到42万。

(3) 项目带动发展阶段（2011—2015年）

进入“十二五”时期，贵州乡村旅游重点通过“四在农家·美丽乡村”和“五个100工程”等项目来进行打造，吹响多彩贵州风的号角，树立乡村旅游品牌，获得良好的经济效益。

2012年，贵州省开始实施“五个100工程”。其中包括：建设100个集约高效的现代农业示范园区，培育出一批科技与农业相结合的现代农业；建设100个特色鲜明的旅游景区，重点发展一批由核心风景区带动的乡村旅游点；重点建设100个具有典型示范作用的小城镇，把其培育成为民族文化与创新发展带动的精品项目。2013年8月，省政府通过《关于实施贵州省“四在农家·美丽乡村”基础设施建设六项行动计划的意见》，省委办公厅、省政府办公厅通过《关于深入推进“四在农家·美丽乡村”创建活动的实施意见》，围绕旅游基础设施的交通、水电、住宿、通信、村寨进行政策落实，以舒适宜居、生活便捷、风光秀美的标准来建设，尽快提升脱贫成效，推进全面小康的建设。

通过美丽乡村计划的实施，贵州乡村的基础设施建设逐步完善。从交通来看，通村公路已经改造完成，路边设有专门的路灯，交通车也会开放专线；在西部省份中，率先实现县县通高速，交通建设实现全面升级；保障乡村基本生活用水用电，网络通信等设施覆盖面不断增加，改善人民生活条件和农业生产条件；房屋的建设改造中，突出地方特色元素，考虑安全、实用、布局、采光和环保等具体要求；在乡村建立公共设施功能齐全的活动场地，如图书屋、健身场所；原来的村庄变成了服务功能完善，适合生活居住的地方。随着美丽乡村的实施，也涌现出一批由于基础设施建设而带动发展起来的乡村旅游典型代表。

2015 年，贵州省以实施贫困村乡村旅游试点为契机，深入推动扶贫开发与乡村旅游有机融合，在帮助贫困农户稳定持续增收和摆脱贫困方面取得成效，省内有 500 多个村成为国家乡村旅游发展重点村，其中有 38 个村成为乡村旅游发展全国试点村。2015 年，贵州省乡村旅游游客接待量达 1.593 亿人次，占到全省旅游人数的四成以上，比上年增长 23.1%，乡村旅游总收入 705 亿元，占全省旅游收入的两成左右，直接带动农民就业 287 万人，由此获得收益的总人数超 577 万人。

“十二五”时期，贵州省乡村旅游呈现井喷式快速发展，呈现旅游开发主体多元化、乡村旅游目标系统化、旅游开发对象人本化、扶贫方式多样化的特点，由此带动 64.7 万人脱贫摘帽。

(4) 以人为中心的全域旅游发展阶段（2016—至今）

进入“十三五”时期，贵州乡村旅游逐步翻开了推进全域旅游发展的新局面。2016 年，提出把旅游业放在全省发展的重要位置，立足山地资源，发展全域旅游，做好全域旅游规划，规划中应着眼大局，提高思路，放眼世界，吸收先进的经验，全力打造山地旅游发展的新篇章，建成全国一流、世界知名、著名的山地旅游目的地。同年，孙志刚在贵州省第 11 届旅发大会上指出，贵州省将大力发展旅游业，推动全域旅游发展，推进旅游业从景点式旅游向全域旅游迈进，同时大力发展乡村旅游，大幅度提高旅游收入，提升农民收入水平。

贵州省着力打造以“多彩贵州风·山地公园省”为品牌的世界知名旅游地，把全民参与作为开发乡村旅游业的方针，将乡村旅游业发展作为旅游发展的重要方向，以旅游发展为龙头，带动高效农业的发展，推动农村改革发展。基础设施带动、特色产业融合发展等乡村旅游路径都突出扶贫要义，“旅游＋扶贫”成为精准扶贫主渠道、新的经济增长点。

二、研究意义

（一）理论意义

2006年以来，乡村旅游增速发展，因其旅游业的多重功能带动明显，如促进城乡发展、推进新农村建设、吸收乡村富余劳动力就业等，得到政府的大力扶持。近几年，随着乡村旅游的进一步发展，乡村旅游中的问题突显，而乡村旅游的研究却有些滞后。本书通过文献梳理、理论分析，构建理论模型，从微观层面通过旅游地居民的问卷调查开展定量研究，试图找出居民参与意愿、参与行为、政府作用与乡村旅游发展绩效之间的关系，构建居民参与乡村旅游发展的模型，丰富利益相关者理论、社区参与理论、旅游地生命周期理论和计划行为理论在乡村旅游方面的研究。

（二）现实意义

中国乡村旅游开始于20世纪80年代，乡村旅游为中国旅游业的发展提供了新的发展方向，进而也为旅游业的发展做出了重大贡献。21世纪以来，随着经济社会的发展，乡村旅游迎来了发展的春天。2010年以来，乡村旅游的发展与脱贫攻坚结合起来，成为推动农村脱贫攻坚工作的重要抓手，各地大力发展乡村旅游业。十九大以来，乡村旅游的发展又与乡村振兴发展战略结合起来，通过乡村旅游业的发展达到振兴乡村的目的。乡村旅游发展的最终受益人是当地的乡村居民，因此，居民既是乡村旅游发展的参与者，又是主要的受益人。研究居民对乡村旅游的参与情况，对于了解居民参与状况、明晰居民参与意愿和参与行为，推动乡村旅游业发展具有重要的现实意义。

通过研究居民参与情况，可以得出居民参与意愿的程度和参与行为的程度，进而分析居民参与意愿与参与行为的关系，居民参与意愿与乡村旅游发展绩效的关系，居民参与行为与乡村旅游发展绩效的关系，以及居民参与意愿、参与行为与乡村旅游发展绩效三者之间的关系。乡村旅游的发展对于中国新农村的建设、中国产业结构的转型升级、全面小康社会的实现、推动乡村的全面富裕、推动中国农业现代化都有着现实的意义。

三、研究内容

本书的研究内容主要包括以下三个方面：

(1) 研究乡村旅游发展绩效。乡村旅游发展绩效主要包括经济绩效、社会文化绩效和生态绩效。

(2) 研究居民参与意愿如何通过参与行为影响乡村旅游发展绩效。

(3) 研究政府作用在居民参与行为与乡村旅游发展绩效关系中的调节作用。

四、研究方法

本书在回顾文献的基础上，通过理论模型的构建，得出研究假设，进而验证假设是否成立。使用问卷的形式进行验证，在贵州 9 个地州市进行问卷调查，收集有效问卷，剔除无效问卷，然后使用相关性检验、回归分析等数据统计方法对数据进行计算，验证各个变量的信效度，以及假设是否成立。

五、创新点

本书把居民参与意愿、居民参与行为、政府作用和乡村旅游发展绩效置于同一分析框架中，主要的创新点体现在以下几个方面：

第一，视角创新。本书将旅游地生命周期理论、社区参与理论等作为研究的基础，根据利益相关者理论与计划行为理论，从微观视角入手，选择易被忽视的旅游地居民为研究对象。本书通过研究中介变量——居民参与行为、调节变量——政府作用，分析居民参与意愿与乡村旅游发展绩效之间的影响效应，构建居民参与意愿、居民参与行为、政府作用与乡村旅游发展绩效之间的关系模型，对居民参与乡村旅游的影响作用进行了系统、深入的探讨，研究视角上有一定的创新。

第二，理论创新。本书在验证居民参与对乡村旅游发展绩效的影响模型的基础上，量化了居民参与意愿、居民参与行为、政府作用对乡村旅游发展绩效的直接影响效应和间接影响效应，明确了居民参与行为的中介效应；进一步清晰地展示出居民的参与对乡村旅游发展绩效的不同影响效应，指出了居民参与意愿、居民参与行为的影响，而且明晰了政府作用具有不可忽视的影响，有一定的理论创新。

第三，实践创新。本书采用实证研究的方式，系统、科学、规范地检验了居民参与意愿、居民参与行为、政府作用与乡村旅游发展绩效的影响作用关系。基于研究结论，提出在乡村旅游发展的不同阶段应适时调整旅游发展战略，转化政府功能，延长旅游地的生命周期，促进乡村旅游的可持续发展。同时，应提升乡村旅游发展中居民的话语权，关注其利益主体地位。

第二章 文献综述

一、乡村旅游研究

（一）乡村旅游的概念

1994 年，欧洲联盟和世界经济合作与发展组织将发生在乡村地区的旅游定义为乡村旅游，侧重点在于旅游发生地，并指出“乡村性是乡村旅游整体推销的核心和独特卖点”。从上述文字表述中可以得知，判断乡村旅游的首要因素是其产生旅游行为的地区，需建立在不同于城市的乡村，其参与规模有限，但发展前景广阔，并属于可持续发展的旅游类型。

Bramwell[①]（1994）对乡村旅游的论述则更为全面，指出不能因为发生在乡村而单纯地将其归属为乡村旅游；乡村旅游本身就是一种形式多样的、重合度极高的旅游形式，在不同的地域中，其表现形式均有差异，有些城市和景区旅游也延伸至乡村，而在乡村修建的主题公园和休闲宾馆等却不属于乡村旅游的类型。他所界定的纯粹形式的乡村旅游是指：（1）地理位置必须是乡村。（2）旅游行为必须是具有乡村性的，即旅游行为发生在规模有限的经营户或场地中，视野开阔，具有乡村气息，兼有本地原生态的文化活动、民

---

① Bramwell B，Lane B. Rural tourism and sustainable rural development［M］. UK：Channel View Publications，1994.

间技艺等。(3) 规模符合乡村特征，即所有的建筑物都体现本土的特点且是小规模的。(4) 社会结构简单，文化传统性强，具有相对的稳定性，总体变化不大，旅游业发展与当地居民之间关系密切，乡村旅游的发展受到当地居民的较大影响。(5) 乡村地区的自然环境、社会经济条件、历史地理环境等，一般比较复杂多样，因此，相关的旅游类型也比较多。

学者们在研究乡村旅游时，特别关注“乡村性”，多数学者认同“乡村性”是乡村旅游发展的独特优势和卖点，是乡村旅游发展中最重要的资源。无论是农业旅游，还是农庄旅游，都属于乡村旅游的范畴，这两种旅游类型在欧洲德语地区比较受欢迎，因此，受到当地政府部门和研究者的重视。

Inskeep① (1991) 将偏远乡村的传统文化和民俗文化旅游归为乡村旅游。Patmore (1983) 指出乡村本身不是休闲资源，而是城市和荒野山地之间的连续延伸，因而无法严格从地理上区分城市和乡村，而乡村本身也没有什么特性使乡村变为旅游资源。乡村性由于生活在这个连续体中的人们所拥有的文化特点而变得有吸引力。Mormont (1990) 同意乡村包含重叠的社会空间，可以有完全不同的思维模式、社会制度和行为规范。乡村的吸引力源自它能给予人们都市快节奏中给予不了的东西。同时，他认为乡村人口根据地域可分为 3 种类型：乡村-乡村型，乡村-城市型，城市-乡村型。这种分类使得乡村居民的概念更加复杂，因而乡村旅游的概念界定也会更加模糊。Inskeep (1991) 在《旅游规划——一种可持续的综合方法》一书中，将农业旅游、农庄旅游、乡村旅游等提法不加区分，认为这几种旅游类型的定义是可以相互替代的。Clock (1992) 指出，乡村属于特殊的居住地，乡村社区是旅游市场的背景，乡村生活方式可以被复制，乡村的生活画面可以被加工、整体推销和出售。Deegan 和 Dineen (1997) 也有类似的提法。

① Inskeep E. Tourism planning: An integrated and sustainable development approach [M]. New York: Van Nostrand Reinhold, 1991.

杨旭[①]（1992）认为，乡村旅游是依托农业资源、农村社会资源所构建的旅游活动，其中农业资源包括生物资源、经济资源等。王兵[②]（1999）则认为，乡村旅游是在农业景观、农事习俗和民间传统习俗的基础上，建立的游客参与、娱乐活动、田园观赏、学习购物、休闲度假等一体的旅游活动。杜江等[③]（1999）认为，田园风光和乡野活动是乡村旅游的重要吸引物，目标游客群体是城市居民，主要满足城市人的猎奇心理、拥抱自然的心理和探索未知的心理。肖佑兴等[④]（2001）指出，乡村旅游以其淳朴的乡村性造成与城市生活的巨大反差，向游客展示纯真的乡村生活，纯正的乡村环境，展示小桥流水人家的意境，展示民风民情，展示农耕文化等，从而发挥其娱乐性与休闲性的魅力。刘德谦[⑤]（2006）认为，乡村的节日活动、民间风俗、乡村田野风光，共同构成了乡村风情，这是乡村旅游发展中的重要推介点，是最能吸引游客的地方。乌恩等[⑥]（2002）重点研究乡村旅游地的旅游设施建设和吸引物等，认为乡村风光、物产和田园生活是乡村旅游的主要吸引物。何景明[⑦]（2013）认为，乡村旅游需要强调乡村性，旅游活动首先是在农村地区发生，而且是以独特的乡村性特征所包含的自然环境和人文环境为主要卖点的旅游形态。林刚等[⑧]（2006）运用内容分析法，定量研究了具有代表性和影响力的20个乡村旅游相关概念，认为乡村旅游是地域范围界定为农村地区，旅游吸引物界定为乡村风光、农业活动和农村风俗的旅游观光、度假的旅游形态。

（二）乡村旅游的分类

肖佑兴等[⑨]（2001）将乡村旅游分为以下类型：

---

① 杨旭．开发“乡村旅游”势在必行［J］．旅游学刊，1992（2）：38-41．

② 王兵．从中外乡村旅游的现状对比看我国乡村旅游的未来［J］．旅游学刊，1999（2）：38-42．

③ 杜江，向萍．关于乡村旅游可持续发展的思考［J］．旅游学刊，1999（1）：15-18．

④ 肖佑兴，明庆忠，李松志．论乡村旅游的概念和类型［J］．旅游科学，2001（3）：8-10．

⑤ 刘德谦．关于乡村旅游、农业旅游与民俗旅游的几点辨析［J］．旅游学刊，2006（3）：12-19．

⑥ 乌恩，蔡运龙，金波．试论乡村旅游的目标、特色及产品［J］．北京林业大学学报，2002（3）：78-82．

⑦ 何景明．乡村旅游发展及其影响研究［M］．北京：知识产权出版社，2013．

⑧ 林刚，石培基．关于乡村旅游概念的认识［J］．开发研究，2006（6）：72-74．

⑨ 肖佑兴，明庆忠，李松志．论乡村旅游的概念和类型［J］．旅游科学，2001（3）：8-10．

1. 按旅游对象来划分

田园型：主要以农耕文化活动、农业示范基地、特色农业生态为旅游对象。主要表现为别具特色的种植业、渔业、林业、果业和采摘业等，如猕猴桃园、李子园、苹果园、樱花园、葡萄园、草莓园、油菜花、刀耕火种、水车灌溉、围湖造田、鱼鹰捕鱼、采藕摘茶，以及“人-乡村-农耕活动”构成的和谐的自然环境等。如四川成都蒲江县的复兴乡、滇西南的刀耕火种。在国外多为空间开阔的农场和牧场，在我国则多为城市附近的乡间，如四川成都的青杠树村。

民俗型：如苗族的三月三、侗族的六月六等传统节日；各地的庙会、灯会、以陕西北部为代表的扭秧歌、在东北地区盛行的二人转等乡村流传的风俗活动；游园赏花、龙舟竞赛、对山歌、斗牛、摔跤、泼水节、凿壁谈婚等乡村风俗；潍坊风筝、贵州漆器、苗族银器、古法造纸，以及各种根雕、牙舟陶、糖人、微雕等民间工艺品。

居所型：以建筑风格和居住特征为旅游主题。主要表现为房屋建筑、乡村宗祠、乡间民居和其他风格各异的建筑物，如古时城堡、蒙古包、土楼和窑洞等聚落形态，云南的干栏式竹楼、哈尼族的蘑菇房、苗族的吊脚楼、新疆的平顶房等民居，祠堂、塔、寺庙等。

复合型：旅游产品不是单一的内容，而是包括多种类型，如农耕文化、民俗风情、民宿特色、村寨聚居，也可以囊括附近的自然山水景观和优美的田园风光。这种类型乡村旅游内容充实、活动丰富，适合集体或单人出行。

2. 按对资源和市场的依赖程度来划分

资源型：以当地丰富的旅游资源著称，对此依赖性强。这种类型旅游资源丰富，地方特色较浓。如贵州雷山的千户苗寨、浙江桐乡的乌镇等。

市场型：有相对稳定的客源，应市场需求而兴起。一般来说，位于经济发展好、人口数量多、交通便捷的城市附近，特别容易在大中城市的内部或周边逐次兴起，如城市中的民族村、城市附近的乡村等。

中间型：处于前两种类型之间，对于资源和市场的依赖程度没有明显的倾斜。又可细分为两种：一种资源禀赋很好、市场前景广阔，如浙江嘉兴市的西塘；另一种旅游资源较好，但市场潜力尚未充分挖掘，如广西灌阳县的洞井瑶族乡、贵州从江县的岜沙苗寨、贵州黎平县的肇兴侗寨等。

3. 按地理位置来划分

城郊型：主要位于中心城市近郊的乡村，在开发乡村旅游时，为满足城市居民郊游的较大旅游需求，而在原始村容村貌的基础上，适应现代发展的需要，融入现代元素，发展古朴与现代相结合的农业观光旅游模式。如贵阳的青岩古镇、铜仁的云舍村、万山的九峰生态农业园等。另外，还有部分城市把乡村的民风民俗移植到城市，修建民族文化村、民俗场所等。

边远型：景区位置不佳，交通不便，有巨大的发展潜力或较为丰富的旅游资源，适合旅游开发，对市场有一定的吸引力，如贵州贵阳的镇山村；或者旅游资源颇丰，主要依靠国家的政策扶持得到大力发展，如贵州沿河的沙子南庄、安顺的天龙屯堡等。

景区边缘型：在风景名胜区的周边，一般是利用风景区，结合现成的旅游资源，利用景区的稳定客源共生发展。风景名胜区既可位于城市内部、周边，亦可位于边缘地区。由于这种类型地域性比较特殊，因此归为一类，如贵州梵净山的太平乡。

4. 按科技含量来划分

现代型：融入大量的现代科技元素，地理位置优越，紧挨城市经济圈，客源市场稳定，在原有的传统农业基础上，融入现代科学技术，人工打造设计生态观光园，可融入多种元素，体现多种特色。

传统型：乡村气息浓郁，少见现代科技痕迹，以原生态、传统生产生活方式为主要旅游资源，如滇西南的刀耕火种、黔东南的朗德苗寨等。

（三）乡村旅游研究述评

乡村旅游的类型众多，内涵丰富。正确理解乡村旅游的含义，有助于规划乡村旅游的发展框架，把握其发展思路，便于进行科学合理的开发和规划，使乡村旅游持续健康地发展，成为旅游地居民新的经济增长极。

随着乡村旅游的发展，乡村旅游的研究范围和研究内容也不断得以延展。研究内容方面，主要关注乡村旅游的定义和乡村旅游发展历程。研究方法方面，描述性的定性分析方法使用较多，对乡村旅游的定义逐步精准。研究视角方面，学科领域逐步得到扩展，从单纯的旅游学逐步扩展到包含社会学、经济学、统计学、心理学等多种学科领域，展开跨学科交叉研究。

未来，乡村旅游可以从以下三个方面来加深研究。第一，乡村旅游本身是一个涉及面宽泛、错综复杂的社会现象，需要跨学科、多层面的分析，才能逐步实现抽丝剥茧、看清本质的目的。研究乡村旅游需要借鉴相关成熟学科的研究成果，从不同层面、多个视角来进行。第二，乡村旅游植根于不同的地域和文化背景中，表现出不同模式和发展规律，有关乡村旅游的术语、基本概念和理论仍然有待商榷，可进一步加强这方面的研究，以达成各国在乡村旅游某些方面的一致认知。第三，研究不同国家背景下出现的乡村旅游类型，分析文化差异下乡村旅游发展所表现出的多样化和异质化，加强不同类型旅游模式间的实证研究，归纳不同的研究结论，这也将成为未来研究的一种趋势。

二、旅游发展绩效研究

（一）旅游绩效评估内容

加拿大旅游委员会（1998）在研究旅游绩效方面，主要研究了旅游预算、会展旅游、奖励旅游、出境旅游、休闲旅游、原居民项目和旅游企业绩效等。Buciuniene 等（2002）的研究指出，在立陶宛的旅游公司中，测试员工的工作动机、努力程度和成就是评价员工绩效的方法。Ski-Ian 等（2004）通过旅游网站比较出东亚地区网络营销的特点，发现该地区的旅游公司没有利用好网络这个新型工具。Nawfal 等（2005）的研究重点放在了旅游发展绩效上，主要包括增加国家外汇收入和降低失业率。Ammal 等（2005）的研究表明，影响旅游服务发展的是公司的旅游绩效。Xin 等（2008）运用重要性-绩效分析和方差分析的方法对不同的部门和地域进行比较后发现，游客对香港住宿、餐饮和零售业服务质量的总体满意水平感知对不同的旅游模式有不同的影响。Cristina 等（2010）通过地图法与多变量的分析得出，葡萄牙旅游集群的绩效具有不同的性能水平。Guo（2011）的研究指出，可以通过解决游客购买旅游产品和服务的时间问题来提高旅游公司的电子商务绩效。Ming 等（2011）通过模糊决策试验和评价实验方法，找出旅游需求中具有不确定性的因果联系的组织。研究表明，价格在旅游需求方面有重要的刺激作用，而旅游目的地的品质也是其中的一个影响因素。Secara（2013）的研究表明，与翻译工作相关的变量会使参与文化旅游翻译培训项目的感知出现差异，这也是有效参与性绩效指标。Unai 和 Huan（2014）的研究结果显示，在中国旅游网站发展较好的大城市中，香港居首位，北京的提升空间最大。Kim 和 Byung（2014）的研究证实，经济、社会、心理和民族背景都会影响企业员工的意愿，组织绩效可以预测组织文化。

（二）旅游绩效评估方法

Evans 等（1989）的研究表明，重要性-绩效分析技术适用于制定旅游政策与评估旅游绩效。Wood 等（2001）对政府旅游营销部门项目的绩效评估进行了综合的研究。Yung 和 Wu（2010）对台湾 49 家国际旅游酒店 2004—2006 年的经营绩效进行了 DEA 数据包络模型的研究。研究表明，在作为研究样本的酒店中，有四分之三的酒店 3 年以上的业绩均有所不同，其余的酒店业绩基本相当。Li（2011）对国内旅游开发的强度进行了因子分析研究，发现经济发展与旅游发展之间互为因果关系。

Estevao 等（2012）的研究指出，以葡萄牙的旅游业集群为研究对象，实证研究更适合用于评价旅游集群的绩效。Saleh 等（2013）以酒店为研究对象，通过测量和评估经济生产和服务单元的绩效发现，利用基准测试技术评估绩效比传统方法更具优势。

国内在旅游绩效方面的研究相对滞后，多以借鉴国外的研究方法为主，研究的焦点主要集中在旅游公司与旅游业上，而乡村旅游绩效的研究较少。

蔡碧凡等[①]（2009）建立了乡村旅游评价指标，该指标包括四个部分，即环境系统、经济系统、旅游支持系统和经济系统。周荣华等[②]（2012）进行了乡村旅游影响旅游地居民收入的研究。孔庆书等[③]（2013）尝试使用DEA方法，以河北省农业旅游为研究对象，分析了效率、规模收益、指标射线量和松弛等变量。邓峰（2013）以微观的游客满意度视角入手，以湖南省湘西州为例，进行了民俗文化旅游绩效的研究。杨立勋等（2013）研究了西北五省旅游产业绩效的动态过程及其影响因素，同时进行了相关影响的分析。其研究表明，西北地区五省区旅游产业绩效的提升需要关注要素从低级到高级的逐级释放，重视资本的投入力度和总体经济实力的增长，也要关注该地区市场制度改革、开放程度和经济结构优化等方面的影响。徐秀美[④]（2015）设计的乡村旅游开发模式绩效评价体系是从经济、社会文化、环境、未来的发展趋势入手的。

（三）旅游发展绩效研究述评

随着人工智能的发展，互联网的重要性与日俱增，旅游网络营销方式也在不断加强，但目前测量旅游网站经营效果的研究相对较少。旅游绩效评价涉及的内容丰富，但单独对某一景区或地域性的评价还不多。现有的旅游绩效评价体系并不完整，且容易受到研究者权重的干扰，这些问题急需解决。同一满意度的评价结果也会因人而异，这一问题尚未得到妥善处理。目前已有的与乡村旅游绩效相关的文献多数是从某一群体出发，以这样的评价标准，其研究结果会出现某些局限性。在已有的文献中，构建乡村旅游绩效评价体系时，通常都是围绕着经济、社会文化、自然生态方面展开的。

今后可从三个方面来加深研究：一是关于旅游绩效评价内容的研究，在

① 蔡碧凡，孟明浩，陈贵松．乡村旅游地绩效评价体系的构建及应用［J］．旅游论坛，2009（2）：709-716．

② 周荣华，向银，张学兵．基于IPA分析的乡村旅游对农民收入影响的实证研究——以四川省都江堰市为例［J］．农村经济，2012（8）：39-42．

③ 孔庆书，李洪英，师伟力．基于DEA的河北省休闲农业评价研究——以河北省休闲农业与乡村旅游示范点为例［J］．中国生态农业学报，2013（4）：511-518．

④ 徐秀美．基于农牧民幸福感与满意度的西藏乡村旅游开发模式绩效评价［J］．云南地理环境研究，2015（1）：1-9．

现有研究的基础上，深入研究旅游绩效具体内容的评估。二是关于评估指标的研究，需要深入研究旅游绩效评估的具体指标体系，优化具体指标数据。三是关于绩效评估的研究，使用定量研究与定性研究相结合的方法开展研究。

三、乡村旅游发展模式研究

（一）乡村旅游发展模式

黄进（2002）根据旅游资源的不同，将我国现在的乡村旅游模式分为四种：

（1）乡村田园风光模式

这是最为常见的一种乡村旅游模式，旅游者以观赏田园风光为主。

（2）地域风情文化模式

旅游者以体验风俗民情和别样文化为主，将古朴的自然生态环境、美丽的自然风光与人文生态景致、浓厚的历史文化和原生态的风乡民俗相融合，极具生态和文化特色。

（3）旅游农业开发模式

主要依靠现有资源，以后期打造的农业特色种植景观、农村自然村落景观、现代科技农业景观等为旅游主题。

（4）民居住宿旅游模式

依据经营者自身的条件，为旅游者提供休息场所，提供体验农耕活动的场地，满足都市人对田园生活的向往。

根据依托内容的不同，我国乡村旅游的发展模式大体有两种：

（1）城镇依托型模式

其典型代表为四川省成都市早期的“农家乐”餐馆和北京以游览观赏为主的“民俗村”。均定位为周边城市市场，以周末游为标志。

（2）景区依托型模式

多见于贵州省的乡村旅游，以民族村寨为其主打产品。这种旅游模式一般融合了原生态的文化旅游和村寨建筑、田园风光等，具有非常浓郁的民族风情，文化性明显，不易复制。

郑群明等[①]（2004）划分了五种乡村旅游开发模式，具体包括：

（1）“企业+村民”的模式

在这种模式中，旅游地村民直接参与到乡村旅游的规划、决策和开发中，既增加了村民收入，又丰富了旅游内涵。同时，旅游企业指导村民制定旅游接待服务标准，避免服务质量参差不齐，损害旅游者利益。

（2）“企业+合作社+村民”模式

在“企业+村民”模式的基础上加入合作社，以合作社作为桥梁，企业先行与合作社进行对接，通过合作社组织村民参与乡村旅游。这里的企业不直接与村民合作，但服务的规范标准、经营的模式等，还是由企业负责，包括对村民进行必要的培训。

（3）“政府+企业+社区+旅行社”模式

政府负责乡村旅游的整体打造，完善基础设施建设，提升旅游环境；乡村旅游企业则承担营销、管理与商业运作的职能；社区负责专门协调企业与村民的收益，组织村民参与旅游开发；旅行社负责拓展业务，开拓市场。这种模式能够充分调动各主体的积极性和主动性，有助于乡村旅游的发展。

（4）股份制模式

国家、社区和村民通过将旅游地资源、民族民间工艺、劳动力等转化为资本，统一折成股金入股，收益按入股比例分配和按劳分配双重结合，以股份合作制方式经营。这种模式将当地村民的作用及获利结合起来，引导村民自觉参与乡村旅游。同时，主动保护他们赖以生存的自然环境资源，从而实现乡村旅游的可持续发展。

（5）“村民+村民”模式

通常是先由旅游地的乡村精英等手中掌握一定社会资源的少数村民进行乡村旅游开发并获得成功，从而带动其他观望中的村民加入的模式。这种模式的优势在于经营风险不高，村民认同，积极参与，自然风貌尽量保留，破坏性小，因而成为最受游客喜爱的乡村旅游模式。不足之处在于易受管理水

① 郑群明，钟林生. 参与式乡村旅游开发模式探讨［J］. 旅游学刊，2004（04）：33-37.

平和投入资本的影响，通常难以形成规模较大的产业。

尤海涛[①]（2014）根据乡村旅游的主导者不同，将其分为村民自发式的"农家乐模式"和政府引进外资主导下的"景区化模式"。前者为国内乡村旅游的雏形，早期的乡村旅游多以此种类型铺开，主要依靠地理位置的优势发展起来，资金投入力度不大，游客活动层次不高，多为吃饭或娱乐；后者投入资金充足，多为整体打造，景区布局精致，但会导致城市景观的复制、乡村卖点的异质和当地居民利益的受损。

潘顺安[②]（2007）把乡村旅游发展模式归纳为5种类型：

（1）旅游公司为开发经营主体

乡村旅游地一般由一家旅游公司负责开发经营是这种模式的最大特点。这家旅游公司的资金构成不限，独资、合资、控股均可。根据公司资金的股份构成和旅游地居民的参与情况，又可以分为以下3种。

第一种，公司独立开发。旅游地政府通过公开招标或招租的方式吸引投资者来旅游地进行投资开发，给予一定的优惠政策和条件，从而打开旅游开发困局。这种模式适合居住人口少的旅游地，公司和当地居民没有直接关联，因而无利益纠葛。旅游公司开发的农村主题公园，以种植瓜果、花卉等观赏性植物为主业，收获的农副产品还可以销售给游客。旅游地地势开阔，适合开展丰富的休闲娱乐项目，食宿等都符合都市化的需求。这种主题公园与周围的村庄距离较远，当地居民成为公司工作人员的概率较低。如果是距离周围村庄较近的主题公园，一般会和附近居民建立联系，也会由此产生相关的利益冲突，这就有必要对受到影响的居民给予一些补偿，而企业一般会选择就业补偿政策，也就是承诺在居民中招聘一定比例的员工。

第二种，公司独立开发，旅游地居民参与。这种模式的旅游地多交通不便，但当地民族风情浓郁，古香古色的民俗建筑和民族文化为其主要旅游资源。旅游地经济基础薄弱，居民家庭收入有限，而以整体村寨为旅游吸引物的开发，需要在前期就融入大量的资金，完善村寨的基础设施、旅游必备的

① 尤海涛．乡村旅游利益之殇与本源回归［J］．旅游学刊，2014（12）：10-12.
② 潘顺安．中国乡村旅游驱动机制与开发模式研究［D］．长春：东北师范大学，2007.

服务设施，进行乡村环境的大面积改造升级等，旅游地自身物力财力有限，无法投入巨额资金进行建设。这时，当地政府通过官方平台帮助旅游地引入外来资金，成立旅游公司，再由公司投入旅游地的基础设施建设，同时进行规划设计，打造成旅游产品，进行旅游经济活动。外来资本占有公司的所有股份，从而获得旅游活动所带来的收益。旅游公司在旅游开发之初，对被征用的土地会有一定的经济补偿，从而会提供一些工作岗位给当地居民就业，并根据当年的旅游盈利情况让居民享有一定的利润分红。另外，旅游公司允许居民自行经营旅游纪念品商店、餐饮特色风味小吃，帮助扶持发展家庭民宿等。

第三种，股份合作制公司开发。这种模式主要是由专业的公司来负责旅游开发经营的一系列工作，公司由其他资本、当地居民和社区集体共同持股。乡村居民可以进入公司工作，成为公司的员工。乡村集体和村民拥有的自然人文景观、土地、劳动力及现金等资本通过自愿评估折算成公司的股份，成为公司股东。在这种模式中，乡村居民通过入股的方式真正掌握旅游地开发的主动权，作为公司的股东和员工，可以直接参与乡村旅游的开发、规划、决策、生产、营销和分配等活动。旅游地居民和公司在共同的利益和目标上达成一致，共同开发经营。

(2) 村集体为开发经营主体

在这种开发模式中，出资方为旅游地社区村集体，由集体负责进行旅游开发经营的所有活动，居民可以参与制定旅游开发经营决策和利益分配方案，也可以直接从事旅游相关工作。根据旅游地村集体经济和具体开发的情况，又可分为以下两种模式。

第一种，村集体开发模式。在这种模式中，旅游地行政村自行投资成立旅游公司，独立负责乡村旅游开发、经营的相关事宜，居民可自愿进入旅游公司工作。居民除能获得薪金报酬之外，年终还能享受旅游分红，平时享有村集体福利。这种开发模式和公司为主体的开发模式相似，最大的不同点是村集体掌握公司的所有股份，旅游开发经营完全由旅游地居民负责完成。

第二种，村集体组织，居民参与开发。采用这种模式的旅游地一般都有保存完好的古民居建筑或民族风情浓郁的建筑，当地自然经济发展落后，村集体经济发展滞后，但对古建筑的保护任务繁重。因此，在旅游规划之前，村集体就保护古建筑制定相应的村规民约，划定严格的保护红线，在尊重保护原建筑物的情况下进行乡村旅游的开发经营，同时，在获得的收益中会有一部分用于维修。在进行旅游开发的过程中，村集体会组织全体居民集资、出力、投工，建设旅游必要的基础设施，并参与到旅游经营管理活动和利益分配中。旅游收益的分配原则：按劳分配，多劳多得，公平、公正、公开。这种在开发中保护、在保护中开发的模式将保护乡村原生态的民族文化放在第一位，开发与保护并存并促。建立在少数民族地区的民族村寨生态博物馆多属于这种模式。

(3) 居民自主开发

在此种开发模式中，旅游地居民主动参与乡村旅游经营活动，以家庭为基本单位，自行承担经营风险。依据本地的旅游组织情况分为两种模式。

第一种，政府推动，居民自主开发。这种模式的特点是：政府给予旅游地政策优惠，同时通过乡村精英和能人带动，先期培养和树立旅游经营示范户，再鼓励居民自主开发以家庭接待能力为主的“农家乐”餐馆，以带动当地居民参与乡村旅游的经营。在政府的大力推行和榜样作用的双重影响下，当地居民纷纷开办家庭式餐饮、民宿等旅游接待活动。这种模式的原则就是谁投资开发谁受益，旅游收益属于参与旅游经营的居民。

第二种，当地旅游机构组织，居民自主参与开发。在这种经营模式下，旅游机构承担乡村旅游的策划、组织和管理工作，居民则主要是以家庭式旅游的方式参与其中。旅游机构本着促进乡村旅游健康发展的原则，制定符合旅游需求的村规民约，对所有参与家庭式旅游的经营户进行规范的管理，并纳入到旅游机构的统一管理当中。有的还统一了接待、收费和分配，同时适当引入内部竞争机制，激励经营户提高旅游服务水平，保障旅游服务质量。旅游机构和村委会定期对旅游经营户的基础条件，如餐饮人员的健康证、房屋安全隐患、房间干净整洁等进行检查和监督，对发现的问题及时反馈，进行整改。这种开发模式在希腊的乡村旅游中也比较常见。

(4) 政府主导，居民参与开发

采用这种开发模式的乡村旅游地，在地理位置上多与风景名胜区重叠或有交叉。政府在进行旅游景区开发时，会征用乡村的土地，用于旅游基础设施建设，从而会将一些旅游项目补偿给乡村居民经营，以弥补被征用土地的亏损。乡村居民有的自主经营旅游相关业务，有的直接受雇到旅游企业工作，共同参与到旅游经营中。对于自主经营旅游业务的居民，有一定的政策补偿，会减免相应的费用，经营的利润归居民所有。如果是村集体经营的旅游企业，村民除了工作获取报酬外，还会享有年终分红、村集体福利等旅游利益。在这种模式中，旅游基础设施的维修、维护等所产生的费用由景区统一负责，村集体和居民均无额外费用负担。

(5) 混合型开发

这种模式的最大特点是开发主体不同，它可以由多个开发主体联合经营，也可以由开发主体分工协作，共同完成乡村旅游的相关事宜。多个开发主体共同完成乡村旅游开发经营，共享其成果。根据开发主体联盟的性质特点不同，又可以分为以下 4 种模式。

第一种，“企业＋居民”模式。该模式主要表现为参与旅游开发的企业和乡村旅游地的居民形成利益共同体，共同开发乡村旅游业。旅游企业的职责主要是注册旅游项目商标，负责制定项目的质量标准和具体的服务标准，负责拟定与农户的合同，合同中注明双方的权利与义务，并负责旅游项目的宣传推广工作，组织旅行社加入，维护客源市场，并引导农户为游客提供各项服务。当地居民的职责主要是做好旅游服务，为游客提供高质量的住宿服务和饮食服务。旅游公司通过提供信息服务和客源服务获取收益，农户通过提供游客的各项有偿服务获取收益。

第二种，“企业＋村委会＋居民旅游协会”模式。该模式实质上是旅游股份制公司，其中主要投资主体是当地居民，他们占有大量的股份，当然也有外来资本的参与，还有的以村集体名义入股。乡村社区中的大部分村民均以或多或少的资金投入到这种旅游公司中，从而按照资金规模占有一定比例的股份，其中实力较大、占有股份较多的村民能够合作掌握公司多数股份，使公司的控制权掌握在当地居民手中。当地居民一般会成立农民旅游协会，负责协调乡村旅游发展中的相关事宜，旅游协会也参与到旅游公司的治理当中。地方政府主要通过基础设施的投入推动乡村旅游业的健康发展，包括道路建设、整体规划等投入。公司在经营活动中产生的收益，按照村委会的投入、外来资本的投入、居民入股投入的相关比例进行结算，各自获取收益。居民的收益主要有作为公司员工的工资收入、入股分红的收入和自主经营的收入等。外来投资的收益主要是按股分红的收益。

第三种，“公司＋村委＋居民”模式。这种模式下的公司多为股份制，投资主体属于混合式，既有外来资本，也有当地村委会的旅游资源和资金，共同组成旅游公司，旅游开发的风险和收益共担。通常情况下，公司独资经营的旅游景区，会为当地居民提供工作岗位；当地农户可以利用自家住所，开设家庭旅店、开展特色餐饮小吃服务以及生产出售地方特色的旅游纪念商品；村委会组织专门的监督机构对公司和居民的旅游服务进行管理和监督，确保旅游产品和服务的质量。该模式下，虽然旅游景区门票收入中的大部分会被外来投资者作为收益，但是当地农户可以从自主经营的旅游服务中获取远高于门票收入的收益，因此，此模式下最终受益的是当地居民和村集体组织。村委会对旅游服务进行有效的监督与管理，使得乡村旅游业有序发展，乡村社区的内部矛盾也得到有效解决。

第四种，村集体组织村民参与开发模式。该模式中，村集体是旅游开发的组织者和管理者，负责旅游开发相关的规章制度的制定，负责相关村规民约的起草，负责乡村旅游开发与经营活动的管理制度的制定，负责动员村民参与乡村旅游业的开发经营，而且将具有一定规模的旅游开发项目交给村民经营。村集体组织的旅游开发项目一般是以当地乡村社区中的居民家庭为单位自主参与，旅游经营获取的收益按参与的居民进行分配。由当地居民自主经营管理的旅游项目需要受到村集体组织的管理和监督，同时需要遵守村集体制定的规章制度的约束，经营所得归经营的居民所有。

（二）乡村旅游发展模式研究述评

现有的乡村旅游发展模式的研究已经兼顾了当前大多数乡村旅游发展的类型，今后可以开展案例研究，深入研究不同地区、不同环境下的乡村旅游独特的发展模式。

四、乡村旅游发展影响因素研究

（一）影响乡村旅游发展的地缘因素

乡村旅游发展水平的高低与其所处的地理位置特征相关，具体表现为：

（1）所处区域经济发展水平的高低

旅游地所处区域经济发展水平不高时，不利于乡村旅游的发展。何景明[①]（2006）通过对四川省成都市的“农家乐”餐馆的研究发现，“农家乐”发展得好，则该地的区域经济发展和城市人均收入出现同步增长的趋势。

（2）距离中心城市的远近

吴必虎[②]（2000）调查了不同城市的居民到达不同旅游目的地的出游率，发现在离城市 15 km 范围内的旅游者最多。

（3）交通路况的安全通达性

韩非等[③]（2010）指出，在中心城市的 50～100 km 交通圈内，交通花费的时间在 1～2 小时的乡村旅游点，其交通位置为最佳。

（二）影响乡村旅游发展的资源因素

旅游资源主要有：

（1）乡村自然文化景观

包括自然、人文、历史等。韩非等（2010）对北京市的 154 个市级民俗旅游村使用 GIS 空间分析，发现旅游村的位置很重要，多数旅游村位于山前平原区和浅山区类型的过渡地带，主要依托景区或水系呈集中分布态势。

（2）乡村生活要素

包括传统文化、民族文化和农耕文化等。樊苗等[④]（2013）的研究中指

① 何景明. 城市郊区乡村旅游发展影响因素研究［J］. 地域研究与开发，2006（6）：71-76.

② 吴必虎. 区域旅游规划原理［M］. 北京：中国旅游出版社，2000.

③ 韩非，蔡建明，刘军萍. 大都市郊区乡村旅游地发展的驱动力分析——以北京市为例［J］. 干旱区资源与环境，2010（11）：195-200.

④ 樊苗，李英. 发展文化体验型乡村旅游的影响因素分析［J］. 旅游管理研究，2013（11）：60-61.

出，在文化体验型乡村旅游中，民俗节庆、农耕文化及历史文化对游客的重游意愿有显著正向影响。

（3）乡村特产

何景明[①]（2006）的研究中提到，四川龙泉驿的花果等农作物属于旅游资源。

（三）影响乡村旅游发展的利益相关者因素

乡村旅游发展中涉及的主要利益相关者有当地政府、当地居民、乡村旅游企业和旅游者等。杨军[②]（2006）指出，乡村旅游发展中的动力系统主要包括地方政府、旅游景区居民、旅游企业和游客，但每个群体的诉求都不一样，如果没有合理的利益分配方式，就会造成冲突，成为乡村旅游发展的障碍。

1. 地方政府

乡村旅游最早是政府扶持起来的，因此，政府的重视、引导、支持及宏观管理，会极大地影响当地乡村旅游的发展。邹统钎等[③]（2006）指出，政府的作用主要体现在四个方面，即完善基础设施，提供财力、信息和政策倾斜，建立市场秩序，保障社会安全，以保障乡村旅游可持续发展。

2. 旅游地居民

旅游地居民作为乡村旅游资源的一部分，同时也不同程度地参与到乡村旅游中，他们的某些活动直接成就了乡村旅游，两者互为依存，缺一不可。艾林书等[④]（2012）以湖南省岳阳市平江县石牛寨村的当地居民为研究对象，发现由于当地居民参与旅游活动的局限，无法担当起维护本地景观和自然环境等旅游资源的主人翁角色，从而使得景区特色衰退，游客的服务质量也难

① 何景明. 城市郊区乡村旅游发展影响因素研究［J］. 地域研究与开发，2006（6）：71-76.

② 杨军. 中国乡村旅游驱动力因子及其系统优化研究［J］. 旅游科学，2006（4）：7-11.

③ 邹统钎，马欣，张昕玲. 乡村旅游可持续发展的动力机制与政府规制［J］. 杭州师范学院学报，2006（2）：64-67.

④ 艾林书，邹冬生，胡美娜. 旅游发展过程中当地居民参与问题的研究——以岳阳市平江县石牛寨风景区为例［J］. 湖南农业科学，2012（14）：36-39.

以保障。

3. 旅游企业

从事与乡村旅游业相关的经营，拥有一定经济能力的公司和经营者。胡文海[①]（2008）指出，旅游企业的最终目的是获取最大利润，其他因素则不在其考虑之列，而直接承担旅游负面影响的当地居民，却不得不承担所有后果。如果旅游企业在追逐利益的同时无法匹配合理的分配方式，就会导致与当地居民出现利益分化，矛盾加剧时会引发冲突，从而影响旅游业的正常发展。

4. 旅游者

旅游者的推力和拉力构成乡村旅游的动力。影响旅游者进行乡村旅游活动的主客观因素，包括生活水平的提高、认知观念的变革等。从经济方面来看，已有学者研究了人均国民生产总值超过 3000 美元时对居民旅游动机的影响，当达到或者超过这一标准时，居民会普遍产生外出旅游的动机。谷慧敏等[②]（2003）的研究指出，国内旅游消费受到收入分配格局的影响，居民旅游消费的高低取决于自身的收入，一般来说，消费的增加部分不会超过收入的增加部分，即边际消费持续减弱，但消费总量保持增长。乡村旅游对旅游者的吸引因素成为乡村旅游的拉力，如乡村清新的空气、健康的食物、绚丽的美景、浓厚的民俗风情等。唐德荣等[③]（2008）以重庆市 497 位城市旅游者为研究对象，发现旅游者的乡村旅游意愿受到旅游内容、旅游产品的独特卖点、旅游接待承载量、服务水平和旅游消费的合理程度等影响。

（四）乡村旅游发展影响因素研究述评

现有研究中，对乡村旅游发展影响因素的研究较多，以下从研究内容和

① 胡文海. 基于利益相关者的乡村旅游开发研究［J］. 农业经济问题，2008（7）：82-86.

② 谷慧敏，伍春来. 中国收入分配结构演变对国内旅游消费的影响［J］. 旅游学刊，2003（3）：19-23.

③ 唐德荣，杨锦秀，刘艺梅. 乡村旅游意愿及其影响因素研究［J］. 农业经济问题，2008（12）：47-52.

研究方法两个方面来进行述评。

就研究内容来说，现有研究对乡村旅游发展影响因素中各因素间相互关系的作用机制的研究还比较欠缺。现有关于乡村旅游的研究也不少，但多数研究是基于单一地区或者单一旅游景区进行的案例式研究，对大地域范围和地理空间维度方面的研究较少，致使多数研究不具有推广性和代表性。我国现有关于乡村旅游影响因素的研究多数局限于旅游现象和案例研究，在理论体系构建方面还比较缺乏，尤其是没有形成具有中国特点的，适应中国基本国情的理论体系，研究的针对性不足。现有的多数研究尚局限于分析影响因素包括哪些方面，对于各个因素之间的复杂关系缺乏深入探讨。

就研究方法来说，现有研究中较少采用定量研究方法，通过构建模型来分析解决问题，研究中较多运用案例研究和访谈等定性研究方法，探讨影响乡村旅游发展的因素。缺乏定量的实证分析，很难保证所研究的影响因素具有科学性和合理性。因此，在下一步研究中，应深入开展定量方法的实证性研究。

此外，现有研究对于乡村旅游主要利益相关者之一的居民参与因素的研究还不够系统，本研究中基于居民参与的视角来研究乡村旅游发展绩效，从居民参与意愿、参与行为的角度来研究乡村旅游发展绩效，并引入政府作用作为中介变量来进行研究。

（五）乡村旅游发展与城乡关系研究述评

工业革命后，世界各国的城镇化随着工业化的进程逐步加快，各要素纷纷向城镇和工业集聚，由此带来城乡关系的深刻演化。在我国的经济社会发展中，乡村一直扮演着城市发展的要素提供者、产品购买者和负面效应承担者的角色。尤其是改革开放以来，随着我国城市化和工业化进程的加快，城乡二元分割的矛盾日益凸显。为应对城乡二元分割带来的城乡差距扩大以及“三农”问题，党和国家先后制定了各项政策以缩小城乡差距。党的十六大以来，我国城乡关系政策先后经历了城乡统筹发展、城乡一体化发展和城乡融合发展三个阶段。从产业发展层面看，已有研究和实践表明，乡村旅游的经济社会文化复合性强、技术与资金门槛低、产业关联带动性强，不仅能够有效满足城市居民的休闲消费需求，而且能够促进农业附加值的提升和产业升级、农村产业结构优化和环境治理。通过就业创业，促进农民增收与素质提升。因此，一直以来，发展乡村旅游成为驱动城乡关系改善、缩小城乡差距的有效手段，学者们也围绕城乡关系的演化与乡村旅游产业发展开展了相应的研究。

1. 城乡二元发展背景下的乡村旅游发展研究

在城乡二元发展背景下，长期“以农补工”带来的城乡发展不均衡以及乡村自身的发展问题引发了学界的关注，国内外政府机构和学者们围绕乡村旅游对农村发展的经济、社会、文化效应展开了大量研究。总体看，政府机构主要强调乡村旅游在促进乡村经济多元化、扩大就业率、推动地方经济等方面起到的积极作用，并坚信乡村旅游有助于增强社区自豪感，促进地方文化发展，加强文化遗产保护。多数学者认同乡村旅游业对乡村经济和就业有一定的促进作用，能够推动乡村与外界的社会文化交流。但有少数学者认为，不当的乡村旅游发展会对目的地经济社会发展带来负面影响，甚至扩大城乡差距。这些学者对乡村旅游发展的政策与管理问题进行实证研究，但并未否定乡村旅游自身所具备的积极效应。这一阶段的研究成果丰硕，从整体上探明了发展乡村旅游对解决乡村自身问题的作用机理，并开展了大量的实证研究。但多数研究并未将视角置于“改善城乡关系”的框架下，一定程度上存在着“就旅游论旅游，就乡村论乡村”的局限，研究成果对推进城乡关系改善的具体指导意义有限。

2. 城乡统筹背景下的乡村旅游发展研究

针对长期以来城乡二元发展导致的城乡差距不断扩大、“三农”问题日益凸显等问题，2003 年党的十六大首次提出“统筹城乡经济社会发展”，并在十六届三中全会上确立了以“城乡统筹”为首的“五个统筹”科学发展观。由于在促进农村经济和社会发展，缩小城乡差距方面作用明显，乡村旅游已逐步成为我国城乡统筹发展的主导产业之一。学者们开展了相关研究：徐福英和马波[①]（2005）是国内较早进行城乡统筹与乡村旅游关系研究的学者，他们在分析乡村旅游对城乡统筹独特作用的基础上，研究了城乡统筹框架下乡村旅游发展的动力机制和发展模式。李坚[②]（2007）认为发展乡村旅游是实现城乡统筹战略目标的契合点，并提出了民营经济为主、联合开发、政府主导三种战略模式。杨振之等[③]（2010）研究了城乡统筹中农民发展权、农业产业化与乡村旅游的互动关系，并提出了原乡规划理论。王瑛[④]（2011）探讨了城乡统筹中发展乡村旅游的政府作为及其绩效评价体系。杨振之[⑤]（2011）探讨了城乡统筹中乡村旅游与农业进行产业融合的意义与路径。王琼英和唐代剑[⑥]（2012）从旅游者价值和居民生活价值两方面重构了城乡统筹发展中的乡村旅游价值体系，并以两者价值的实现程度为依据，总结出四种发展模式，认为融合型乡村旅游模式是城乡统筹发展的帕累托最优模式。整体上看，虽然学者们研究的侧重点有所不同，但一致认为乡村旅游是促进城乡统筹发展的主导产业之一，两者相互融通、密不可分。部分学者将城乡统筹与乡村旅游发展置于统一的分析框架之中，并构建了相应的理论体系和对策体系。随着国家新的城乡关系战略的提出，学者们的研究热情开始消退，2012年以后鲜见高质量的研究成果，研究缺乏持续性和深入性。

3. 城乡一体化背景下的乡村旅游发展研究

在城乡统筹发展战略的基础上，2007年党的十七大明确提出“形成城乡经济社会发展一体化新格局”，城乡一体化研究成为热点。在该背景下，乡村旅游与城乡一体化发展的研究开始出现。杨世河等[⑦]（2008）认为在城乡一体

① 徐福英，马波．基于城乡统筹的乡村旅游发展研究［J］．北京第二外国语学院学报，2005（5）：79-82＋66.

② 李坚．城乡统筹新视角下乡村旅游发展战略的构想［J］．企业经济，2007（5）：91-93.

③ 杨振之，黄葵，周坤．城乡统筹与乡村旅游［M］．北京：科学出版社，2010.

④ 王瑛．城乡统筹下的乡村旅游发展政府作为研究［J］．改革与战略，2011，27（2）：33-36.

⑤ 杨振之．城乡统筹下农业产业与乡村旅游的融合发展［J］．旅游学刊，2011，26（10）：10-11.

⑥ 王琼英，唐代剑．基于城乡统筹的乡村旅游价值再造［J］．农业经济问题，2012，33（11）：66-71＋111.

⑦ 杨世河，章锦河，王浩．城乡旅游一体化研究［J］．经济地理，2008，28（1）：142-146.

化的大背景下，城乡旅游一体化是大势所趋，并研究了其特征、要求、制度创新及城乡旅游的互动模式。戴承良[①]（2011）指出乡村旅游是推进城乡一体化的重要路径，并提出上海城乡一体化乡村旅游模式的核心内容是新农村建设与乡村旅游的结合，以及乡村旅游资源的开拓。乔秋敏[②]（2011）探讨了城乡一体化背景下农村旅游发展的困境与对策。在2012年党的十八大报告明确提出要推动城乡发展一体化后，银元和李晓琴[③]（2013）从驱动力（D）、发展状态（S）和响应（R）三个方面构建了城乡旅游一体化DSR发展动力机制模型，并据此探讨了其实现路径。白永秀等[④]（2013）在总结中国东中部城乡发展一体化模式时，重点探讨了安徽黟县的"乡村旅游拉动"模式。刘传营[⑤]（2016）以浙江南太湖为例，从氛围意境冲击、资源破坏、产品误导等方面分析了城乡一体化对乡村旅游带来的负面影响，并提出了优化策略。徐孟志和张前明[⑥]（2017）以云南西双版纳州傣族园为例，从空间发展联系层面分析了乡村旅游对城乡一体化的作用机理和具体影响。从整体上看，学术界关于城乡一体化背景下乡村旅游发展的研究成果偏少，且多为定性的对策研究，多是在研究对象、内容、方法上对城乡统筹中乡村旅游研究的呼应与承继，相关研究在2017年以后基本中断。

4. 城乡融合背景下的乡村旅游发展研究

2017年党的十九大提出实施乡村振兴战略，要求建立健全城乡融合发展体制机制和政策体系，加快推进农业农村现代化。从统筹城乡发展，到城乡发展一体化，再到城乡融合发展，本质上是一脉相承的，但在内容上体现出

---

① 戴承良．城乡一体化的乡村旅游模式及发展对策［J］．上海农村经济，2011（9）：30-34.

② 乔秋敏．城乡一体化背景下我国农村旅游发展的困境与对策［J］．湖南社会科学，2011（4）：120-122.

③ 银元，李晓琴．城乡旅游一体化发展动力机制与路径研究［J］．农村经济，2013（11）：39-43.

④ 白永秀，王颂吉．城乡发展一体化的实质及其实现路径［J］．复旦学报（社会科学版），2013，55（4）：149-156＋171.

⑤ 刘传营．城乡一体化背景下的南太湖乡村旅游开发研究［D］．舟山：浙江海洋大学，2016.

⑥ 徐孟志，张前明．乡村旅游对城乡一体化发展的影响分析——以云南西双版纳州傣族园为例［J］．中国集体经济，2017（25）：1-2.

党中央对城乡发展失衡问题的重视程度不断提高，构建新型城乡关系的思路不断升华。作为对城乡统筹和城乡一体化发展理念与战略的承继与提升，城乡融合发展的关键在于实现城乡要素的自由流动和市场化配置。但从现有成果来看，当前城乡融合背景下的乡村旅游研究成果相对匮乏。通过知网检索关键词“城乡融合”＋“乡村旅游”，仅有10余篇学术文章。崔勇前[①]（2018）分析了乡村旅游对城乡融合发展的促进作用，指出乡村养生度假旅游是城乡融合发展的有效形式，并从要素整合层面探讨了当前乡村养生度假旅游发展的思路、取向与路径。何仁伟[②]（2018）认为城乡融合可畅通城乡资源双向流动渠道，发挥城市向乡村的涓滴效应。陆林等[③]（2019）在《乡村旅游引导乡村振兴的研究框架与展望》中分析了乡村旅游引导乡村治理体系重构的路径、乡村振兴的政策体系等五大重点内容，提出乡村旅游从理论和实践层面均可促进乡村融合发展。李翠[④]（2020）和韩彩霞[⑤]（2020）两人从乡村旅游的现状以及存在的问题入手，结合城乡融合背景，从加强顶层设计等三方面探讨乡村旅游发展路径。邱浩和王义德[⑥]（2020）从城乡融合视角出发，佐以巢湖市三瓜公社实证，提出开发乡村旅游、构建协同治理体系等是实施乡村振兴的有效途径。钱贵霞和谷红阳[⑦]（2020）通过期刊论文分类检索，深入探讨乡村振兴领域的热点问题，认为乡村旅游和城乡融合是今后较重要的研究内容。梁辉[⑧]（2020）结合城乡统筹背景下国内乡村旅游发展中存在的问

---

① 崔勇前. 城乡融合战略视野下乡村养生度假型旅游的发展取向与实现路径［J］. 农业经济，2018（5）：33-35

② 何仁伟. 城乡融合与乡村振兴：理论探讨、机理阐释与实现路径［J］. 地理研究，2018，37（11）：2127-2140.

③ 陆林，任以胜，朱道才，等. 乡村旅游引导乡村振兴的研究框架与展望［J］. 地理研究，2019，38（1）：102-113.

④ 李翠. 城乡融合视野下乡村旅游的发展路径［J］. 黑河学院学报，2020，11（11）：73-75.

⑤ 韩彩霞. 城乡融合视野下山西乡村旅游发展路径研究［J］. 齐齐哈尔师范高等专科学校学报，2020（6）：92-94

⑥ 邱浩，王义德. 城乡融合发展视域下乡村振兴的实现路径——以巢湖市三瓜公社为例［J］. 佳木斯大学社会科学学报，2020，38（6）：53-56.

⑦ 钱贵霞，谷红阳. 中国乡村振兴研究现状与趋势展望［J］. 农业经济与管理，2020（5）：36-39.

⑧ 梁辉. 城乡融合发展背景下乡村旅游可持续发展路径研究［J］. 农村经济与科技，2020，31（19）：70-72.

题，从乡村生态环境保护、创新乡村旅游产业发展模式、完善利益协调机制等层面探讨了“政府＋旅游企业＋当地居民”三位一体的乡村旅游可持续发展的路径。徐立敏和谭诚[①]（2021）认为开发乡村旅游产业园区是实现城乡融合的重要模式，在分析当前制约乡村旅游产业园区发展因素的基础上，从基础设施、统筹规划、政策引导、资金支持、业态培养、运营管理以及品牌示范等层面探讨了城乡融合背景下乡村旅游产业园区的建设路径。姚晓燕[②]（2021）在分析城乡融合和乡村旅游互映关系的基础上，从城乡规划编制、特色小镇建设、产业园区开发、乡村居民参与和乡土文化挖掘等五个层面探讨了城乡融合背景下江苏泰州的乡村旅游发展。从整体上看，学术界对城乡融合与乡村旅游两者关系的探讨已出现实证性的研究成果，但多数成果偏泛化、较单一，主要集中在发展路径、策略建议等对策性的研究，而有关城乡融合中乡村旅游作用机理、运行机制和保障体系的研究仍较缺乏。

5. 研究评述与动态

综上，从各国的发展实践看，乡村旅游在发展之初就带有缓解城乡矛盾、缩小城乡差距、改善城乡关系的目的和功能，而学者们的研究一方面验证了乡村旅游在解决“新三农问题”方面的积极效应，另一方面在一定程度上为不同阶段的城乡战略实施和乡村旅游发展实践提供了理论指导，从而为今后的研究奠定了基础和框架。但从这些研究课题的研究对象和内容来看，国内研究主要是将乡村旅游置于城乡统筹、城乡一体化和城乡融合的背景之下展开，重点在于探讨不同城乡战略背景下乡村旅游如何发展，而未能将乡村旅游置于更高的层面探讨乡村旅游如何更好地作用于城乡关系改善，故研究的应用价值相对降低了。从研究方法上看，成果多为定性的对策性探讨，基于实地调查的案例研究和实证研究成果较少，研究过程缺乏跨学科的研究方法的借鉴和引入。党的十九大提出，要实施乡村振兴战略，推动城乡融合发展。

① 徐立敏，谭诚. 城乡融合背景下我国乡村旅游产业园区开发研究［J］. 农业经济，2021（5）：43-45.

② 姚晓燕. 城乡融合背景下乡村旅游发展思考——以江苏泰州为例［J］. 对外经贸，2021（11）：95-99.

但从现有成果看，有关城乡融合实践和产业层面的研究尚处于探索阶段。因此，在城乡融合战略下探讨促进乡村旅游发展的动力机制、政策保障以及研究乡村旅游引导城乡融合发展的作用机理将成为今后一段时间内学术研究的热点，跨学科的研究方法、实证分析方法也将更多地被采用。

五、居民参与研究

（一）居民参与的概念界定

“参与”的原意是指个人的思想、感情与行为投入组织之中，鼓励个人为组织目标作出贡献、享受权利和分担责任[①]。同时，Oakley 和 Marsden[②]（1984）认为“参与”是人们对一些项目的自愿贡献。与居民参与相类似的概念有公众参与和社区参与，三者之间有着显著的共性和差异性。共性在于无论居民参与、公众参与还是社区参与，都是民主的表现，主要体现了参与制民主。而差异在于参与范畴不同，居民参与注重居住区的群众，公民参与是指政治体制下的全体人民参与，而社区参与是以治理为目的的一种方式，它们因具体情景不同而略有差异。联合国大会在 1969 年发表的《社会进步与发展宣言》中指出，公民参与是社会发展的动力源泉。同样，居民作为小区中的行为权责主体，既享受确定的权利，也承担着一定的义务，因此居民参与是小区长期可持续发展的根本动力。

在我国基层管理形态由单位制逐渐转变为社区制的过程中，政府一直努力推动着居民参与，并试图弱化政府在基层事务中的作用，使其转向服务型政府。然而，就目前来看，近 20 年的发展中，居民参与的效果显然不尽如人意[③]。政府力量始终主导着社区政治、文化等活动的开展。因此，长期

① 郭彩琴，吕静宜．完善社区参与式互动治理结构的对策研究［J］．行政论坛，2018，25（04）：106-110．

② Oakley P，Marsden D. Approaches to participation in rural development［J］. Annals of the Entomological Society of America，1984，88：234-239.

③ 蔡淑频，周兴文，马圆．城市老旧小区改造的模式与对策——以沈阳市为例［J］．沈阳大学学报（社会科学版），2014，16（6）：723-726．

以来有关“居民参与”的探索在我国一直是关注的焦点和发展的方向。张维迎[①]（2010）在《市场的逻辑》一书中表示，未来30年中国的改革重点将集中在法制和制度改革两个方面，目的是进一步实现民主自由，发挥源自人民的主动性，激发市场活力，以达到民族复兴的目标。可见，关于居民参与的研究必将长期蕴含研究价值，尤其是在我国改革情景下，研究更有其必要性。

在我国，社区存在着两个层次的内涵：一是指街道办之下的基层服务机构，管辖范围是一定地域边界的居民，有显著的辖区内涵；二是指符合城市规划、基础设施配套齐全、相对封闭独立的居民住宅区域[②]。前者中的居民参与可以理解为居民参与社区活动及社区公共事务的过程或行为[③]。后者中的居民参与，相比前者更具备明确的属性。第一，小区更具有地域性社区的主要属性，包括地域性、互动性、共同情感和共同利益，以及由此产生的归属感[④]；第二，小区是基于利益的共同体，有共同的利益、需求、目的，甚至相近的社会地位。这些属性在不同社区之中情况千差万别，尤其在利益诉求方面差异较大。而共同利益是使社区居民产生认同感和共同行动的基础，是居民参与的直接动力[⑤]。在社会学中“社会人”的假设下，居民天然就对社区具有归属感和参与意识，只是在参与频数上有所差别[⑥]。

当前关于居民参与已有诸多讨论。首先，按照公共经济学的观点，老旧小区中的共有设施、物业服务等体现着共享特征。共享体现在两方面：一是物质利益，如基础设施、环境等物品和服务等；二是非物质利益，如价值观

---

① 张维迎. 市场的逻辑［M］. 上海：上海人民出版社，2010.

② 陈智永. 住宅小区物业管理中的治理问题初探［J］. 晋阳学刊，2019（03）：108-113.

③ 陈万灵. “社区参与”的微观机制研究［J］. 学术研究，2004（04）：77-81.

④ 夏巾帼，郭忠华. 城市商品房小区自治困境的根源——基于小区公共事务性质的分析［J］. 浙江学刊，2019（05）：165-171.

⑤ 张宝锋. 商品房小区居民参与的微观机制——对三个小区的实证研究［J］. 甘肃社会科学，2006（02）：186-189.

⑥ 雷洁琼. 转型中的城市基层社区组织——北京市基层社区组织与社区发展研究［M］. 北京：北京大学出版社，2001：178.

念、生活方式等。由于权利主体的流动性，该共同利益也是动态变化的①。从这点来看，居民参与是提供共享物质和服务的机制。其次，从居民主体来审视居民参与，张伟兵②（2002）认为居民参与是指居民自愿、主动地参加社区服务计划、决策、设计以及管理和运作，并在这个过程中努力形成居民之间、居民与政府之间、居民与社会服务组织之间的互动、合作，最大效率地开发资源和实现资源的整合，达到责任分担和成果共享的目的。居民作为社区生活的主人，其积极、广泛参与是社区持续生命力的体现，是实现社区目标的根本动力。佟瑞鹏认为，居民参与是居民自觉参与社区活动，表达自己的意见和建议，并影响管理方决策的行为，是促进社区良性发展的关键。张大维等③（2008）从社区善治需遵循的四个原则论述了居民参与的必要性。一是规模原则，应尽可能多地贴近利益相关的居民；二是民主原则，应方便获取信息和自由公开讨论；三是责任原则，基于居民是社区所有者的属性；四是理性原则，社区的共有性要求多方表达观点以及听取并尊重他人观点。同时，依据行动逻辑，可从参与意愿和参与能力两方面衡量居民参与行为。参与意愿是指居民参与小区促进活动的主观倾向程度，由居民的认知、态度和行为倾向三方面决定；而参与能力是指居民所具备的参与能力，可以从时间和精力两方面衡量④。可见，现有居民参与研究从不同方面已对居民参与的内涵做出了一些界定。

基于上述讨论并结合本研究的研究对象，明确本研究的居民参与是指在老旧小区内部居住、生活的居民，自愿、自觉参与小区内部活动、事务决策和管理运作，为小区提供意见，或注入活力的行为集合。

---

① 陈万灵．社区研究的经济学模型——基于农村社区机制的研究［J］．经济研究，2002（09）：57-66＋94．

② 张伟兵．社区服务发展中“居民参与”问题的思考［J］．科学·经济·社会，2002（02）：50-54．

③ 张大维，陈伟东．城市社区居民参与的目标模式、现状问题及路径选择［J］．中州学刊，2008（02）：115-118．

④ 佟瑞鹏，翟存利．社区安全氛围与居民参与、归属感的关系研究［J］．中国安全科学学报，2018，28（05）：56-61．

（二）居民参与意愿及影响因素研究

居民参与意愿的研究涉及领域广泛，包括耕地保护①、家电下乡②、合作医疗③、社会养老④、公园建设⑤、文化保护⑥、低碳补偿⑦、扶贫旅游⑧等细化的领域。邓祖涛（2013）以古镇文化保护为研究对象，通过Logistic模型发现，年龄、家庭收入、文化认同、对政府管理的评价等变量对居民参与古镇文化保护意愿有着显著影响。吴春梅（2014）在南昌市低碳调查原始数据的基础上，通过定序变量Logit模型发现，关注、意识、认知、态度等心理要素对居民低碳参与意愿产生正向作用。靳文博等⑨（2018）基于回归分析发现，城市规划建设指标对居民幸福感有着一定的影响。周学军等（2017）通过社区居民扶贫旅游参与的问卷和访谈调查发现，感知和态度对居民参与意愿存在积极的影响。周根占等⑩（2018）分析了宗教这一因素对农村居民参与劳动的经济行为影响。张川川和胡志成（2016）通过微观居民调查数据，验证了政府信任水平显著影响着个体对政策制定的参与。多项社区居民参与的

① 蔡银莺，李晓云，张安录．武汉居民参与耕地保护的认知及响应意愿［J］．地域研究与开发，2007（05）：105-110.

② 张然，孙养学．西部地区农村居民参与“家电下乡”意愿的影响因素分析——以陕西省杨凌示范区为例［J］．中国农村经济，2011（09）：78-85.

③ 金晓彤，王天新，弥亮亮．农村居民对新型农村合作医疗的感知价值与参与意愿：人格特质的调节效应［J］．经济管理，2011，33（10）：102-107.

④ 陈小京．农村居民参与新型农村社会养老保险的意愿分析——对湖北省C市推进“新农保”试点工作的调查［J］．湖北社会科学，2012（12）：56-57.

⑤ 罗培，雷金蓉，孙传敏．社区参与地质公园建设的意愿调查与驱动力分析——以华蓥山大峡谷地质公园为例［J］．地理科学，2013，33（11）：1330-1337.

⑥ 邓祖涛，毛焱，梁滨．居民参与历史文化名镇保护意愿的影响因素分析——来自湖北省新店镇的调查数据［J］．资源开发与市场，2013，29（11）：1213-1215＋1212.

⑦ 吴春梅，林星，张伟．居民参与低碳补偿行为意愿的心理因素［J］．科技管理研究，2014，34（12）：238-241.

⑧ 周学军，李勇汉．社区居民的扶贫旅游参与意愿研究——基于旅游影响感知、态度的视角［J］．技术经济与管理研究，2017（07）：26-30.

⑨ 靳文博，翟国方，何仲禹，等．基于有序Logistic回归的城市总体规划建设用地指标与城市居民主观幸福感间关系研究［J］．国际城市规划，2018，33（06）：110-117.

⑩ 周根占，周佩，阮荣平．宗教对农村居民劳动参与及外出打工意愿的影响——基于CGSS 2010的实证分析［J］．人口与发展，2018，24（04）：24-36.

实践研究表明，居民参与意愿及积极性不高、参与率低、参与不均衡、参与效能不高、处于被动参与状态[①]。因此，一些学者针对参与意愿的影响因素开展了一些研究，主要包括四个方面：一是参与意愿的衡量维度研究，罗培（2013）以地质公园的社区建设为对象，从资源保护、规划决策、商业经营、利益分配、社会保障五方面对居民参与意愿展开调查和分析，并提出从政策、意愿、利益三方面驱动居民参与。二是个体因素的影响研究，例如年龄、家庭收入、教育、户籍等的影响研究。李军[②]（2018）用中国收入分配课题组（CHIP）2013年的数据分析发现，居民受教育程度对金融理财参与行为有显著影响，且城乡居民间存在边际收入差异。三是主体认知方面的影响因素研究，涉及文化认同、政府评价、感知、态度、满意度等。陈万灵（2004）发现，一个社区有政治思想素质较高的领导集体，社区居民往往有较高的参与度。四是外部客体影响因素研究，涉及宗教、产权、利益、政治因素等变量[③]。方明[④]（1990）意识到参与深度与利益存在着较强的相关性，而非居民意识性强。王小章等[⑤]（2004）将利益关联和情感认同作为影响其参与意愿的重要因素，发现社会的融合发展弱化了社区居民的利益关联和情感认同，进而导致居民参与不足的困境。孙三百[⑥]（2018）通过微观调查数据研究发现，住房产权、公共服务满意度对公众制度化参与有显著影响，并发现户籍对公众参与影响有差异。上述居民参与意愿的研究为我们进一步认知居民参与意愿的影响因素提供了借鉴。

---

① 刘佳．城市社区治理中的居民参与状况分析［J］．兰州学刊，2013（10）：131-134.

② 李军．城乡居民教育人力资本对金融理财参与的影响研究［J］．晋阳学刊，2018（04）：106-114.

③ Nordhaus W D. The political business cycle［J］. Review of Economic Studies，1975，42（2）：169-190.

④ 方明．社区研究述评［J］．天津社会科学，1990（02）：70-73.

⑤ 王小章，冯婷．城市居民的社区参与意愿——对H市的一项问卷调查分析［J］．浙江社会科学，2004（04）：97-103.

⑥ 孙三百．住房产权、公共服务与公众参与——基于制度化与非制度化视角的比较研究［J］．经济研究，2018，53（07）：75-88.

（三）居民参与行为研究

居民参与行为研究分为两类：一类是广义上的居民参与，指代泛化的参与行为[①]；另一类是具体细化领域的居民参与行为，如居民体育参与[②]、居民金融参与、公共服务参与[③]、组织参与[④]、文化参与、政治参与[⑤]、安全参与、居民教育参与[⑥]、农村居民的劳动参与、居民环境治理参与、居民旅游发展参与[⑦]等众多特定的居民参与行为。居民参与群体在我国又分为城乡两个居民群体。杨莉[⑧]提出了基于需求的居民参与路径，此需求来源于利益参与和政治参与，从识别需求、提供针对性服务、组织性参与，进而达成共识并激发持续性参与。Keller（2009）通过实证分析指出，社区治理状况的改善是在公民参与的政治博弈中实现的。佟瑞鹏（2013）探究了社区安全氛围与居民参与和社区归属感之间的关系，从参与意愿和参与能力两方面共同衡量居民参与，得出居民参与意愿和居民参与能力对社区归属感和社区安全氛围有正向影响，而社区归属感起着部分中介作用。王丽丽（2017）依据计划行为理论和规范激活理论构建了居民参与环境治理行为的理论模型，通过居民调查对其影响因素进行了实证分析。Murphy[⑨]（1985）从社区规划和决策两个层面讨论了

---

① 蔡淑频，周兴文，马阒．城市老旧小区改造的模式与对策——以沈阳市为例［J］．沈阳大学学报（社会科学版），2014，16（6）：723-726．

② 易锋，陈康．我国苏南地区社区居民体育参与困境及对策［J］．体育文化导刊，2018（08）：59-63．

③ 刘丽杭，张昱，龙娟．居民参与社区卫生服务对公民行为影响的实证研究［J］．中南大学学报（社会科学版），2015，21（04）：157-163．

④ 邱梦华．城市基层社会组织发展中居民参与的行动逻辑［J］．学习与实践，2017（09）：94-100．

⑤ Keller S. Community：Pursuing the dream［M］. Princeton：Princeton University Press，2009．

⑥ 邵晓枫，罗志强．我国社区教育中居民参与的几个主要问题［J］．现代远程教育研究，2017（02）：67-76．

⑦ 时少华，李享，吴泰岳．社会交换视角中的权力、信任对居民参与旅游发展的影响效应分析——以北京前门社区为例［J］．地域研究与开发，2017，36（05）：127-133．

⑧ 杨莉．以需求把居民带回来——促进居民参与社区治理的路径探析［J］．社会科学战线，2018（09）：195-201．

⑨ Murphy P E. Tourism：A community approach［M］. New York：Methuen，1985．

居民参与的过程。哈拉尔德·霍夫曼（2013）分析了德国居民的政治决策参与形式，包括欧洲议会、联邦议会、各州议会、地方代表机关和地方主要官员会议，并通过全民倡议、全民请愿、全民公决、公民提案、公民请愿、公民公决等形式间接和直接地影响决策。居民参与是小区治理的基础，而社区参与是居民参与生活方式中的一种表征，也是满足其生活需要的一种途径。由此可以发现，居民参与行为在国内外都得到了广泛的研究，并以实证分析为主。

六、本章小结

本章主要梳理了乡村旅游的相关文献，发现目前对乡村旅游发展和旅游发展绩效有一定的研究，主要研究集中在乡村旅游发展的影响因素方面，对居民参与和乡村旅游发展绩效之间的关系缺乏系统性的研究。

第三章　理论模型与研究假设

一、理论基础

本书的主要理论包括利益相关者理论、社区参与理论、旅游地生命周期理论和计划行为理论。

（一）利益相关者理论

1708 年，“利益相关者”这一名词开始出现，其含义指特定人群在参与某种活动中应获取的利益或某种企业中的“下注”。“利益相关者”最初是管理学的概念，20 世纪 60 年代，美国的斯坦福研究院第一次以经济学的视角重新解释了“利益相关者”，此后，不少学者给出了其定义和各种分类方法，详见表 3.1。

表 3.1　利益相关者的相关定义与分类

学者	相关定义与分类
斯坦福大学研究所（1963）	利益相关者没有利益相关者的支持组织就无法生存下去
Evan，Freeman（1990）	利益相关者在企业中投有一笔“赌注”，或者说是专用的资产
Goodpaster（1991）	公司管理层不仅肩负着为公司股东利益而经营的契约责任，还肩负着其他利益相关者的伦理责任

续表

学者	相关定义与分类
Clatkson (1995)	对各利益相关者与企业联系的紧密程度进行分析，把利益相关者分为主要利益相关者和次要利益相关者
Carroll (1996)	对利益相关者提出分类方法，根据利益相关者与企业联系的紧密程度，将利益相关者分为直接利益相关者和间接利益相关者
Wheeler (1998)	根据社会联系的紧密程度将利益相关者分为四类：一级社会性利益相关者、二级社会性利益相关者、一级非社会性利益相关者和二级非社会性利益相关者
Friedman (2002)	利益的分配与争夺是产生利益相关者理论的根本原因，利益相关者理论研究应当关注组织与利益相关者之间的冲突及其解决
Hart (2004)	边缘利益相关者对组织战略的影响不容忽视，矛盾的激化将会严重影响到组织的发展战略。组织的健康发展必须关注边缘利益相关者对组织竞争的作用
Dccphousc (2005)	利益相关者之间的合作、协调与利益均衡是利益相关者界定的重要考量因素

20 世纪 70 年代开始，基于企业契约理论，弗里曼、布莱尔、米切尔、多纳德逊等学者提出了利益相关者理论。此理论表明，企业的发展需要各种利益主体也就是利益相关者的参与，这些利益相关者主要包括公司的股东、公司债权人、企业的员工、产品的购买者、原料的供应商、政府管理部门、社区组织、相关媒体和环保人士等。以上利益相关的个人或者组织通过对企业的各种投入，合力承担企业经营面临的风险，也共同获取企业发展可能得到的利益。因此，在公司决策和治理体系中，需要通盘考虑各利益主体的利益，并且赋予他们对等的权利，不然各个利益相关主体就会考虑撤出资金，结果就是公司的整体利益受损，生存问题受到威胁。20 世纪 90 年代以后，Donaldsor 在国际顶级管理学杂志《管理学会评论》上发表论文，对利益相关者的定义进行了分析与总结。他认为企业是一个系统，这一系统是由各利益相关者所组成的，这一系统是社会大系统的一部分，跟随社会大系统运行，为各利益相关者带来财富和利益是企业发展的主要目标。

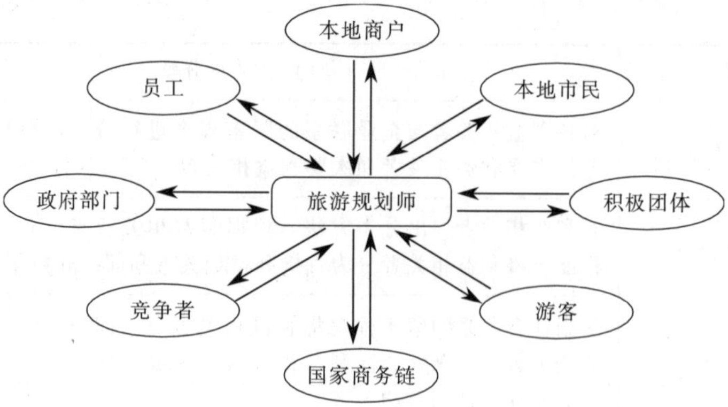

图 3.1　以旅游规划师为中心的旅游业利益相关者图谱

Walle（1995）首次将利益相关者理论运用到旅游相关研究中，他提出旅游业是一个涵盖面比较广的行业，总体带动能力较强，相比一般企业具有更大的带动性，也会有更多的利益群体牵涉其中。与旅游业发展相关的行业、涉及旅游开发的公司、参与旅游开发的居民、投资旅游的个人和进行旅游活动的游客都属于旅游发展的利益相关者。旅游行业的利益相关者众多，包括当地政府、旅游企业、游客、旅游地居民、相关协会、相关职业人、大众传媒、各种非营利组织等。Robson 和 Robson（1996）的研究指出，旅游企业的利益相关者众多，如出资者、雇员、旅游者、旅游地居民、旅游集团、国家和当地政府、旅社、旅游经销商、新闻纸媒等，并绘制出利益相关者模型。Sautter 和 Leisen①（1999）研究发现，旅游发展所涉及的所有主体，其本质目的就是获取发展的利益，他们结合现有研究成果画出了以旅游规划师为中心的旅游业利益相关者图谱，如图 3.1 所示。Burns 和 Howard②（2003）的研究以澳大利亚昆士兰州的 Fraser 岛为例，指出在这一旅游景点至少涉及 10 种利益相关者，包括游客、企业雇员、当地居民、旅游咨询机构、民间保护

① Sautter E T，Leisen B. Managing stakeholders：A tourism planning model［J］. Annals of Tourism Research，1999（2）：312-328.

② Burns G L，Howard P. When wildlife tourism goes wrong：A case study of stakeholder and management issues regarding Dingoes on Fraser Island Australia［J］. Tourism Management，2003（6）：699-712.

协会、非官方组织、地方社区组织、旅游公司、官方组织、景区机构。Sheehan 和 Ritchie[①]（2005）采用实证研究方法，指出旅游地的利益相关者有 13 种之多，而其分类的依据就是形成压力的大小。

保继刚和钟新民（2002）在其著作《桂林市旅游发展总体规划（2001—2020)》中提到，在旅游发展中，主要利益相关者有游客、政府、商业部门、旅游地居民、旅游公司等，所制定的旅游业发展战略和以上利益人息息相关。通过分析各利益主体的表现及行为动向，发现主要利益者自身会彼此制约、彼此影响，因而可以参考反馈信息，辨别主要利益主体的不同功能，进而分析旅游发展的内生动力和影响机理。徐红和保继刚（2003）的研究中对系统动力学方法进行了一定的解释，开启了利益相关者理论运用于旅游领域研究的大门，为后来者的研究提供了助益。张伟和吴必虎[②]（2002）用会议、访问和问卷的方法来研究四川乐山旅游中的利益主体，分析他们对旅游发展的形象感知和利益诉求，发现旅游过程中各利益主体之间是可以合作的，同时，利益相关者理论也适用于旅游发展战略的规划；但文中没有考虑到非官方组织和社会大众的作用，利益相关者有所取舍，研究结论不够全面。黄昆[③]（2003）梳理出景区利益相关者的类别、含义以及他们对景区管理所产生的影响，建议构建一种共同参与管理的模式，并对此种模式可能带来的问题进行了预测。冯淑华[④]（2003）研究了著名风景区旅游发展的问题，从流域利益主体关系的视角出发，尝试突破理论和现实的双重层面，进行有关资源共享的利益群体在权利与义务关系上的研究，提出和谐共生的理念，为旅游的持续发展提供助力，其不足是并没有提出解决之道。张祖群等[⑤]（2004）的研究是

---

① Sheehan L R，Ritchie J R．Destination stakeholders：Exploring identity and salience [J]．Annals of Tourism Research，2005（3）：711-734.

② 张伟，吴必虎．利益主体（Stakeholder）理论在区域旅游规划中的应用——以四川省乐山市为例 [J]．旅游学刊，2002（4）：63-68.

③ 黄昆．利益相关者共同参与的景区环境管理模式研究 [J]．湖北社会科学，2003（10）：81-82.

④ 冯淑华．三百山旅游发展中流域利益主体关系的探讨 [J]．宜春学院学报（社会科学），2003（5）：47-50.

⑤ 张祖群，方巧，杨新军．基于文化景观的利益主体经济互动——荆州的旅游人类学实证研究 [J]．桂林旅游高等专科学校学报，2004（1）：74-78.

以荆州不同旅游利益主体的经济互动关系为对象，用人类学田野工作参与观察的方法，分析主体之间的关系，以特殊的文化景致为中介背景，将他们之间的摩擦当成旅游的实质内容。宋瑞[①]（2004）、刘雪梅和保继刚[②]（2005）将利益相关者理论用于生态旅游，主要研究这一类型的旅游利益群体以及他们之间的关系，并给予相应的对策建议。夏赞才[③]（2003）则将利益相关者理论运用到旅游企业管理中，明确管理层的利益相关者主体，同时根据旅行社利益相关者的图谱来进行划分，共分为三层，且每一层的类型都不同。旅行社管理者根据实际情况，通过图谱来进行模型构建，之后依据其基本原则对不同类型的利益主体进行管理。

Jamal 和 Getz[④]（1995）首次用协作理论来研究旅游规划问题，并由此提出了六项关于推动旅游地各利益相关者之间协作关系的建议，他们制定的社区旅游规划中的协作进程，不管是问题的界定、方向的确立，还是规划的执行过程，都离不开利益相关者的合作与参与。Reed[⑤]（1997）以加拿大社区权力格局中的特定要素为研究对象，用权力关系理论来解释其在社区旅游中的作用。研究结论显示：社区旅游规划的结果受利益相关者的不同反应策略干扰，利益相关者包含的权利关系是一个揭示协作成功与否的关键变量，因此协作理论应该高度关注权利关系对社区旅游的影响，不能设置去除权利的机制。Williams 等[⑥]（1998）以加拿大不列颠哥伦比亚省制定土地战略规划为研究背景，发现政府在规划制定时非常重视公众的建议，并指出这种合作的决策模式适用于土地的使用和管理，同时分析了可能存在的不利因素，进而提

① 宋瑞. 我国生态旅游发展利益相关者视角分析［J］. 杭州师范学院学报（社会科学版），2004（5）：74-80.

② 刘雪梅，保继刚. 从利益相关者角度剖析国内外生态旅游实践的变形［J］. 生态学杂志，2005（3）：348-353.

③ 夏赞才. 利益相关者理论及旅行社利益相关者基本图谱［J］. 湖南师范大学社会科学学报，2003（3）：72-77.

④ Jamal T B，Getz D. Collaboration theory and community tourism planning [J]. Annals of Tourism Research，1995（1）：186-204.

⑤ Reed M G. Power relations and community-based tourism planning [J]. Annals of Tourism Research，1997（3）：566-591.

⑥ Williams P W，Penrose R W，Hawkes S. Shared decision-making in tourism land use planning [J]. Annals of Tourism research，1998（4）：860-889.

出可行性方案。Bramwell 和 Sharman[①]（1999）在组织协作理论、沟通模式理论和公民参与理论的基础上，提出利益相关者可以在“地方协作制定政策”下进行合作，还通过实例 Hope Valley 进行了该框架的有效性分析。De Araujo 和 Bramwell[②]（2002）对巴西东北旅游开发纲要项目中的合作案例进行了实证研究，发现政府机关与其他旅游开发利益相关者主体之间存在协作关系，借鉴其他学者的研究成果，设计了能够吸引更多利益相关者主体参与当地旅游开发的方案。Aas 等[③]（2005）的研究中发现，早在 1998 年开展老挝文化遗产旅游项目时，就已经认定当地居民是无话语权的利益相关者，在旅游规划和管理的过程中无法上升至管理层，也没有什么发言权，因此建议在项目中真正获利的当地政府代表和居民中的精英，为了更有效地保护遗产及其他利益相关者的利益，应关注以下内容：建立旅游发展部门与遗产管理之间的信息平台系统；设立专项遗产保护基金；与当地社区建立平等合作的关系，以便共同开展旅游；建立利益相关者协作的组织机构。Tosun[④]（2000），Wilson 等[⑤]（2001），Fallon 和 Kriwoken[⑥]（2003），Andriotis[⑦]（2005）等学者也在社区旅游中提出了相近的观点。

通过已有的研究，学者们发现社区居民不能成为旅游开发中的决定性力量已是不争的事实，绝大多数项目都是由旅游企业、政府或非官方组织等主导经营。在当地旅游开发过程中，应促进当地居民、旅游者、当地政府和外

① Bramwell B，Sharman A. Collaboration in local tourism policy making [J]. Annals of Tourism Research，1999 (2)：392-415.

② De Araujo L M，Bramwell B. Partnership and regional tourism in Brazil [J]. Annals of Tourism Research，2002 (4)：1138-1164.

③ Aas C，Ladkin A，Fletcher J. Stakeholder collaboration and heritage management [J]. Annals of Tourism Research，2005 (1)：28-48.

④ Tosun D C. Limits to community participation in the tourism development process in countries [J]. Tourism Management，2000 (6)：613-633.

⑤ Wilson S，Fesenmaier D R，Fesenmaier J，et al. Factors for success in rural tourism development [J]. Journal of Travel Research，2001 (2)：132-138.

⑥ Fallon L D，Kriwoken L K. Community involvement in tourism infrastructure—the case of the Strainer Visitor Centre，Tasmania [J]. Tourism Management，2003 (3)：289-308.

⑦ Andriotis K. Community groups perceptions and preferences for tourism development：Evidence from Crete [J]. Journal of Hospitality & Tourism Research，2005 (1)：67-90.

来客商等利益主体之间的交流和参与。不少学者就此达成共识，从而促进旅游发展规划体系的形成，让旅游业的发展有了更为科学的理论参考。

乡村旅游发展过程中的利益相关者包括：（1）核心利益相关者，主要是指与乡村旅游业开发具有直接经济利益和法律关系的主体，包括个人以及组织，这些主体对乡村旅游业的持续健康发展起着至关重要的作用，他们的利益也应放在重要的位置。乡村旅游中的核心利益相关者包括四个方面，分别是地方政府、旅游开发公司、乡村旅游地的游客和乡村旅游地的居民。（2）非核心利益相关者，主要是指在乡村旅游发展中不存在直接的经济利益关系，但是能够对乡村旅游业的发展施加影响，带来机遇或者挑战的群体，包括非官方组织、旅游行业协会和大众传媒等。需要我们注意的是，不管哪一类利益相关者，其成员都是不断变化的，会随着旅游目的地发展阶段的演化和各利益相关者主体内部的变化而不断变化，其功能和地位会有所改变，所以分析乡村旅游利益相关者的类别归属时应按照同一阶段来划分。

在对旅游相关的利益群体做出分类时，应注意如下两点：（1）各自合理的利益预期，对旅游发展的兴趣及程度；（2）各利益相关者拥有维护自身权利的能力。根据分类结果的不同，对利益相关者的方式和策略也有所区别。旅游产业在发展过程中，关键利益相关者大多由当地政府部门、旅游地居民、旅游公司和游客构成。在众多利益相关者中，当地政府对乡村旅游的发展拥有绝对的话语权，因此权力最大，拥有最终决策权，能理清自己的需求，维护自己的权益，对旅游地的旅游收益关注度较高。旅游地居民虽然占有部分旅游资源，自身也可归属为旅游资源的一部分，但由于自身综合素质有限，无法真正参与到旅游决策中，不懂得运用自身的优势为自己在旅游中获益，造成其对利益关注度不高。旅游公司相较于前二者有着无可比拟的智力、人力和财力等优势，能从旅游发展中获得巨额的经济利益，由于风险对等，所以对经济利益的关注度高，且希望参与旅游发展决策，不过由于实际权力不大，比较难以参与决策。游客属于旅游产品的购买者和体验者，是乡村旅游活动的动力，但由于游客对旅游发展的影响是被动的，不是直接的，对旅游决策的实际影响不大，参与到旅游地发展决策的可能性较小，所以游客对利益的重视度不高。

随着旅游业的发展壮大，利益相关者的权力和利益关注点也会相应变化。比如，随着当地居民自身能力素质的提升，参与旅游发展决策的机会也会增多，他们就能维护自身权益，这也有助于缓和利益相关者之间的冲突，促进旅游产业健康良性地发展。随着经济发展的加快，旅游市场化程度会越来越高，政府的角色转变也在加快，政府的主导作用会逐渐减少，最终会归权于其他经济人。层次不一、类型各异的利益相关者之间会随着旅游业的演化出现变化：非核心利益相关者和核心利益相关者可能因为某个契机相互转化。因此，旅游业的管理部门——政府，在评估旅游业利益相关者时，要考虑到实际情况的动态变化，做到具体问题具体分析。

在核心利益相关者的运作系统中：旅游开发商和经营者凭借资金、科技和人力资本的优势，从政府部门获取旅游开发的先期资源。游客是乡村旅游景区旅游商品和旅游服务的消费者和体验者，具有是否选择旅游商品和服务的权利。旅游相关企业是旅游活动中的重要组成部分，承担者为旅游者提供产品以及服务的重任，其通过提供的产品获得相应的收益。政府是公共资源的拥有主体，其作为协调者的角色，能够为旅游企业做出政策引导，并能够为旅游业的发展提供所需的基础设施。此外，政府能够引导旅游企业有序合理开发旅游资源，并因此获取资源使用费用以及获取税收。旅游地居民给游客提供各种旅游便利，并以此种方式从中盈利。同时，居民作为某些旅游资源的掌控者，有权要求政府在规划开发旅游业时，提供公共基础设施，用于居民、游客共享，或从中获益。居民通过参与乡村旅游经营与旅游公司形成逐利的局面。居民和旅游公司可以实现合作，即居民为旅游公司提供劳动力，以获取报酬。游客有权向政府相关部门投诉或提出建议，政府也应向游客征询意见或做出相应承诺。

（二）社区参与理论

“社区”一词由 Tounies（1887）在《社区与社会》一书中最早提出来。蒋艳[①]

① 蒋艳．对欠发达地区社区参与旅游发展的思考［J］．安徽农业大学学报（社会科学版），2004（3）：18-21．

(2004)的研究指出，社区参与和公众参与本质上是统一的，两者都可以称为公民参与，也可以叫作市民参与、民众参与等。佟敏[①]（2005）的研究认为，参与属于现代社会学的概念，指参与到社会行为中来并分享其参与成果，即通常意义上的参与其中、分享成果的意思。

Murphy[②]（1985）最早将“社区参与”一词用于旅游业，同时开始尝试从此角度出发来研究旅游。在过去的旅游开发模式中，旅游企业赚取了旅游业发展所带来的经济效益，其他的消极影响却留给了旅游地居民。将社区参与理论运用到旅游开发中，是为了实现经济效益和环境效益的共生发展，也可以转变之前旅游开发所带来的内部经济性和外部不经济性。ToSun（1998）在针对土耳其的案例研究中，认为发展中国家与发达国家不同，在发展中国家，由于乡村居民不能得到旅游发展带来的收益，却要忍受乡村自然环境变坏、宁静的生活氛围消失、噪声污染、文化冲突等负面效应，因此，居民参与旅游发展一般难以实现。他之后的研究指出，社区村民参与到乡村旅游的发展中，会导致旅游地政治、法律、管理和经济都出现新的变化。Ahn（2002）的研究以当地居民对旅游发展的感知和游客对旅游体验的态度为主，通过定性与定量相结合的方法，做了系统深入的分析。Peggy（2005）分析了性别差异所导致的当地居民在乡村旅游感知和态度上的异同点。佟敏（2005）指出，社区参与旅游是指进行旅游开发的社区及其居民以自身能提供的成为旅游资源的各种生产要素（经济资源）共同参与到旅游规划、设计、开发和实施中，开展各种旅游经营活动，并从中进行利润分红，同时关注当地生态环境的保护和社区后续的发展。罗辉（2006）将社区参与中的主要利益主体划分为：当地政府、旅游管理的专职机构、社区集体组织、外来资本组建的旅游公司、当地居民和旅游者。刘纬华[③]（2000）的研究发现，社区可以作为发展的主体，这样更有利于其参与到旅游发展的开发和规划中。实现旅游业可持续发展需要推动社区参与旅游的模式。

① 佟敏. 基于社区参与的我国生态旅游研究［D］. 哈尔滨：东北林业大学，2005.

② Murphy P E. Tourism：A community approach［M］. New York：Methane Inc.，1985.

③ 刘纬华. 关于社区参与旅游发展的若干理论思考［J］. 旅游学刊，2000（1）：47-52.

黎洁（2001）指出，依据经济人假定的标准，社区居民可以假设成同一追求利益的主体，那么社区参与就包括居民对旅游决定和旅游收益分配的参与。同时指明，参与的过程并不能使居民获益，仅能产生对旅游政策的影响，其他因素在研究中则没有体现出来。郭瑞香等（2004）的研究指出，社区参与是在正确认识社区内群众的知识、技能的基础上，通过创造公平公正的机会，赋予社区居民一定的权力，给予社区居民真正的尊重，即通过群众自身的言论权、决定权来增强社区居民自信心、自豪感，从而使社区获得发展的能力。社区参与更重视努力程度而不是结果，其目的是通过参与来搭建社区公平公正的管理体制平台，树立社区居民的主人翁意识，建立居民间的合作关系，在尊重、平等、共商、共享的基础上，寻找利益和爱好的共同点，经过合情合理的协商，达成居民共识。在政府提供智力和信息的帮助下，社区居民结合自身特点，利用已有知识、经验、技能，决定社区未来的发展方向。佟敏（2005）的研究指出，社区参与主体有广义和狭义之分。狭义的单指社区居民；广义的除了社区居民，还包括当地政府、企事业单位、社会组织等，但最重要的主体依然是社区居民。

胡志毅等[①]（2002）在旅游业社区参与的基础上指出，社区参与是社区全方位、全面参与。包括：（1）制定和实施旅游发展战略，制定和实施旅游规划，加强自然生态的保护，紧跟社会文化发展潮流和方向，进行更新换代和迭代发展等；（2）居民不仅是将参与旅游作为谋生、增加经济收入的手段之一，而是将保护自然生态和传承优秀民间文化作为自身职责和社区发展的需要，全体地、自愿地参与到旅游过程中。钟林生等[②]（2003）的研究发现，社区的有效参与会使生态旅游发展和社区经济进步实现同步双赢。

黎洁等[③]（2001）的研究指出，一个完整的旅游社区必须包含以下四个基本要素：（1）地理上具有一定的范围，能形成风光秀丽的自然环境，同时要有人群赖以生存的必备条件。它是人们在世代居住的环境里，在多年原生态

① 胡志毅，张兆干．社区参与和旅游业可持续发展［J］．人文地理，2002（02）：38-41.

② 钟林生，赵士洞，向宝惠．生态旅游的开发与规划［M］．北京：化学工业出版社，2003.

③ 黎洁，赵西萍．社区参与旅游发展理论的若干经济学质疑［J］．旅游学刊，2001（4）：44-47.

生活方式中形成的、达到可观数量规模的、处于共同类型的旅游体系中的一种。旅游社区不是依靠人为因素划分出来的，它不同于原本的行政区域划分，既能仅指一个乡村地区的行政村（重合行政区域的划分），也能指几个行政村的组合（扩大了行政区域的划分），但需要有共同的利益支撑，有共同的发展愿景，依托着同一类型的旅游资源，并共同承担旅游开发所带来的自然环境破坏、社会文化消弭的不良影响。（2）包含着众多利益主体——政府、旅游公司与非旅游公司、当地居民（不仅包括参与到旅游活动中的居民，还应包括那些不从事与旅游业相关职业活动的居民，因为这部分居民会承担旅游业发展带来的多方面影响）。（3）要有功能齐备、布局合理且能满足旅游服务需求的基础设施，要有满足旅游者多样性消费需求的旅游产品体系，具有相应的研发能力和生产技能，社区结构趋于日渐完备中。（4）同一旅游社区的居民，在情感和心理上产生的共鸣来源于共同的经济、社会发展状况和传统历史文化、生产生活方式的相同或类似。

从目前的研究中可以得知，在旅游活动中，社区参与主体的代表是社区居民，旅游发展中的决策行为、决策结果以及旅游发展中的既得利益配额都是社区参与集中关注的焦点。旅游活动中社区参与方式的变革，主要是社区居民的参与由被动转化为主动，将旅游产业融入社区居民日常生活中，成为日常生活的一部分。

综合已有研究，旅游社区是一个具有旅游接待能力且有一定旅游承载力的地域性社会共同体，充分利用现有旅游资源，由一定数量的、稳定的人口组成，同时兼有内生机制与外部文化影响力。旅游社区通过为游客提供旅游吸引物和辅助性旅游配套设施、旅游产品体验，成为景区外围旅游目的地的延伸部分，有些旅游社区本身也能依靠独有的自然生态与建筑景观成为旅游景区。

（三）旅游地生命周期理论

旅游地生命周期理论是关于旅游地发展变化及阶段性特征的理论基石，不但是旅游管理领域的经典理论，也可以为旅游地持续发展提供实践指导。“生命周期”一语最早用于生物学，多见于描述某种生物从出生到死亡的生命运行轨迹。经过多年的发展，后来很多学科都使用其来描述物质相近或类似的过程变化。例如，市场营销理论中产品生命周期以技术更新为基础，即产品从面世到最终退市的经历与技术更新密切相关。Christaller[①]（1963）对欧洲旅游发展的研究中就提到旅游地生命周期理论。Plog（1973）也有类似提法。Stansfield（1978）以美国大西洋城的客源地市场为研究对象，发现旅游有由部分精英转向大众化的趋势，这也是类似于盛衰变迁的一种规律。

1. 旅游地生命周期的概念

1980 年，巴特勒以营销学界中成熟的产品生命周期理论和生物学界中的生命周期理论为基础，最早提出“旅游地生命周期”一词，同时正式提出旅游地生命周期理论。该理论以旅游者数量的增减变化作为主要参考指标，并绘制了旅游地生命周期演变的曲线模型图。旅游地生命周期总体演变过程分为六个阶段，分别是探索阶段、起步阶段、发展阶段、稳固阶段、停滞阶段、衰落阶段或者复兴发展阶段。在旅游地生命周期发展的不同阶段，游客需要、旅游商品的提供数量、旅游产品的质量、资本投入、旅游地环境等系统要素，都会随着周期的发展出现规律性的变化。

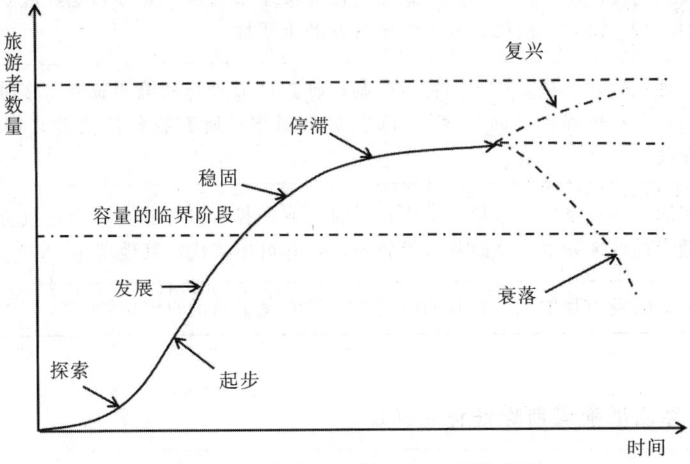

图 3.2　巴特勒的旅游地生命周期模型

① Christaller W. Some consideration of tourism location in Europe：The peripheral regions-under developed countries-recreation areas [J]. Regional Science Association Papers，1963 (1)：103-105.

巴特勒的旅游地生命周期理论的主要内容如下：(1) 旅游地时空形态变化，即游客接待量随时间呈现“S”形变化，旅游地核心要素呈现外围扩散趋势。(2) 旅游地演化路径，即旅游地发展过程中出现六个阶段节点的变化特征。(3) 旅游地演化的影响因素。(4) 旅游地演化的趋势，即旅游资源的吸引力下降伴随着当地旅游业的发展，人为因素的有效管理可能实现旅游地生命周期某一阶段的延长或者复兴，但旅游地发展的承载力有限，在突破其承载力阈值之后，出现衰退则难以扭转。

表 3.2　旅游地生命周期各阶段的特征

阶段	特征
探索	少量的“多中心型”游客或“探险者”；少有或没有旅游基础设施，只有自然的或文化的吸引物
起步	当地投资旅游业，具有明显的旅游季节性；旅游地进行广告宣传活动；客源市场形成；公共部门投资于旅游基础设施
发展	旅游接待量迅速增长；游客数超过当地居民数；有明确的客源市场；大量的广告宣传，外来投资逐步占据控制地位；人造景观出现，并取代自然的或文化的吸引物；“中间型”游客取代“探险者”或“多中心型”游客
稳固	增长速度减缓；广泛的广告宣传，以克服季节性和开发新市场；吸引了“自我中心型”游客；居民充分了解旅游业的重要性
停滞	游客人数达到顶点；达到容量限制；旅游地形象与环境相脱离；旅游地不再时兴；严重依赖于“回头客”，低客房出租率；所有权经常更换；向外围地区发展
衰落	客源市场在空间和数量上减少；对旅游业的投资开始撤出，当地投资可能取代撤走的外来投资；旅游基础设施破旧，并可能被代以其他用途
复兴	全新的吸引物取代了原有的吸引物，或开发了新的自然资源

2. 旅游地生命周期阶段特点描述

对旅游地生命周期各阶段特点的探讨，有助于加强该理论对旅游目的地不同阶段的分析，同时也成为众多旅游研究的基础。在以旅游目的地为研究对象的文献中，需要准确地判断该旅游目的地所处的旅游地生命周期阶段，而要做到这一步，就需要理解旅游地生命周期各个阶段的特点（见表 3.2①）。

3. 旅游地生命周期的影响因素

徐致云和陆林②（2006）总结了国外学者在影响生命周期的主导因素方面的研究，一共有 15 种：（1）环境质量与承载量；（2）商业化；（3）区位；（4）交通状况；（5）公共基础设施；（6）旅游资源质量；（7）居民的参与度；（8）旅游地的整体形象；（9）旅游地的综合竞争力；（10）旅游地的经济发展程度；（11）非官方投资；（12）政府与旅游地经营者的影响；（13）外部旅游环境的竞争；（14）客源地的变动；（15）外部政治因素。

谢彦君③（1995）的研究指出，旅游地生命周期受到需求、效率和环境的影响。覃江华④（2005）的研究则发现，旅游地生命周期受到生产者行为的影响。影响旅游地生命周期的因素主要有 4 个：宏观环境因素、市场需求、竞争者条件和旅游地资源组合等。其中，宏观环境因素主要有社会经济发展程度、自然生态、政治法律、科技条件等；市场需求主要包括需求的总量、需求的变动；竞争者条件主要有相同类别旅游地、其他类别旅游地、待开发的旅游地、不同的旅游公司等；旅游地资源包括人文、经济、社会条件、旅游地承载量、地理位置、基础设施、旅游资源禀赋、当地政府、原居民、投资者作用等。

4. 旅游地生命周期阶段评估

评估旅游地生命周期的阶段，应综合考虑以下方面：（1）旅游地开发时间的长短；（2）旅游地旅游结构的完整程度、贡献作用；（3）旅游地旅游产品开发的品次；（4）旅游地相关产业状态；（5）旅游地接待旅游者的承载力，

---

① Donald G. Tourism planning and destination life cycle [J]. Annals of Tourism Research，1992 (4)：752-770.

② 徐致云，陆林. 旅游地生命周期研究进展 [J]. 安徽师范大学学报（自然科学版），2006 (6)：599-603.

③ 谢彦君. 旅游地生命周期的控制与调解 [J]. 旅游学刊，1995 (2)：41-44.

④ 覃江华. 旅游地生命周期研究综述 [J]. 中南民族大学学报（人文社会科学版），2005 (5)：214-216.

每年接待旅游者的人数变动情况；（6）旅游地旅游者年均增长率；（7）外来资本、民间资本投资的情况；（8）旅游地居民增收方式的改变；（9）旅游地居民对旅游整体发展的支持力度；（10）旅游地整体环境状况的变化；（11）旅游接待中基础设施的完善整修情况。

影响旅游地生命周期的因素很多，影响的程度和大小都会有差异，其研究的纵深性、普适性都可以进一步延伸，对照旅游地生命周期的曲线和阶段性特征进行辨别，发现问题，更好地解决问题。

（四）计划行为理论

计划行为理论最初源自 Fishbein[①]（1963）研究中提出的多属性态度理论。在该理论中，行为产生的预期结果与发生结果的评估直接对行为态度产生影响，而行为态度又显著影响着行为意向。随后，Fishbein 和 Ajzen（1963）基于多属性态度理论，提出了理性行为理论。理性行为理论中，行为态度和主观规范是影响行为意向的重要因素，行为意向进而直接影响行为的发生。该理论的假设前提是个体的具体行为会受到自身行为意愿的直接影响，这也限制了该理论的应用场景。之后，Ajzen[②]（1985）在行为理论的基础上，加入知觉行为变量，提出了计划行为理论。Ajzen[③]（1991）《计划行为理论》一文的发表是该理论成熟的标志，其结构模型如图 3.3 所示。

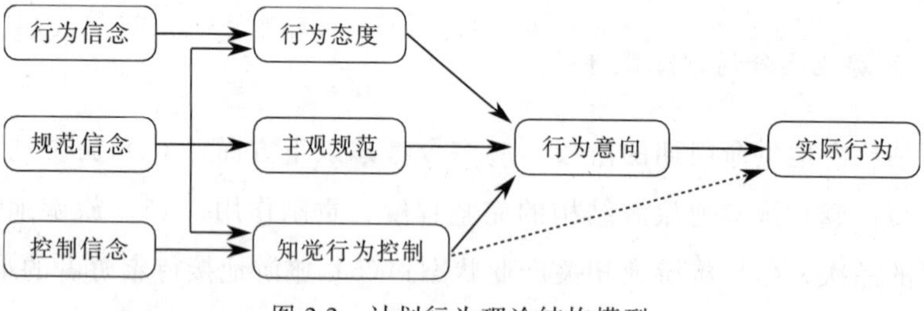

图 3.3　计划行为理论结构模型

① Fishbein M. An investigation of the relationships between beliefs about an object and the attitude toward that object [J]. Human Relations，1963（3）：233-240.

② Ajzen I. From intentions to actions：A theory of planned behavior [M] //Kuhl J，Beckman J. Action control：From cognition to behavior. Heidelberg：Springer，1985：11-39.

③ Ajzen I. The theory of planned behavior [J]. Organizational Behavior and Human Decision Processes，1991（2）：179-211.

姚艳虹和罗焱[①]（2006）通过构建延伸的计划行为理论模型，以游客选择旅游目的地为研究对象，通过模型分析游客选择目的地的心理及行为特点，同时分析其构成因素之间的作用，这是国内对计划行为理论最早的研究。随后国内学者开始引入计划行为理论，主要用于低碳旅游、乡村旅游、休闲旅游、生态旅游和文明旅游等领域的旅游行为研究，大多数学者研究的是游客意向和行为的影响因素及二者之间的关系。

1. 计划行为理论在低碳旅游方面的研究

计划行为理论在国内休闲旅游方面的研究最多。黄雪丽等[②]（2013）的研究融合了计划行为理论和价值-信念-规范理论，从江苏省居民入手，构建低碳旅游的游客旅游行为模型，同时引入新变量——悠逸诉求，主要聚焦于旅游行为的特征、影响因素和作用机制等方面。王玉洁（2012）同样将计划行为理论引入低碳旅游，从微观层面的游客角度出发，研究游客的旅游行为意向。吴琳（2013）用计划行为理论来搭建模型，研究低碳旅游的游客行为。石晓宁（2013）以计划行为理论为基础，探索理论模型中各变量对低碳旅游行为的影响作用，并以研究结论为依据，为旅游利益相关者提供参考。张玲（2015）基于计划行为理论，从理论中的各变量入手，研究南京市居民低碳旅游行为意愿形成的内在机制。梁承磊[③]（2016）通过构建基于影响因素分析的低碳旅游行为理论模型，对低碳旅游期望的产生机理和内在联系进行了实证分析。

2. 计划行为理论在乡村旅游方面的研究

计划行为理论在国内乡村旅游方面的研究比较多，开始时间也较早。李华敏[④]（2007）使用 METPB 模型，研究了乡村旅游行为意向的产生机制，分

① 姚艳虹，罗焱．旅游者目的地选择的 TPB 模型与分析［J］．旅游科学，2006（05）：20-25.

② 黄雪丽，路正南，Yasong（Alex）WANG．基于 TPB 和 VBN 的低碳旅游生活行为影响因素研究模型构建初探［J］．科技管理研究，2013，33（21）：181-190.

③ 梁承磊，李秀荣．基于影响因素分析的低碳旅游行为理论模型的创建［J］．山东财经大学学报，2016（03）：69-76.

④ 李华敏．乡村旅游行为意向形成机制研究［D］．杭州：浙江大学，2007.

析了相关变量之间的关系。郭倩倩等[①]（2013）运用计划行为理论，探讨了乡村旅游行为意向的影响因素和形成机制，在此基础上提出了促进游客参与乡村旅游的对策。田红彦（2016）从乡村旅游的态度、主观规范和知觉行为三个方面论述了乡村旅游行为的影响因素，分析了乡村旅游行为意向的形成机理。黄杰龙（2016）基于计划行为理论和社区参与理论，讨论在乡村旅游发展中，农村居民对旅游业发展的态度和具体行为意愿的关系，并提出了乡村旅游业发展的策略。张圆刚（2007）基于 TPB 和 TSR 模型，构建了乡村旅游游客行为意向机制模型，分析了游客行为意向的问题。

3. 计划行为理论在休闲旅游方面的研究

范松（2011）最早将计划行为理论引入我国休闲类旅游研究，主要是以湖南省长沙市的市民为研究对象，采用抽样调查的方法进行研究分析，梳理出内心情感与休闲旅游行为的机理机制，得出人群特征的不同会导致感知差异的结论。洪贞（2013）以计划行为理论为基础研究休闲旅游游客的行为意向，从游客的微观角度入手，引入社会支撑体系变量，研究分析重庆市休闲旅游游客的行为特点及其影响因素等。朱长宁[②]（2014）将顾客价值理论引入计划行为理论，用于研究休闲农业旅游的行为意向，同时构建起行为意向的分析路径及形成机理。

4. 计划行为理论在生态旅游方面的研究

我国最早关于计划行为理论在生态旅游方面的研究是刘春济和高静[③]（2012）的研究，以上海崇明岛的社区居民为研究对象，调研他们在生态旅游中的参与行为，发现计划行为理论也适用于这一类型的旅游。张清源（2013）基于计划行为理论，研究生态旅游中的游客行为意向，发现由于年龄、学历

① 郭倩倩，胡善风，朱红兵. 基于计划行为理论的乡村旅游意向研究 [J]. 华东经济管理，2013（12）：167-172.

② 朱长宁. 退耕还林背景下农户经济行为研究 [D]. 南京：南京农业大学，2014.

③ 刘春济，高静. 基于计划行为理论的社区居民参与生态旅游发展的行为意向研究——以崇明岛为例 [J]. 北京第二外国语学院学报，2012（07）：56-64.

层次的不同，其旅游行为会出现明显的差别，同时，行为意向可以通过生态旅游态度、主观规范、知觉行为控制等因素进行有效预测。马奔等[①]（2016）采用计划行为理论来构建理论模型，利用 Probit-Tobit 回归分析，重点研究了秦岭地区森林景区农户参与生态旅游的经营行为。

5. 计划行为理论在文明旅游方面的研究

计划行为理论在国内文明旅游方面的研究较少。邱宏亮[②]（2017）通过引入道德规范变量，探讨道德规范与游客文明出行意向之间的关联，在计划行为理论的基础上构建起游客文明出行的影响机制模型；通过结构方程模型进行数据分析，以到杭州旅行的游客为研究对象，研究游客文明出行意向的影响因素。

6. 计划行为理论在其他旅游行为方面的研究

国内学者也将计划行为理论运用到其他旅游行为方面的研究中。刘帅（2010）以参加过湖南省 2008 年、2009 年冬令营的华裔青少年为研究对象，在计划行为理论的基础上，探讨他们在修学旅游中的旅游态度及行为。赵鹏（2012）基于马斯洛需要层次理论、消费者行为学理论及计划行为理论，研究湖南省长沙市的在校大学生的旅游消费行为及其影响因素。王晶晶（2010）用计划行为理论的结构方程模型，研究福建省赴台旅游居民的安全感知对其行为意愿的影响作用。丁丽英[③]（2013）的研究发现，福建省福州市居民赴台的旅游行为可以用计划行为理论构建预测模型，通过此模型还可以分析其影响因素。徐娟（2014）用计划行为理论模型来研究互助游中青年群体行为的

① 马奔，温亚利. 生态旅游对农户家庭收入影响研究——基于倾向得分匹配法的实证分析 [J]. 中国人口·资源与环境，2016 (10)：152-160.

② 邱宏亮. 基于 TPB 拓展模型的出境游客文明旅游行为意向影响机制研究 [J]. 旅游学刊，2017 (06)：75-85.

③ 丁丽英. 基于计划行为理论的福州居民赴台旅游行为意向研究 [J]. 吉林师范大学学报（自然科学版），2013 (1)：117-119＋131.

影响因素。胡向红等[①]（2015）研究了游客的旅游行为意向是否会受到虚拟社区中人际关系影响。张宝强（2015）运用计划行为理论、避暑经济理论和可持续发展理论来研究避暑旅游中的游客行为意向。郑佳娜（2015）通过引入外界环境系统变量来延伸计划行为理论模型，用于研究背包旅游游客行为意愿的影响因素。杜林华（2015）以江苏省南京市居民为例，动用计划行为理论和价值期望理论，分析出境类旅游中，影响游客行为意愿的机制。叶青（2016）以大学生为研究对象，运用计划行为理论、顾客感知理论和推-拉理论，研究在徒步类旅游中，影响游客旅游行为意愿的因素。王蔚（2016）探讨了旅游安全因素对上海老年人出游行为意向的影响。朱树未（2017）基于计划行为理论和认知学习理论，以家庭为研究对象，主要研究家庭成员之间的旅游行为与旅游环境的关系。谢宁光[②]（2017）以京广高铁线的高铁出行旅游游客为对象，研究了内心情感对旅游行为意向的影响机理。

在旅游学科的研究中，已经有了许多相对成熟的理论，同样，在行为学的研究中，也有学者做了诸多探讨，未来可以尝试进行多种理论的结合，用新的模型来研究旅游行为。目前的研究多集中在低碳旅游、乡村旅游和休闲旅游方面，其他类型的旅游行为研究不多，未来的研究可以考虑延伸至其他的旅游类别。

二、概念界定

（一）乡村旅游

乡村是与城市相对的地理概念，属于土地的一种类型，也有将城市与农村相连接的那部分土地归到乡村的。由于人口的增加，城镇化率的提高，加之我国的户籍政策有所松动，城市和乡村在地理上的界限变得模糊重叠。可以从以下四个维度来界定乡村的地域：乡村传统文化、乡村生产方式、乡村

① 胡向红，张高军．虚拟社区人际关系对旅游行为意向影响的实证研究［J］．地理与地理信息科学，2015（04）：116-120．

② 谢宁光．高铁乘客旅游的特征及行为意向分析［J］．西安文理学院学报（自然科学版），2017（1）：92-99．

土地类型和乡村经济支持。由于各地的乡村旅游发展阶段不同，人们对乡村旅游的理解也有差异。近年来，不少学者对此问题开展了不少的研究，学者们研究的视角也不断地发生变化，最初关注农业观光的研究，随后开始研究农业旅游，之后过渡到乡村旅游研究。研究视角的变化说明乡村旅游的内涵越来越丰富，但需要对农业旅游、生态旅游、城市旅游、社区旅游和可持续旅游这些提法和界定加以区分，以便更好地了解乡村旅游。

何景明等①（2002）提出，就内涵来说，乡村旅游包含以下两个部分：一是在乡村地区发生的旅游，二是乡村性必须作为最重要的旅游推广卖点。乡村性作为乡村旅游的旅游吸引物，具有以下三个特点：（1）地理空间开阔，人口密度不高，居住地人口不多；（2）乡村土地主要是生产农作物的耕地或者森林用地，少部分的土地可以用来建设小规模的、独具民族地方特色的乡村民居，必须有乡村自然的风貌；（3）社会文化上兼有传统而守旧的特征。按照以上三个特点，发生在乡村地区的旅游活动就不能全界定为乡村旅游；而乡村旅游和生态旅游也存在交叉、重叠与区别。经济合作与发展组织认为：以田园风光为独特卖点，且发生在乡村地区的旅游是乡村旅游。法国和韩国等国将乡村旅游归类为生态旅游，也可以称为绿色旅游或者可持续性旅游。

贵州省人民政府和世界旅游组织、国家旅游局联合编制的《贵州省旅游发展总体规划》中，对“乡村旅游”的解释是：乡村旅游是指一种将诸如种植业和畜牧业等农业生产活动联系起来的旅游形式。乡村旅游所包含的内容比其本身的含义要广泛得多。乡村旅游给予游客古朴、清新的自然风景，童年的无虑时光，宁静的乡间生活，游客被其美丽的风景、优雅宁静的环境深深陶醉。就这一程度上来看，乡村旅游中囊括自然环境风光和以少数民族村寨建筑为基础的文化内涵。乡村旅游在旅游地属于环境游还是文化游，取决于该地的旅游核心吸引物。

贵州乡村旅游是以贵州民族地区农村的民族村寨、民俗文化遗产、独特的山村自然环境和喀斯特山地农业为资源依托所发展的乡村旅游。《贵州省旅

---

① 何景明，李立华．关于“乡村旅游”概念的探讨［J］．西南师范大学学报（人文社会科学版），2002（5）：125-128.

游发展总体规划》中特别提出，民族村寨是贵州最有特色的文化资源，它是贵州乡村旅游依托的基本资源。

文化遗产包括物质文化遗产和非物质文化遗产，其中包括历史文化名镇，贵州有部分历史文化名镇，如贵阳青岩、镇远古城等。非物质与口头文化遗产是贵州乡村旅游最核心、最重要、最珍贵的资源。

自然环境有狭义和广义之分。狭义的自然环境是指村寨或村寨群落所依托的自然环境；广义的自然环境是指整个贵州是一个公园省，处处有风景，处处有看头，在乡村旅游产品设计上，具有整合优势。农业资源具有贵州山地特色，是多样化的少数民族山地农耕文明形态。要特别指出的是，贵州山地少数民族人民的热情、善良、纯朴和亲和力，也是贵州乡村旅游的重要资源。

贵州乡村旅游的资源丰富性和客源市场的广泛性，促成了其乡村旅游产品的多层次和复合型发展体系，这成为贵州乡村旅游的特征。乡村旅游资源之间相互依托，要有选择地以两极化的市场为重点，在提高游客数量、聚集人气的同时，重视以中高端市场为目标，设计和建设旅游产品。乡村旅游的资源特点、市场需求和产品体系共同构建成独具特色的乡村旅游目的地。

贵州乡村独特的资源特点使其发展在本质上是以人为中心的旅游活动，在旅游方式上是人与人的交互性活动，即村民与游客之间的交往活动。贵州乡村旅游的资源具有多样性、稀缺性、异质性、民族性、地方性的特点，其中非物质与口头文化遗产是以人为载体的资源。村民是贵州乡村旅游中民族文化的主要载体，是地方性知识的拥有者，同时也是受教育程度较低的弱势群体。贵州乡村旅游的游客是层次多样化、需求多样化的城市人群，游客的旅游活动就是与村民的交往活动，是在以村民为主体的村寨环境中的体验活动，是体验其生活方式、分享其文化的过程。

贵州乡村旅游的核心是“人”，主导思想是“以人为本”。具体而言，首先是以村民的根本权力和利益为本，其次是以游客的需求、权力和利益为本。贵州乡村旅游的本质决定了对村民和游客需要的满足是其出发点和归宿。村民和游客的需求不同，游客的主要需求是旅游需求，而村民的需求包括经济、文化、环境等多方面。贵州乡村旅游以乡村为中心，旅游资源在农村，游客旅游的目的地在农村，旅游服务和管理的主体在农村，农村居民也是最大的受益者，因此需要重视村民的参与，以村民利益为根本。满足村民利益的前提是满足游客利益，所以需要提供高质量的旅游产品，提供规范的旅游服务，以满足游客的旅游需求。在满足以上两个群体合理需求的条件下，立足于村民的自主发展能力，实现村民的自主发展。

（二）乡村旅游业

按照我国《城市规划法》第三条规定，城市是指国家按照行政建制设立的直辖市、市、县、镇。除此之外的其他区域范围为乡村。一般而言，乡村的人口密度低、聚集规模小，并以农业为主要经济特征。鉴于此，本书简化地将乡村旅游与城市旅游从地理空间范畴进行区分，认为乡村旅游就是在乡村区域内发生的一切旅游活动行为。同时，依据世界旅游组织在《地方旅游规划指南》中给出的乡村旅游概念，使用“rural tourism”。而与乡村旅游近义的还有“agro-tourism”与“farm-tourism”。虽然可以近似翻译为乡村旅游，但含义却不同。“Agro-tourism”与“farm-tourism”离不开农事活动，因此许多人又将其译为“农业旅游”与“农庄旅游”；“rural tourism”更偏向于依据乡村风情发展的旅游活动。Inskeep（1991）认为乡村旅游、农业旅游、农庄旅游可以相互替代。刘德谦[①]（2006）提出，农业旅游不能完全等同于乡村旅游，但却是乡村旅游组成的主体部分，助推乡村旅游快速成长。该理论逐渐被我国学者们普遍接受。因此，本书随后的农业旅游与农庄旅游，虽不能代替乡村旅游，却可以统一归纳为乡村旅游的组成部分。这里给出了城市旅游、乡村旅游、农业旅游、农庄旅游等概念，以便更好地给出乡村旅游的清晰界定，更好地进行相关分类。

从整体上来看，乡村旅游分为传统乡村旅游和现代乡村旅游，且这两部分相互依存，不可分离。在国内，关于乡村旅游发展的分类最早被旅游学者谢彦君（1999）论及，主要从客源地角度出发，认为乡村旅游可以分为农业

① 刘德谦. 关于乡村旅游、农业旅游与民俗旅游的几点辨析 [J]. 旅游学刊，2006，21（3）：12-19.

旅游（包括区域型生态农业旅游项目与结构性生态农业旅游项目，主要以平面、立体、时序和链式生态旅游农业景观呈现）、乡村民俗旅游（乡村居民生活和生产的节律、礼仪、舞蹈与服饰等）、农事旅游（农事体验）。刘德谦[①]（2006）依据中国乡村旅游发展现状，从市场角度进行阐述，提出中国乡村旅游若从自身发展特色区分，可以划分为四种模式，即客源依托模式、目的地依托模式、非典型模式和复合模式；若从需求的适应类型区分，可以划分为八种类型，即休息娱乐型、收获品尝型、运动养生型、观光审美型、认识学习型、复合型以及其他非典型型。张树民等[②]（2012）以乡村旅游发展驱动因素进行分类，认为乡村旅游可以分为需求拉动型、政府支持型、中介影响型、供给拉动型以及各种力量混合型乡村旅游等。在国际学术界，Lane[③]（1994）最早进行分类描述。尽管从现实过程来看，乡村旅游发展往往是某种综合的形态，但是从不同角度进行类型细分，无疑是辩证思维逻辑的一次有价值的理论实践。不同的定义从不同的侧面揭示出乡村旅游发展要素的普遍联系，有利于在客观上推进涉及乡村旅游业高质量发展的理论与实证关系的研究。因此，关于乡村旅游理论的分析，必须在学者们研究的基础上，关注分类性质以及语境限定。

根据以上的基础性分析，为了聚焦乡村旅游业高质量发展的分析主题，本书基于传统意义上旅游经济学的理论视角认为，如果从资源静态角度，依托截面观察，乡村旅游业一般可简化地分为三类：一是氛围情境型。指民俗文化、乡村野趣、缓慢的生活方式以及淳朴的人际关系等精神意义上的乡村旅游，如邻里之间互赠农产品、田埂间的盘踞闲谈等。它可见但不可规范化，时时刻刻支配者人们的日常行为。正因为它时时刻刻存在，在通常情形下被人们潜意识地视为理所当然，具有潜在、不可表述、不可规范的外在特征。二是地理空间型。依据周边的景区或是邻近城市，却又相对于城市而存在等

① 刘德谦．关于乡村旅游、农业旅游与民俗旅游的几点辨析［J］．旅游学刊，2006，21（3）：12-19.

② 张树民，钟林生，王灵恩．基于旅游系统理论的中国乡村旅游发展模式探讨［J］．地理研究，2012，31（11）：2094-2113.

③ Lane B．What is rural tourism［J］．Journal of Sustainable Tourism，1994，2（12）：7-21.

区位优势意义上的乡村旅游。这是一种可以规划发展的乡村旅游，一般以休闲山庄、主题村寨等形式实现。三是景观依托型。包括自然景观、田园风光、庭院景观、村落景观以及各类人文遗迹景观等。按照静态资源的细分，可将乡村旅游通过分类进一步区分，并在客观上推进由乡村旅游资源属性所导致的资源供给的内在机制研究。鉴于此，本书关于乡村旅游持续发展的分析，就是在以上乡村旅游资源分类的基础上进行的总体研究。

以氛围情境资源为基础的乡村旅游是乡村文化沉淀的表现。几乎全世界所有国家、民族的乡村民俗文化中，都有与人为善、和睦、热情的社会意识和价值观，同时，又有小农意识。特别是在一定时期内，当某种特定的文化氛围占主导地位时，或者被一些利益的诱惑偏离轨迹时，乡村氛围就可能演化、弥漫出某种利益冲突极为强烈的潜意识规则，这已经出现在当下中国乡村旅游产业中。当两种极端的意识形态在一定程度上混合，并影响和决定人们的社会行为时，乡村旅游发展将表现出服务形态既有理想的一面，又有依赖于个体行为差异的非理想特征。

地理空间型的乡村旅游，情况则完全不同。随着城镇化速度的加快，城市的拥挤、繁忙以及空气污染等影响着城市居民的身心健康。在环境与生活的双重压力下，他们需要放松、恬静、淳朴的生活，需要寻求回归人性本能的地区。西班牙旅游学者认为，传统乡村旅游就是离开农村定居城市的居民返乡度假，而现代乡村旅游的旅游动机明显区别于这种回老家的传统旅游。五天工作制实施以后，周末休闲放松旅游成为城镇人员的生活方式。但周末的两天休息时间又限制了长途出游的规划，近郊游成为最适合城镇人员的一种选择。以区位优势制胜的近郊乡村旅游，由于空间距离近、交通花费时间少、价格低廉，吸引了众多城镇人员多次进行乡村旅游活动的消费。随着消费人次的增加，旅游企业也被吸引，乡村旅游资源被包装、创新或是转型，成为休闲、娱乐、户外拓展以及一系列农事主题乐园。乡村旅游资源随着旅游企业的加入被转让或被出租，当地居民可能会获得门票收入、农产品收入等，他们可能会满足，也可能不满足。随着旅游资源经营权与使用权的失去，乡村旅游目的地居民对乡村旅游的态度极有可能朝着两极转变：一种是对乡村旅游带来的社会、经济以及环境变化的认可；一种认为乡村旅游打扰了他们的生活，对利益的追求与信仰的缺失让原本充满人情味的生活充满利益的纷争。由此导致乡村旅游发展具有不确定性，有可能繁荣，也有可能凋谢。有可能成为“大蛋糕”，由于乡村居民分享的份额越来越多，制作“大蛋糕”的人可能会有不满；有可能成为“小蛋糕”，乡村居民对分享的份额越来越不满，利益冲突不断增加，甚至导致“小蛋糕”消失。在现实的乡村旅游发展状态中，利益主体纷纷加入，对旅游资源的使用进行博弈，寻求博弈均衡解，正是本书需要讨论的内容，可以深入揭示利益主体行为范畴和逻辑。

景观依托型乡村旅游较为容易理解与接受，借助自然景观或者周边景点，可以成功地吸引客源。这类乡村旅游以观赏型为主导，旅游产品较为单一。

从资源静态角度，依托截面观察对乡村旅游进行分类，每一种类别在发展过程中都可以借鉴博弈论的理论优势进行均衡分析。

（三）乡村旅游发展绩效

张海燕和罗健阳（2016）的研究指出，绩效指取得的成绩、成果，也指实际操作过程中完成任务的效率，也指事情发生后所产生的影响或者后果。徐小飞和杨洪[①]（2016）指出，绩效包括效率、效果和效益三方面，一般既有行为发生的过程，又有行为导致的结果。旅游发展绩效则是指通过收集旅游产业及相关行业数据，综合相关部门的信息，运用经济学相关理论和科学分析方法，参照全面定制的指标体系，统一标准尺度，并按照一定步骤进行判别。同时，对旅游发展的消极影响起到规范制约作用，确保旅游产业持续良性发展。

乡村旅游是以乡村性为主要推广卖点的旅游活动，属于旅游产业中新兴的旅游发展形态，既包含乡村作为区域的旅游活动，也包含乡村所提供的独特的自然、地理和人文景观以及乡土产品。鉴于乡村旅游的相关利益方较多，也比较复杂，覆盖面比较广，一般可以把乡村旅游发展绩效划分为经济绩效、社会文化绩效和生态绩效三个方面。乡村旅游发展绩效是指乡村旅游发展对

---

① 徐小飞，杨洪．国外旅游发展绩效评估研究动态［J］．经济研究导刊，2016（10）：174-176.

主要利益相关者产生的影响，包括当地居民对乡村旅游的感知，以及乡村旅游发展对当地居民产生的影响。

（四）居民参与意愿

居民作为乡村旅游发展中的主要利益相关者，在乡村旅游中兼任多重角色。乡村居民是乡村地区原生态文化与厚重历史最重要的传承人与鲜活载体，他们连同农耕生产、日常生活、民风民俗、传统文化、田园风光、自然景物一起组成乡村旅游的核心吸引力。乡村居民本身就是乡村旅游中色彩斑斓的元素，成为乡村旅游资源的组成部分，同时又作为追逐自身利益的利益相关者群体存在，他们直接或间接参与到乡村旅游的发展中。乡村居民本应成长为乡村旅游发展中最核心的利益主体，但却由于自身的素质不高、先天话语权的丧失、匮乏的生计资本、闭塞的信息渠道以及松散的乡村结构等，决定了其在众多利益相关者的博弈中处于不利地位，起不到主导的作用，使得自身利益受到侵害而无法止损。如在乡村旅游开发的初期，多是以政府或外来资本主导的类型为主，需要原居民迁出、改建、拆除、置换以及土地征用和流转等，这种情况在以自然传统村落为主要卖点的乡村旅游地更为突出。现行的土地政策无法保障居民拥有土地所有权，同时也使得居民没有保护自身利益不受损的合法依据，在相关利益者的博弈中，他们丧失了优先谈判的筹码和合理支持。零散的乡村组织结构使得居民、政府和旅游企业之间无法共享信息资源，由于渠道不畅，致使信息无法实现有效沟通。有限的生计资本使乡村居民在旅游的投入上略显不足。正是由于话语权和相关法律法规的缺位，导致乡村居民一度沦为旅游开发中的弱势群体，处于最易被忽视的边缘位置。

居民参与意愿是指乡村旅游地居民参与乡村旅游的意向、愿望及想法。居民参与意愿会激发居民参与的动机，同时反映出居民愿意付出多少时间、多少心血去参与乡村旅游发展，包括自身的参与程度、推荐他人参与的意愿和协调乡村旅游发展中的各种矛盾等。居民参与意愿能直接影响参与行为。居民参与意愿也是居民对参与乡村旅游业发展的主观表达。一个人行为意愿的强弱，决定了其最终是否会付诸行动。

（五）居民参与行为

居民参与行为是指乡村旅游地居民通过从事乡村旅游或旅游相关的职业，在其发展过程中得到自我价值的实现和获得经济报酬的满足过程。具体来说，参与行为是居民将自己所拥有的生计资本转化成经济利益的具体表现形式，即达到目标的能力、过程及表现。居民参与行为也指居民在乡村旅游发展中共同参与其发展的全过程，具体包括学习与乡村旅游相关的知识、技能，参与经营和管理。

（六）政府作用

Clarke 等（2001）研究了斯洛伐克的乡村旅游，分析得出这一地区乡村旅游得以发展的原因：国家政策扶持、社区参与、旅游业的辐射带动作用。Sharpley[①]（2002）主要研究夏日阳光型旅游地的乡村旅游，发现存在以下问题：旅游收益达不到期望值，住宿规模不大，过夜游客少，价格没有统一的标准，服务和产品也没有统一规范。他提出相应对策：把当地的乡村旅游纳入整个旅游业中考虑，提供足够的智力和财力支持，依靠旅游地社区来共同发展，进行统一领导和管理监控。Macdonald 和 Jolliffe（2003）以加拿大的乡村旅游为研究对象，说明规划设计对于乡村旅游发展的作用。同时，对其发展阶段进行了分析：（1）旅游的理念是在乡村经济发展的过程中出现的，逐步将乡村原有的旅游资源纳入当地的发展规划中。（2）逐步协调在发展中出现的问题，促成合作，达至平衡，采取对整个发展有益的措施。（3）统一设计旅游产品，保障旅游可持续发展。（4）对整个地区的乡村旅游规划做通盘考虑，发展的同时要保护文化等脆弱资源。Saxena 和 Ilbery[②]（2008）通过分析英国与威尔士的企业和乡村网络资源的运行特点，构建出适应乡村旅游的嵌入、非嵌入、内生、授权等理论，提出创造健康发展的乡村旅游业的关

---

① Sharpley R. Rural tourism and the challenge of tourism diversification：The case of Cyprus [J]. Tourism Management，2002（3）：233-244.

② Saxena G，Ilbery B. Integrated rural tourism：A border case study [J]. Annals of Tourism Research，2008（1）：233-254.

键是合作、参与和融入。Cawley 等[①]（2008）正是基于此，把整体乡村旅游模式当做乡村振兴战略模式，同时也作为旅游营销的方法。

地方政府的政策导向、扶持力度、重视程度及旅游地自身旅游资源的开发程度，对该地乡村旅游有很大影响。曾本详[②]（2006）提出，在乡村旅游发展兴盛的过程中，当地政府具有至关重要的作用。在广袤的乡村地区，政府居于主导地位，且对其管辖的事务具有绝对的话语权。同时，政府也属于经纪人的一种，有属于自身的政治诉求和为此付诸实践的行为。当乡村旅游成为后农业时代的替代经济时，已经有迹象表明其强大的生命力，这时，政府开始关注，必要时进行引导，甚至主动融入。在乡村旅游开发的早期阶段，旅游地居民拥有多重身份角色，预期成为旅游开发后的潜在受益群体，但受制于单个家庭的生计资本不充足、家庭成员的素质不高、松散的乡村结构等因素，这一阶段的乡村旅游中，政府的主导作用是显而易见的。不管是早期的政治性接待，还是后来顺势而起的采摘节，从民族村到农家乐，政府都是走的先帮扶后规范的模式。当乡村旅游发展壮大之后，它会为乡村经济发展提供助益，而在前期的基础设施建设、公共环境改造升级、旅游地宣传等方面，政府都是秉承支持的原则，通过制定标准来规范旅游企业、经营户的行为，以规避旅游市场可预见的价格竞争等不良行为，同时，颁布旅游的相关政策、标准，促进乡村旅游的可持续发展。

三、理论模型

在利益相关者理论的基础上，本书关注的重点是乡村居民和当地政府，两者都是乡村旅游发展的主要利益相关者。在社区参与理论、计划行为理论的基础上，居民参与意愿、参与行为与乡村旅游发展绩效之间存在着相关关系。本书以居民参与意愿为自变量，居民参与行为为中介变量，乡村旅游发展绩效为因变量，同时，以政府作用作为调节变量来考察几个主要变量之间

① Cawley M, Gilm D A. Integrated rural tourism: Concepts and practice [J]. Annals of Tourism Research, 2008 (2): 316-337.

② 曾本详. 中国旅游扶贫研究综述 [J]. 旅游学刊, 2006 (2): 89-93.

的关系。其中，乡村旅游发展绩效包括经济绩效、社会文化绩效和生态绩效三个维度。根据以上分析，本书构建的理论模型如下。

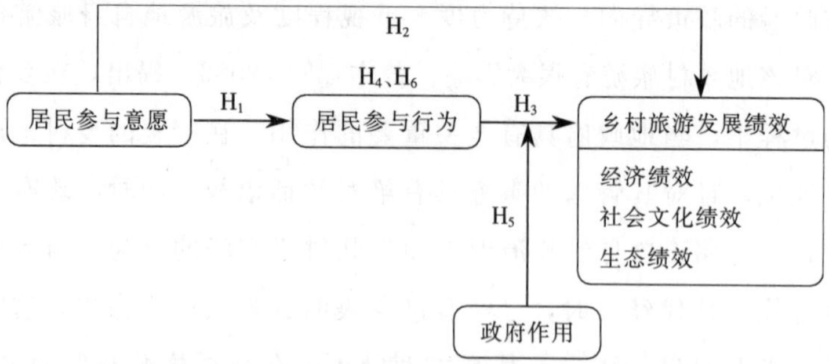

图 3.4　研究理论模型

四、研究假设

（一）居民参与意愿与居民参与行为

王兆峰和向秋霜[①]（2017）基于动机-机会-能力模型，构建社区参与旅游扶贫的相关模型，以其影响因素和对不同水平的参与影响为研究对象，采用结构方程来进行检验。研究结论如下：参与能力和动机与社区参与存在正相关关系；参与机会与动机存在正相关关系；参与动机在机会、能力和社区参与中起中介作用；诱惑式参与是社区参与不同水平中影响力最大的。黄静波等[②]（2014）的研究指出，生态旅游态度和居民参与意向在生态旅游的认知与居民参与行为的关系中起中介作用，居民的生态旅游认知与居民参与行为具有显著相关关系，并由此结论揭示出提高居民参与生态旅游的模式。很多学者将研究对象聚焦到民族地区的贫困人口身上，主要研究提高其参与旅游扶贫的绩效和参与度等问题，均得出统一结论：这些地区的贫困人口都很愿意

① 王兆峰，向秋霜．基于 MOA 模型的武陵山区社区居民参与旅游扶贫研究［J］．中央民族大学学报（哲学社会科学版），2017（6）：94-102.

② 黄静波，范香花，肖海平，等．湘粤赣边界禁止开发区居民生态旅游参与行为机制——以国家风景名胜区东江湖为例［J］．地理研究，2014（10）：1919-1927.

参与到旅游扶贫中来。姚娟等[①]（2010）以民族地区女性牧民为研究对象，发现她们参与旅游扶贫的意愿强烈，因为女性在旅游扶贫中容易获得一定的工作岗位，从而使得其收入增加，所以女性更容易接受旅游扶贫的方式。Dogan[②]（2002）和李佳等[③]（2009）以贫困人口为研究对象，得出以下结论：在人口学变量中，年龄、性别、学历层次、对旅游的了解程度都会影响贫困人口对旅游扶贫的效应；人口特征的差异同样导致贫困人口在旅游扶贫效应上的感知、态度和参与意愿的不同；对旅游扶贫正效应的感知也会影响其参与态度和意愿。卢冲等[④]（2017）以四川藏区农牧民为研究对象，运用计划行为理论来探讨影响当地农牧民参与旅游扶贫的意向与行为的因素，得出以下结论：参与意愿在参与扶贫的行为态度与农牧民参与行为、知觉行为控制与农牧民参与行为、主观规范与农牧民参与行为关系中起中介作用。贫困农牧民对旅游扶贫的参与是参与意愿和参与行为二者的结合。行为意向是指个人将来准备做出某种行为的主观意愿，一般表现为参与某种行为的主观概率。Zeihaml 等[⑤]（1996）的研究发现，人的行为意愿和行为之间具有正相关关系。故提出以下假设：

H_1：居民参与意愿与参与行为呈正相关关系。

（二）居民参与意愿与乡村旅游发展绩效

谷慧敏等[⑥]（2003）、何景明[⑦]（2006）、杨军[⑧]（2006）都研究了影响乡

① 姚娟，陈飚．生态旅游区少数民族牧民对定居工程及参与旅游的态度研究——以新疆天山天池、那拉提为例［J］．旅游学刊，2010（07）：28-34.

② Dogan G. Resident attitudes：A structural modeling approach［J］. Annals of Tourism Research，2002（1）：79-105.

③ 李佳，钟林生，成升魁．民族贫困地区居民对旅游扶贫效应的感知和参与行为研究——以青海省三江源地区为例［J］．旅游学刊，2009（8）：71-76.

④ 卢冲，耿宝江，庄天慧，等．藏区贫困农牧民参与旅游扶贫的意愿及行为研究——基于四川藏区23县（市）1320户的调查［J］．旅游学刊，2017（1）：64-76.

⑤ Zeihaml V A，Berry L L，Paraasuraman A. The behavior consequences of service quality［J］. Journal of Marketing，1996（2）：31-46.

⑥ 谷慧敏，伍春来．中国收入分配结构演变对国内旅游消费的影响［J］．旅游学刊，2003（3）：19-23.

⑦ 何景明．城市郊区乡村旅游发展影响因素研究［J］．地域研究与开发，2006（6）：71-76.

⑧ 杨军．中国乡村旅游驱动力因子及其系统优化研究［J］．旅游科学，2006（4）：7-11.

村旅游发展的因素，但是研究角度和涉及的领域不同。马世罕等[①]（2012）以北京市的乡村旅游为研究对象，发现了影响旅游季节性变化的原因。综合已有的研究来看，乡村旅游发展的影响因素有自然地理因素、旅游资源因素和乡村旅游利益因素。乡村旅游的主要利益相关者包括地方政府、乡村居民、旅游企业和旅游地游客。

张海燕和罗健阳（2016）的研究指出，绩效评价最初出现在财务领域中，哈瑞运用标准成本法来核算企业的成本，从而有了绩效评价方法。由于在组织和管理中看到了绩效的作用，这一方法便开始由企业财务延伸至其他不同领域。绩效评价在旅游业最早应用于20世纪80年代，大多数学者从经济、社会、文化、生态等方面来研究乡村旅游绩效。Nicola[②]（2009）、Mthembu（2012）等的研究表明，乡村旅游确实有明显的经济带动性。Mohanty（2014）的研究指出，乡村旅游能解决旅游地居民的就业问题。Li（2015）主要研究了乡村旅游的满意度问题。Vijayaragavan[③]（2014）的研究中发现，乡村文化是乡村旅游体验的重要内容，乡村旅游的发展加强了当地居民对乡村文化的保护意识。

万剑敏（2012）的研究参考了弗里曼的观点，在其研究的地域范围内，分析出目前旅游阶段中出现的利益相关者：（1）当地政府；（2）旅游企业；（3）游客（包括潜在的）；（4）旅游地居民；（5）非官方机构；（6）大众传媒；（7）相关领域的学者；（8）其他相关组织。米切尔根据利益相关者的概念和分类，从合法性、权力性、紧急性三个方面再次定义利益相关者类型。如企业的利益相关者根据以上特征可以划分为：（1）以上三个特征都具备的，是企业重要的资源，需要密切关注，是确定型利益相关者；（2）具备三个特征中的任意两个，则归属于预期型利益相关者；（3）只具备三个特征中的一个，则划分为潜在型利益相关者。

---

① 马世罕，戴林琳，吴必虎．北京郊区乡村旅游季节性特征及其影响因素［J］．地理科学进展，2012（6）：817-824.

② Nicola J. Is tourism the solution to rural decline? Evaluating the "promise of rural tourism" to close the gap between rhetoric and practice［M］. University of Waterloo，2009.

③ Vijayaragavan D. Impact to tourism in Indian economy［J］. International Journal of Development Research，2014（4）：2835-2839.

表 3.3　利益相关者类型分析

利益相关者	合法性	权力性	紧急性	利益相关者类型
政府	√	√	√	确定型
企业	√	√	√	确定型
旅游者	√	√	√	确定型
当地居民	√	√	√	确定型
非政府组织		√	√	预期型
媒体		√	√	预期型
专家		√		潜在型
其他		√		潜在型

乡村旅游利益相关者众多，本书主要关注当地居民。居民参与意愿是居民对参与乡村旅游发展的主观愿望，这种主观愿望是基于对乡村旅游发展前景的预期，会影响到乡村旅游发展绩效。故提出如下假设：

H_2：居民参与意愿与乡村旅游发展绩效呈正相关关系。

H_{2a}：居民参与意愿与经济绩效呈正相关关系。

H_{2b}：居民参与意愿与社会文化绩效呈正相关关系。

H_{2c}：居民参与意愿与生态绩效呈正相关关系。

（三）居民参与行为与乡村旅游发展绩效

张海燕和罗健阳（2016）提出，利益相关者具体可以分为两类：一类是主要利益相关者；另一类是次要利益相关者。前者是指一旦没有他们的存在，评价客体就不能正常运转。旅游者是乡村旅游的观赏者和践行者，乡村居民是乡村旅游服务和资源的承载者，旅游企业或社区是旅游经营的引导者，三者构成乡村旅游正常运行的基本要素。乡村居民是乡村旅游发展的主要利益相关者之一，是旅游发展的出发点和归宿点，也成为主要获益人之一。左冰（2012）的研究中指出，权力的失败是旅游地居民参与旅游失败的重要原因，而究其根源是土地所有权的分配受限。通过赋予增权，使居民参与旅游并能享有旅游的效益，才能保障乡村旅游的健康发展。居民本身亦是乡村旅游中不可或缺的旅游资源，居民参与成为推动乡村旅游繁荣发展的重要因素。只有居民认真做好乡村旅游发展的事情，扎实参与乡村旅游发展，才能看到乡村旅游发展绩效。因此，居民参与行为影响乡村旅游发展绩效。故提出如下假设：

H_3：居民参与行为与乡村旅游发展绩效呈正相关关系。

H_{3a}：居民参与行为与经济绩效呈正相关关系。

H_{3b}：居民参与行为与社会文化绩效呈正相关关系。

H_{3c}：居民参与行为与生态绩效呈正相关关系。

（四）居民参与意愿、参与行为与乡村旅游发展绩效

张海燕和罗健阳（2016）的研究中指出，旅游地居民承载着乡村的元素、特色和未来，他们自觉或不自觉地见证了乡村旅游的兴起和发展。一部分人还成为乡村旅游的直接参与者，或以民宿、采摘、农家菜的方式参与到乡村旅游经营中，或通过游客亲身体验来提高游客的满意度，增加游客的旅游感知。从经济上看，旅游发展以后，游客的增多会促进本地经济的发展，居民会获得一定的工作岗位，从而获得报酬，实现增收。特色表演会激发旅游地居民对自身文化的认同感，从而产生保护传承文化的责任感，这也是当地居民参与旅游的方式之一。居民参与行为既对乡村旅游发展绩效具有正向影响，又与居民参与意愿呈正相关关系。故提出以下假设：

H_4：居民参与行为在参与意愿与乡村旅游发展绩效关系中起中介作用。

H_{4a}：居民参与行为在参与意愿与经济绩效关系中起中介作用。

H_{4b}：居民参与行为在参与意愿与社会文化绩效关系中起中介作用。

H_{4c}：居民参与行为在参与意愿与生态绩效关系中起中介作用。

（五）政府作用的调节作用

尤海涛[①]（2014）指出：乡村旅游发展的实质就是乡村旅游中利益相关者

① 尤海涛．乡村旅游利益之殇与本源回归［J］．旅游学刊，2014（12）：10-12.

之间相互博弈的过程，最好的平衡就是各方利益达到最大化的共赢状态。处于弱势地位的乡村社区，需要获得公平公正、利益均等化的机会，以更好地帮助旅游地居民实现其主体地位和潜在价值，使得乡村旅游得到可持续发展。正是由于乡村社区处于弱者的位置，才更需要外在力量的存在。目前，乡村旅游的发展急需技术和资金的注入，这样的现实决定了旅游利益的获得不得不依靠外在力量的支持。在所有的外在力量中，政府处于非常重要的位置，也担当着特殊的角色。在现阶段，政府主导下的乡村旅游发展是目前必不可少的一种模式。

尤海涛（2014）深入探讨了地方政府的作用：（1）乡村公共区域和环境的改造，需要政府统一规划、政策资金扶持、监督实施。政府需要完成交通的升级改造，完成旅游地最后一公里的可进入性。同时，政府需要利用发展乡村旅游的契机，完成乡村环境的整体打造，在不断提升乡村环境舒适度的同时，将乡村环境转变为乡村旅游资源的一部分，成为乡村旅游的新亮点，提升旅游地的吸引力。（2）当地政府需要设立专项的旅游发展基金，提供必要的智力支持。（3）为了保证乡村旅游得到可持续发展，当地政府需要担当领路人和协调者的角色，发挥其引导和协调的功能。早在旅游地开发之前，当地政府就需要站在整体战略发展的高度，合理布局，统一规划，制定未来的目标，树立品牌，同时要避免同类型旅游产品的竞争，引导邻近的乡村旅游点走特色发展之路。初期还可以进行重点帮扶，起到引领示范的作用。在逐步引入外来金融资本和民营资本的同时，制定出合理的利益分配机制。这样既可以使有能力、财力的人来开发大型的乡村旅游项目，同时又可以确保旅游地居民的合法利益不受侵害，协调好外来资本与本地资本之间的关系，巩固合作。（4）乡村旅游发展过程中，存在着众多的利益相关者，基于追逐利益最大化的原则，难免出现摩擦与问题，这时需要政府秉持着公平公正且合理合法的原则，来进行监管和规范。通过建立各种相关制度、法律法规来规范各方的经营行为，对不合规的行为进行处理，确保当地乡村旅游的正常发展。当地政府在乡村旅游发展的初期基本处于垄断的位置，其功能大多表现在提供公共服务、公共设施、公共环境及公共产品上，同时兼有他方监察与决定权。在实际的情况中，政府也是作为一个经济人存在的，它有着政治和经济的双重诉求。当地经济的发展、人均收入的增加、政绩的表现及硬性的指标，这些需求决定政府会参与一些微观旅游经济活动，甚至会出现片面的思维模式，在某些问题的处理上会欠缺考虑。政府在参与乡村旅游开发中，容易忽略旅游地居民的原生利益，没有制定好长期可行的发展计划，对市场的敏锐度不够，开发中没有重视旅游产品的成本与收益分析，更多关注到眼前的结果与项目的落地，同时，易于与外来资本结成寻租同盟，从而导致各种前期积压的矛盾一触即发。政府本身的财政也无法持续支持旅游地的长久开发，这样会造成旅游成品复制率高，未能充分利用当地的旅游资源进行打造，反而造成了浪费，最终会引发各类问题。因此，政府作用对乡村旅游的发展有着很大影响，政府作用在当地居民参与行与乡村旅游发展绩效的关系中起着重要作用。故提出如下假设：

H_5：政府作用弱化居民参与行为对乡村旅游发展绩效的正相关关系。

H_{5a}：政府作用弱化居民参与行为对经济绩效的正相关关系。

H_{5b}：政府作用弱化居民参与行为对社会文化绩效的正相关关系。

H_{5c}：政府作用弱化居民参与行为对生态绩效的正相关关系。

（六）居民参与行为有调节的中介效应

前文已提出假设：居民参与行为在居民参与意愿与乡村旅游发展绩效中起中介作用。在此进一步提出居民参与行为具有调节的中介效应的假设，主要是基于政府作用对居民参与行为有调节的中介效应。地方政府组织村民参与乡村旅游开发经营是旅游发展模式中的一种。该类型的旅游地一般在旅游景区附近，经济发展水平一般不高，居民文化水平较低，商品经济意识不强。此种情形下，一般应由地方政府出面，统筹安排当地居民参与到乡村旅游的开发当中。诺斯（1994）指出，国家经济绩效是由国家制度安排、制度框架、制度环境、制度导向和制度结构共同决定的。国家制度的完善有利于督促政府履行职责，同时会慎重考虑市场在资源优化中的功能。因此，强调政府在转变职能的同时，参与乡村旅游的作用也要适时调整，逐渐由引导、主导向推动、促进转变，逐步减少对旅游市场的干预，集中优质资源进行旅游产品的规划、打造、改造升级，保障、管理和监督公共产品的供给，由早期的指令性管理转为服务性管理，提高乡村的自愈功能和主动性，最终成长为市场合格的经济人，并学会以长远的格局来看待投入与产出，以实现乡村旅游的健康发展。考虑到实际情况，由于旅游地居民的话语权无法自主掌控，急需外界力量的支持，旅游地政府需要充当起支持的角色。这一时期乡村旅游的发展多以政府主导，政府不应以其他身份参与旅游，从而出现与民争利的情况，而是应该发挥政府应有的作用，如颁布扶持乡村旅游的政策，提供必要的智力支持和资金支持，改善乡村公共区域的环境设施，监督开发商的经营行为，提供旅游地居民参与、经营和分配的完整合理方案等，以提高旅游地居民参与旅游经营的可能性和积极性，使其真正受益。旅游地居民只有意识到自己在参与乡村旅游经营中可以获利，才能激发出其内在的潜能与动力，认识到自己也具有旅游资源的价值，才会主动担责，去保护乡村传统的文化、工艺、历史、环境等，才能真正从乡村旅游内在动力系统发力，推动乡村旅游的可持续发展。

李水山和许永峰[①]（1995）以韩国的乡村旅游为研究对象，指出韩国在发展乡村旅游时非常重视政府在经济方面的调节作用，同时，政府也主导着旅游的发展。韩国政府主导的旅游模式具有注入资本、引导消费、协调旅游市场的供求关系等作用。韩国在做大做强旅游文化产业上已取得成功，就是充分利用了各种节庆、会展推广及旅游网站等营销方式。韩国的新村运动也是在地方政府主导并提供政策扶持的基础上发展起来的，成为比较成功的案例。在开展过乡村旅游的郊区，农业、交通、住宿等旅游基础设施都比较齐全，这也得益于新村运动的有效推广。故提出如下假设：

H_6：居民参与行为在居民参与意愿与乡村旅游发展绩效关系中的中介作用通过政府作用的调节效应实现。

H_{6a}：居民参与行为在居民参与意愿与经济绩效关系中的中介作用通过政府作用的调节效应实现。

H_{6b}：居民参与行为在居民参与意愿与社会文化绩效关系中的中介作用通过政府作用的调节效应实现。

① 李水山，许永峰．韩国的农业与新村运动［M］．北京：中国农业出版社，1995.

H_{6c}：居民参与行为在居民参与意愿与生态绩效关系中的中介作用通过政府作用的调节效应实现。

五、本章小结

本章介绍了本书的理论基础、概念界定、理论模型和研究假设，通过文献梳理和研究，构建了本书的理论模型，进而根据理论模型和实地调研，梳理出6组研究假设。

第四章　研究设计

一、问卷设计

量表设计：本研究尽可能选取国内外研究中已经使用过的量表，以保障量表测量的信度和效度。同时，在实际操作和研究中，尽可能多地查阅和整理有关的文献资料，尽可能多地收集已经形成的、被研究整理出来的变量测量量表，在这样的基础上，再结合本研究的研究思路以及研究框架等，从中选择已经被证实有效的，或者是研究证实相对成熟的测量题项，编制形成本研究所需要的量表。

专家咨询：通过咨询博士生导师以及其他相关的专家学者，对形成的量表题项进行修改完善。

居民访谈：在实地开展调研之前，选取部分研究对象开展访谈，对修改后的量表再次进行修改完善，确保题项更精准地反映调查对象的实际情况，同时容易为被调查者接受和理解。

在完成上述工作的基础上，形成本书所用的量表。选择以下量表的原因：量表和本研究贴近，相关题项契合调研地点的实际情况。结合专家建议及访谈情况进行完善，形成本书所需的问卷。

本书的主要变量包括居民参与意愿、参与行为，乡村旅游发展绩效和政府作用。本书设计的量表中，除人口学变量外都采用李克特五点式量表等级来进行测量。

（一）居民参与意愿量表

表 4.1 居民参与意愿量表

序号	题项
1	您愿意推荐亲友参与乡村旅游经营吗？
2	条件允许时，您愿意扩大旅游经营规模吗？
3	游客不多时，您还愿意坚持乡村旅游经营吗？
4	您愿意参与乡村旅游开发吗？
5	您愿意参与乡村旅游决策吗？
6	您愿意参与乡村旅游规划吗？
7	您愿意参与乡村生态环境保护吗？
8	您愿意受雇于本地旅游企业吗？
9	您愿意协调乡村旅游中产生的矛盾吗？

本书参考了卢冲等[①]（2017）、王兆峰和向秋霜[②]（2017）、陈珂等[③]（2016）、黄静波等[④]（2014）、贺小荣和张杨[⑤]（2017）、周学军和李勇汉（2017）等研究中的参与意愿量表。

（二）居民参与行为量表

本书参考了卢冲等（2017）研究中设计的参与行为相关量表、王兆峰和

① 卢冲，耿宝江，庄天慧，等．藏区贫困农牧民参与旅游扶贫的意愿及行为研究——基于四川藏区 23 县（市）1320 户的调查［J］．旅游学刊，2017（1）：64-76．

② 王兆峰，向秋霜．基于 MOA 模型的武陵山区社区居民参与旅游扶贫研究［J］．中央民族大学学报（哲学社会科学版），2017（6）：94-102．

③ 陈珂，张金鑫，张琦．大梨树村居民旅游影响感知、参与意愿及参与行为研究［J］．农业经济，2016（05）：26-28．

④ 黄静波，范香花，肖海平，等．湘粤赣边界禁止开发区居民生态旅游参与行为机制——以国家风景名胜区东江湖为例［J］．地理研究，2014（10）：1919-1927．

⑤ 贺小荣，张杨．贫困居民旅游扶贫效应感知与参与行为的关系研究［J］．中南林业科技大学学报（社会科学版），2017（04）：54-60．

向秋霜（2017）研究中的社区居民参与量表，同时，借鉴了陈珂等（2016）、黄静波等（2014）、贺小荣和张杨（2017）研究中的参与行为量表。

表 4.2　居民参与行为量表

序号	题项
1	我了解乡村旅游的情况
2	我学习乡村旅游的知识
3	我会诚实守信合法经营
4	我接受政府的旅游管理
5	我接受旅游的相关培训
6	我热情接待游客的情况
7	我设法吸引游客来旅游

（三）乡村旅游发展绩效量表

本书借鉴了秦远好等[①]（2016）研究中旅游发展绩效的量表、周学军和李勇汉[②]（2017）研究中居民对旅游影响感知的量表、向延平[③]（2012a）研究中生态绩效的量表、向延平[④]（2012b）研究中旅游扶贫绩效的量表、吴国琴[⑤]（2016）研究中旅游生态绩效量表、陈佳等（2017）研究中旅游效应量表。

① 秦远好，马亚菊，刘德秀．民族贫困地区居民的旅游扶贫影响感知研究——以重庆石柱县黄水镇为例［J］．西南大学学报（自然科学版），2016（08）：74-82.

② 周学军，李勇汉．社区居民的扶贫旅游参与意愿研究——基于旅游影响感知、态度的视角［J］．技术经济与管理研究，2017（07）：26-30.

③ 向延平．武陵山区旅游扶贫生态绩效模糊分析——以湘鄂渝黔 6 个市州为例［J］．湖南农业科学，2012（13）：131-133.

④ 向延平．武陵源世界自然遗产地旅游扶贫绩效模糊评价［J］．中南林业科技大学学报（社会科学版），2012（06）：5-7.

⑤ 吴国琴．大别山区旅游扶贫生态绩效的实证分析——以豫南 4 个旅游扶贫村为例［J］．信阳师范学院学报（自然科学版），2016（03）：376-380.

表 4.3　乡村旅游发展绩效量表

序号	题项
1	促进当地经济发展
2	增加居民就业机会
3	提高居民生活水平
4	完善基础设施建设
5	提高旅游地知名度
6	促进思想观念转变
7	加强文化传承意识
8	促进本外地文化交流
9	促进居民关系融洽
10	增强居民生态保护意识
11	促进当地清洁能源改造
12	促进当地牲圈改造
13	促进当地厕所改造
14	促进当地垃圾处理
15	促进当地污水处理

(四) 政府作用量表

本书参考了程丽颖等[①]（2015）在乡村旅游农户参与情况研究中政府作用部分的量表，还参考了王兆峰和向秋霜[②]（2017）研究中政策支持的题项，同时参考了黄飞和袁燕生[③]（2008）研究中政府相关农业政策的论述，以及王

① 程丽颖，干晓宇，谢雨杉，等．新津梨花溪乡村旅游农户参与情况及其影响因素的实证分析［J］．湖北农业科学，2015，54（20）：5189-5192.

② 王兆峰，向秋霜．基于 MOA 模型的武陵山区社区居民参与旅游扶贫研究［J］．中央民族大学学报（哲学社会科学版），2017（6）：94-102.

③ 黄飞，袁燕生．我国农业政策手段的运用与绩效分析——以乡村旅游政策为例［J］．问题探讨，2008（6）：35＋37.

瑛[1]（2011）研究的乡村旅游发展中政府作用的相关内容。

表 4.4　政府作用量表

序号	题项
1	政府开展乡村旅游调研
2	政府对乡村旅游发展有扶持政策
3	政府对乡村旅游业有税收优惠政策
4	政府对乡村旅游有征地补偿政策
5	政府对乡村旅游有奖励政策
6	政府动员居民参与乡村旅游
7	政府在乡村旅游中重视生态保护
8	政府在乡村旅游中配备意见箱
9	政府在乡村旅游中设立专项资金
10	政府在乡村旅游中制定培训计划
11	政府在乡村旅游中有宣传推广活动
12	政府在乡村旅游中建立专门网站
13	政府在乡村旅游中组织重大节事活动
14	政府在乡村旅游中设立专门的责任部门

二、数据收集

（一）调研设计

1. 调研对象

被调查的对象是在乡村旅游目的地直接或间接从事与乡村旅游相关的职业并以此获益的居民，以家庭（户）为单位，所获得的收益能成为家庭收入的组成部分。未从事乡村旅游相关职业的本地居民不在调查之列。

① 王瑛．城乡统筹下的乡村旅游发展政府作为研究［J］．改革与战略，2011（02）：33-36.

2. 小样本测试

本书对形成的初始问卷进行了预调研，预调研的地点在贵阳市青岩古镇，共发放居民问卷20份。通过对预调研小样本数据的处理，对问卷题项进行了部分修正调整，以使量表具备较高的信度和效度，修改后的问卷用于正式调查。

3. 抽样方法

本书的抽样对象为贵州省乡村旅游地。抽样范围涵盖贵州省9个地州市。首先，在每个地州市抽取比较典型的乡村旅游点作为调查地点；其次，对抽中的乡村旅游地居民建立抽样框，确定预期调查对象；再次，对各个被选中的乡村旅游地的居民采用随机抽样的方法确定调查对象。

（二）调研过程

调研的路线：贵阳—黔东南苗族侗族自治州—安顺—黔西南布依族苗族自治州—六盘水—毕节—遵义—黔南布依族苗族自治州—铜仁。

(1) 贵阳：花溪区青岩古镇、花溪区镇山村、花溪区龙井村、息烽县红岩村、开阳县龙广村。

(2) 黔东南苗族侗族自治州：黎平县肇兴景区、锦屏县隆里古城、黎平县黄岗侗寨、从江县小黄侗寨、从江县岜沙苗寨、从江县銮里村、雷山县朗德景区、丹寨县万达小镇、丹寨县卡拉村、麻江县蓝梦谷、雷山县西江村、三穗县颇洞村、麻江县乌羊麻村。

(3) 安顺：平坝区天龙屯堡景区、普定县思源农业生态园、关岭县黄果树风景名胜区石头寨、关岭县永宁古镇、关岭县木城村、关岭县落叶新村。

(4) 黔西南布依族苗族自治州：贞丰县纳孔村、兴义市纳灰村、册亨县大寨村、兴仁县鲤鱼村、兴仁县放马坪高山草原旅游景区。

(5) 六盘水：盘州市舍烹村、盘州市乌蒙大草原景区、盘州市英武（虎跳河）景区、水城县野玉海山地旅游度假区、钟山区月照养生谷景区。

(6) 毕节：大方县慕俄格古城、织金县官寨村、大方县奢香古镇、大方县石牛镇、百里杜鹃风景名胜区迎丰村、彝山花海、赫章县中寨村。

（7）遵义：汇川区娄山关景区、播州区乐山村、湄潭县田家沟村、湄潭县西坪村、湄潭县龙凤村、湄潭县七彩部落、仁怀市茅台小镇、赤水市大同古镇、赤水市民族村、习水县土城古镇、习水县石门村、播州区花茂村。

（8）黔南布依族苗族自治州：福泉市黄丝村、荔波县联山湾村、荔波县高桥村、罗甸县天眼驿站景区。

（9）铜仁：碧江区和平村、万山区朱砂古镇、松桃县苗王城、江口县云舍村、江口县梵净山村、万山区九峰生态农业园、江口县寨抱村。

调研地点：贵州全省，选择多民族聚居且乡村旅游资源丰富、乡村旅游类型较多的地区，方便选取不同的乡村旅游类型。

调研时间：2018 年 7 月至 8 月。暑假是贵州旅游旺季，客流量增加，方便调研。

调研要求：认真检查问卷题项，协助居民理解题项，帮助居民完成填写。

经过两个月的调研，调研组最终发放乡村旅游地居民问卷 550 份，通过对回收问卷进行筛选，剔除不完整和填写不符合规范的无效问卷，最终得到有效问卷 517 份，有效问卷率为 94%。

三、本章小结

本章介绍量表设计和调研过程，根据已有研究，设计了 4 个核心变量的相关量表。通过 2 个月的实地调研，最终完成了 517 份有效问卷。

第五章 实证分析

一、信度和效度分析

信度分析能够帮助研究者判断变量测量的准确性。变量测量的信度越高，说明变量测量的准确度越高，研究越有说服力。研究中判断一个变量测量问卷信度的时候，常常采用 Cronbach's α 系数作为其判断标准，Cronbach's α 系数介于 0 到 1 之间。依据 Devellis（1991）的观点，若问卷的分量表系数在 0.7 以上，总量表系数在 0.8 以上，说明问卷信度较好；若前者低于 0.6，或后者低于 0.8，应考虑修正测量量表。在修正问卷时，若删除某一项时，整体的当值有明显提升，则应删除该项，以提高量表的信度。本书使用 α 信度系数法来测量各量表的信度。

效度是指测量工具能够有效地测量出所要测量的属性的程度，如果测量结果具有较高的效度，则认为该测量工具能够较好地达到测量目的。本研究所用量表是在借鉴现有成熟量表的基础上，根据研究需要，结合专家意见形成的，具有较好的内容效度。结构效度是指通过测量结果所反映出来的量表结构。问卷的结构效度检验主要采用因子分析法，通过因子分析所得出的结果，可以检验问卷的结构效度。KMO 检验是判断是否适合做主成分分析的一种衡量方法，其主要比较量表中变量之间的简单相关关系和偏相关系数的相对大小。KMO 的取值范围是 0 到 1，若变量之间的简单相关系数的平方和远大于偏相关系数的平方和，则 KMO 值会非常接近 1；反之，则接近 0。取值接近 1，说明变量之间具有强相关性，适合做主成分分析；反之，则不适合做主成分分析。关于 KMO 取值，我们一般参考 Kaiser 的度量标准，即取值小于 0.5 为不可接受，0.5～0.59 为较差，0.6～0.69 为中等，0.7～0.79 为合适，0.8～0.89 为较好，0.9～1 为非常好。依据 Kaiser 的度量标准，0.5 为是否适合做主成分分析的临界点，比较理想的取值应该达到 0.8 以上。当 KMO 值大于 0.5 时，可以做因子分析，再进行探索性因子分析。如果提取的特征值大于 1 的因子的累积总方差大于 50%，说明该量表具有较好的结构效度。因此，本书通过探索性因子分析的方法测量量表的结构效度。

(一) 居民参与意愿量表的信度和效度

根据表 5.1 可知，居民参与意愿量表的 α 信度系数是 0.886，量表总体信度较好，而且去除任何一个题项，均没有显著提升量表总体 α 信度系数值，因此，居民参与意愿量表的所有题项均需保留。

表 5.1　居民参与意愿量表信度

题项	去除题项后 α 值	量表 α 值
您愿意推荐亲友参与乡村旅游经营吗?	0.878	0.886
条件允许时，您愿意扩大旅游经营规模吗?	0.875	
游客不多时，您还愿意坚持乡村旅游经营吗?	0.881	
您愿意参与乡村旅游开发吗?	0.866	
您愿意参与乡村旅游决策吗?	0.864	
您愿意参与乡村旅游规划吗?	0.867	
您愿意参与乡村生态环境保护吗?	0.872	
您愿意受雇于本地旅游企业吗?	0.883	
您愿意协调乡村旅游中产生的矛盾吗?	0.880	

表 5.2　居民参与意愿量表效度

取样足够度的 KMO 度量		0.893
Bartlett 的球形度检验	近似卡方	2316.796
	df	36
	Sig.	0.000

根据表5.2可知，居民参与意愿量表的KMO值达到0.893，大于0.8，取值比较理想，适合做因子分析。根据表5.3可知，通过探索性因子分析，得到两个特征值大于1的因子，这两个因子对该量表的累积方差解释度为65.515%，因此，提取的因子能共同解释所有题项50%以上的差异，这是可以接受的。以上分析结果说明，该量表总体上具有较好的结构效度。

表5.3 居民参与意愿的解释总方差

成分	初始特征值			提取平方和载入		
	合计	方差/%	累积方差/%	合计	方差/%	累积方差/%
1	4.852	53.913	53.913	4.852	53.913	53.913
2	1.044	11.602	65.515	1.044	11.602	65.515
3	0.706	7.842	73.356			
4	0.549	6.100	79.457			
5	0.476	5.291	84.748			
6	0.442	4.906	89.654			
7	0.403	4.479	94.133			
8	0.331	3.679	97.812			
9	0.197	2.188	100.000			

（二）居民参与行为量表的信度和效度

表5.4 居民参与行为量表信度

题项	去除题项后α值	量表α值
我了解乡村旅游的情况	0.852	0.866
我学习乡村旅游的知识	0.851	
我会诚实守信合法经营	0.854	
我接受政府的旅游管理	0.841	
我接受旅游的相关培训	0.834	
我热情接待游客的情况	0.853	
我设法吸引游客来旅游	0.840	

根据表 5.4 可知，居民参与行为量表的 α 信度系数是 0.866，量表总体信度较好，而且去除任何一个题项，均没有显著提升量表总体 α 信度系数值，因此，居民参与行为量表的所有题项均需保留。

根据表 5.5 可知，居民参与行为量表的 KMO 值达到 0.846，大于 0.8，取值比较理想，适合做因子分析。根据表 5.6 可知，通过探索性因子分析，得到两个特征值大于 1 的因子，这两个因子对该量表的累积方差解释度为 70.418%，因此，提取的因子能共同解释所有题项 50%以上的差异，这是可以接受的。以上分析结果说明，该量表总体上具有较好的结构效度。

表 5.5　居民参与行为量表效度

取样足够度的 KMO 度量		0.846
Bartlett 的球形度检验	近似卡方	1638.935
	df	21
	Sig.	0.000

表 5.6　居民参与行为的解释总方差

成分	初始特征值			提取平方和载入		
	合计	方差/%	累积方差/%	合计	方差/%	累积方差/%
1	3.901	55.723	55.723	3.901	55.723	55.723
2	1.029	14.695	70.418	1.029	14.695	70.418
3	0.561	8.012	78.430			
4	0.506	7.232	85.662			
5	0.406	5.805	91.467			
6	0.327	4.665	96.131			
7	0.271	3.869	100.000			

（三）乡村旅游发展绩效量表的信度和效度

根据表 5.7 可知，乡村旅游发展绩效量表的 α 信度系数是 0.951，量表总体信度很好，而且去除任何一个题项，均没有显著提升量表总体 α 信度系数值，因此，乡村旅游发展绩效量表的所有题项均需保留。

根据表5.8可知，乡村旅游发展绩效量表的KMO值达到0.950，大于0.9，取值比较理想，适合做因子分析。根据表5.9可知，通过探索性因子分析，得到两个特征值大于1的因子，这两个因子对该量表的累积方差解释度为68.880%，因此，提取的因子能共同解释所有题项50%以上的差异，这是可以接受的。以上分析结果说明，该量表总体上具有较好的结构效度。

表5.7 乡村旅游发展绩效量表信度

题项	去除题项后α值	量表α值
促进当地经济发展	0.948	0.951
增加居民就业机会	0.947	
提高居民生活水平	0.947	
完善基础设施建设	0.946	
提高旅游地知名度	0.948	
促进思想观念转变	0.946	
加强文化传承意识	0.947	
促进本外地文化交流	0.947	
促进居民关系融洽	0.947	
增强居民生态保护意识	0.947	
促进当地清洁能源改造	0.948	
促进当地牲圈改造	0.946	
促进当地厕所改造	0.947	
促进当地垃圾处理	0.948	
促进当地污水处理	0.948	

表5.8 乡村旅游发展绩效量表效度

取样足够度的KMO度量		0.950
Bartlett的球形度检验	近似卡方	6152.834
	df	105
	Sig.	0.000

表 5.9 乡村旅游发展绩效的解释总方差

成分	初始特征值			提取平方和载入		
	合计	方差/%	累积方差/%	合计	方差/%	累积方差/%
1	8.914	59.428	59.428	8.914	59.428	59.428
2	1.418	9.452	68.880	1.418	9.452	68.880
3	0.916	6.108	74.987			
4	0.502	3.349	78.337			
5	0.448	2.988	81.325			
6	0.396	2.639	83.964			
7	0.364	2.424	86.388			
8	0.334	2.226	88.614			
9	0.300	1.997	90.611			
10	0.278	1.853	92.464			
11	0.271	1.804	94.268			
12	0.257	1.713	95.981			
13	0.229	1.523	97.504			
14	0.199	1.328	98.832			
15	0.175	1.168	100.000			

(四)政府作用量表的信度和效度

表 5.10 政府作用量表信度

题项	去除题项后 α 值	量表 α 值
政府开展乡村旅游调研	0.958	0.960
政府对乡村旅游发展有扶持政策	0.957	
政府对乡村旅游业有税收优惠政策	0.958	
政府对乡村旅游有征地补偿政策	0.956	

续表

题项	去除题项后α值	量表α值
政府对乡村旅游有奖励政策	0.957	0.960
政府动员居民参与乡村旅游	0.957	
政府在乡村旅游中重视生态保护	0.957	
政府在乡村旅游中配备意见箱	0.957	
政府在乡村旅游中设立专项资金	0.956	
政府在乡村旅游中制定培训计划	0.956	
政府在乡村旅游中有宣传推广活动	0.957	
政府在乡村旅游中建立专门网站	0.957	
政府在乡村旅游中组织重大节事活动	0.958	
政府在乡村旅游中设立专门的责任部门	0.958	

根据表5.10可知，政府作用的量表α信度系数是0.960，量表总体信度较好，而且去除任何一个题项，均没有显著提升量表总体α信度系数值，因此，政府作用量表的所有题项均需保留。

根据表5.11可知，政府作用量表的KMO值达到0.961，大于0.9，取值比较理想，适合做因子分析。综合KMO值和Bartlett的球形度检验结果，政府作用量表的总体结构效度较好，可以做因子分析。根据表5.11可知，通过探索性因子分析，得到1个特征值大于1的因子，这个因子对该量表的累积方差解释度为65.863%，因此，提取的因子能解释所有题项50%以上的差异，这是可以接受的。以上分析结果说明，该量表总体上具有较好的结构效度。

表5.11 政府作用量表效度

取样足够度的KMO度量		0.961
Bartlett的球形度检验	近似卡方	6230.619
	df	91
	Sig.	0.000

表 5.12　政府作用的解释总方差

成分	初始特征值			提取平方和载入		
	合计	方差/%	累积方差/%	合计	方差/%	累积方差/%
1	9.221	65.863	65.863	9.221	65.863	65.863
2	0.882	6.297	72.160			
3	0.567	4.051	76.211			
4	0.499	3.565	79.776			
5	0.457	3.261	83.037			
6	0.394	2.816	85.853			
7	0.317	2.261	88.115			
8	0.290	2.071	90.186			
9	0.282	2.014	92.200			
10	0.264	1.883	94.083			
11	0.248	1.771	95.854			
12	0.219	1.561	97.415			
13	0.189	1.347	98.762			
14	0.173	1.238	100.000			

二、描述性统计分析

(一) 控制变量的描述性统计分析

表 5.13　受访居民性别分布表

		频率	百分比/%	有效百分比/%	累积百分比/%
有效	男	228	44.1	44.1	44.1
	女	289	55.9	55.9	100.0
	合计	517	100.0	100.0	

根据对调查数据的统计分析，在已填写有效问卷的受访居民中，男性228人，占总人数的44.1%，女性289人，占总人数的55.9%。整体来看，根据乡村旅游目的地的调研情况和从事乡村旅游相关产业的情况，受访的女性人数多于男性，结果分布属于正常。贵州多年来均为劳动力输出大省，在乡村家庭的收入构成中，旅游收入在很多家庭只是收入的一部分，而调研的时间正好是在暑假，青年男子仍有外出打工未归的情况（多半春节前后回家团圆），家中多是老人、儿童和妇女，在家里善于沟通且符合调研条件的均是妇女。乡村旅游多以农家乐和客栈为主，精明能干的家庭主妇更适合从事乡村旅游相关行业。因此，填写问卷的女性居民多于男性。

表5.14　受访居民年龄分布表

		频率	百分比/%	有效百分比/%	累积百分比/%
有效	18～25岁	136	26.3	26.3	26.3
	26～35岁	203	39.3	39.3	65.6
	36～45岁	120	23.2	23.2	88.8
	46～55岁	41	7.9	7.9	96.7
	56～65岁	11	2.1	2.1	98.8
	66岁以上	6	1.2	1.2	100.0
	合计	517	100.0	100.0	

根据受访居民年龄分布表可知，受访居民年龄分布情况如下："18～25岁"的占26.3%，"26～35岁"的占39.3%，"26～45岁"的占23.2%，"46～55岁"的占7.9%，"56～65岁"的占2.1%，66岁以上的占1.2%。考虑到实际情况，以年满18岁为下限，年龄上限没有具体限制，但在实际的问卷填写过程中，考虑到贵州乡村旅游目的地多处于少数民族与汉族杂居的地方，以少数民族为主，同时，上了年纪的老人很少与外界交流，汉语沟通会出现困难，无法完全理解问卷中题项的意思，故倾向于选择青壮年人群填写，以使调研的情况更加真实。年龄分布中"26～35岁"年龄段的人数最多，其次为"18～25岁"和"26～45岁"。

表 5.15　婚姻状况分布表

		频率	百分比/%	有效百分比/%	累积百分比/%
有效	未婚	150	29.0	29.0	29.0
	已婚	358	69.2	69.2	98.3
	其他	9	1.8	1.8	100.0
	合计	517	100.0	100.0	

根据贵州乡村的实际情况，多以血缘为主结成家庭式同盟，即使是儿女已成家，和老人同住的情况也较多，所以在婚姻状况分布表中，“已婚”多于“未婚”。“已婚”的 358 人，占总人数的 69.2%；“未婚”的 158 人，占总人数的 29.0%；“其他”的情况则不多见，只有 9 人，占总人数的 1.8%。在乡村旅游的相关职业中，如果需要雇佣工作人员，会首选家里的年轻一辈夫妻、兄弟姐妹或有亲属关系的适龄青壮年。同时，从分布的总体情况可以看出，在乡村旅游的经营中，已婚人群会使得这种经营关系更易存续。

表 5.16　受教育程度分布表

		频率	百分比/%	有效百分比/%	累积百分比/%
有效	初中及以下	201	38.9	38.9	38.9
	高中及中专	164	31.7	31.7	70.6
	大专及高职	88	17.0	17.0	87.6
	本科及以上	64	12.4	12.4	100.0
	合计	517	100.0	100.0	

从受教育程度分布表可以看出，在乡村旅游的从业人员中，高学历人员比较缺乏。其中：“本科及以上”的仅 64 人，占总人数的 12.4%；“大专及高职”的人数为 88 人，在总人数中占比为 17.0%；“高中及中专”的 164 人，占总人数的 31.7%；而人数最多的为“初中及以下”，人数为 201 人，占比 38.9%。在乡村地区，培养一个大学生的成本并不低，但回乡创业的大学毕业生不是从事乡村旅游的主体人群，受过高等教育的年轻一辈，更愿意选择

留在城市打拼，很少有主动返乡创业的，所以在学历占比中，高学历的人数较少。加之乡村重男轻女的现象还是比较盛行，不重视女孩的教育等情况还是在很多家庭中存在，很多年轻人在中学的时候就会选择外出打工就业。从受访居民性别分布表中可以看出，女性人数明显多于男性。在受访居民学历分布中，初中及以下学历的人数最多。

表 5.17　参与乡村旅游的方式——“农家乐”分布表

		频率	百分比/%	有效百分比/%	累积百分比/%
有效	未选中	379	73.3	73.3	73.3
	选中	138	26.7	26.7	100.0
	合计	517	100.0	100.0	

在题项的设计上，考虑到贵州乡村很多的居民家庭都是以独门独院独居的方式居住，这样的居住情况使得居民在参与乡村旅游经营时，会选择一种或是两种及以上的参与方式。因此，采用了多选题的方式，以期能更好地掌握当地居民参与乡村旅游方式的真实性。从表 5.17 中可以看出，当地居民有 138 人选择了以农家乐的方式参与到乡村旅游中来，在总人数中的占比为 26.7%，表明农家乐成为居民参与乡村旅游开发的重要方式之一。乡村食材丰富、鲜美，众多的菜品纯天然无污染，家禽类放养的较多，让众多的城市人返璞归真，吃得放心舒心，这也使得很多城市家庭将乡村旅游选为周末度假的好去处，农家乐从乡村旅游在中国兴起之初就慢慢成长为乡村旅游中居民主要参与方式之一。这也符合传统的旅游六要素之一——吃。

表 5.18　参与乡村旅游的方式——“客栈”分布表

		频率	百分比/%	有效百分比/%	累积百分比/%
有效	未选中	431	83.4	83.4	83.4
	选中	86	16.6	16.6	100.0
	合计	517	100.0	100.0	

从参与乡村旅游的方式——“客栈”分布表中可以看出，当地居民有 86

人选择了以客栈的方式参与到乡村旅游中来，在总人数中的占比为 16.6%。有接近五分之一的当地居民选择以客栈的方式来参与乡村旅游，表明客栈也是当地居民参与乡村旅游经营方式之一。但从选择的人数上可以看出，选择客栈的人数少于农家乐。客栈的综合要求比农家乐要高，乡村旅游的游客对于住宿的需求不多，过夜的游客比较少。但在贵州的西江千户苗寨、肇兴侗寨，或是景区边缘型的乡村旅游点，住宿的需求量会稍微高些，像黔南荔波大小七孔景区附近的瑶寨、毕节百里杜鹃景区附近的石牛镇等，在旅游旺季均出现过一房难求的景象。客栈比农家乐所需的资金和人力成本都要高，需要一定的管理经验，因此，选择“客栈”选项的居民不多，也有部分居民是兼营农家乐和客栈的。这也符合传统的旅游六要素之一——住。

表 5.19　参与乡村旅游的方式——“零售”分布表

		频率	百分比/%	有效百分比/%	累积百分比/%
有效	未选中	411	79.5	79.5	79.5
	选中	106	20.5	20.5	100.0
	合计	517	100.0	100.0	

从参与乡村旅游的方式——“零售”分布表中可以看出，当地居民有 106 人选择了以零售的方式参与到乡村旅游中来，在总人数中的占比为 20.5%。有超过五分之一的当地居民选择以零售的方式参与乡村旅游，表明零售是旅游地当地居民参与乡村旅游经营的方式之一。选择零售方式的当地居民超过 100 人，说明游客的购物需求在乡村旅游中处于吃饭和住宿之间。乡村旅游多是以家庭为单位的结伴同行，对于同行的孩童，购物是在所难免的。除了游客，当地居民也是零售的消费者，零售对技能的要求也不会很高，同时，有些店铺就是自家的房屋改造而成，投入成本较低，因此，选择“零售”选项的居民会多于选择“客栈”的。在零售商铺中，除了日常所见的小商品，也会有日用百货，有些当地独特的手工艺品也会拿来售卖。这也符合传统的旅游六要素之一——购。

表 5.20 参与乡村旅游的方式——“出租商铺”分布表

		频率	百分比/%	有效百分比/%	累积百分比/%
有效	未选中	472	91.3	91.3	91.3
	选中	45	8.7	8.7	100.0
	合计	517	100.0	100.0	

从参与乡村旅游的方式——“出租商铺”分布表中可以看出，当地居民只有45人选择了以出租商铺的方式参与到乡村旅游中来，在总人数中的占比仅为8.7%。有不到十分之一的当地居民选择以出租商铺的方式来参与乡村旅游，表明出租商铺是旅游地当地居民参与乡村旅游经营的方式之一。能够出租商铺的当地居民，自身房屋的大小、位置都非常重要，乡村旅游点的核心圈内的位置为最佳，租金随时会上涨，不愁没有租客源，收益也较为明显。这种情况在贵州5A青岩古镇景区比较明显，整个景区的商铺约有1000家（景区核心区+景区外围），从访谈中了解到房租涨幅很快，签订的出租时间也在缩短，因此商铺店主的流动性很大。当然，也有半租半住的，房东出租部分楼层或房间，余下的房东可以继续住，这种情况多见于贵州梵净山景区附近的寨沙侗寨，整个村寨参与乡村旅游经营的当地居民较多，租赁的情况也比较常见，一般以年为单位起租，出租户还可以从事其他行业来增加家庭收入。由于在问卷发放过程中，房东可能不在，而有些商铺是短期的外来经营者，所以选择“出租商铺”选项的人数不多。

表 5.21 参与乡村旅游的方式——“其他”分布表

		频率	百分比/%	有效百分比/%	累积百分比/%
有效	未选中	293	56.7	56.7	56.7
	选中	224	43.3	43.3	100.0
	合计	517	100.0	100.0	

从参与乡村旅游的方式——“其他”分布表中可以看出，当地居民有224人选择了以其他的方式参与到乡村旅游中来，在总人数中的占比达到

43.3%。有超过五分之二的当地居民选择以其他的方式来参与乡村旅游，表明除了传统的农家乐、客栈、零售和出租商铺等参与方式外，乡村旅游还带动了其他形式的就业模式。在现代中国人的习惯中，外出旅游通常会购买纪念品回家赠送亲友，现在这一习惯已由快递来完成。在已成规模的乡村旅游点都有商品和快递捆绑的业务，并有准确送达的时间，这样可以减轻游客旅游返程的负担，也有可能会延长游客的游览时间。除此之外，通过对相关人员的访谈和前期的调研，现在交通方面也很便捷，有专线车辆，送接机服务，出租车辆和驾驶员配套服务。其中，提供游玩设施的当地居民也归在“其他”项。从乡村旅游的核心——乡村性来看，单一提供游乐设施的情况不多，还有一部分当地居民从事运输行业，或是提供农产品，提供采摘场所和农作物等，我们统一归在了“其他”一类。因此，选择“其他”选项的人数较多。

表 5.22 家庭中从事乡村旅游相关工作人数分布表

		频率	百分比/%	有效百分比/%	累积百分比/%
有效	2 人及以下	245	47.4	47.4	47.4
	3 人	88	17.0	17.0	64.4
	4 人	107	20.7	20.7	85.1
	5 人及以上	77	14.9	14.9	100.0
	合计	517	100.0	100.0	

根据家庭中从事乡村旅游相关工作的人数分布表，在各家庭中从事乡村旅游的人数情况如下：有 245 人选择了“2 人及以下”的选项，在所有人数中占比 47.4%；有 88 人选择了“3 人”的选项，在所有人数中占比 17.0%；有 107 人选择了“4 人”的选项，在所有人数中占比 20.7%；有 77 人选择了“5 人及以上”的选项，在所有人数中占比 14.9%。从总体分布的情况来看，贵州的乡村旅游经营模式大多是以血缘为主构成的家庭联盟，这种家庭联合经营的模式已经达到了一半以上，在一户家庭里若有人从事乡村旅游的相关行业，会比较容易获得家庭其他成员的支持和加入。在贵州广袤的乡村地区，

从事乡村旅游相关行业的家庭，为了节省从业的成本，会优先考虑家庭成员的加盟和参与，在缺乏劳动力的情况下，才有可能选择雇佣本地人。

表 5.23　每年从事乡村旅游经营的收入情况分布表

		频率	百分比/%	有效百分比/%	累积百分比/%
有效	3 万元及以下	274	53.0	53.0	53.0
	30001～60000 元	145	28.0	28.0	81.0
	60001～90000 元	54	10.4	10.4	91.5
	90001～120000 元	17	3.3	3.3	94.8
	120001～150000 元	11	2.1	2.1	96.9
	15 万元以上	16	3.1	3.1	100.0
	合计	517	100.0	100.0	

收入是衡量乡村旅游发展绩效的一个重要指标，我们通过与相关管理人员的访谈，了解到政府对于乡村旅游经营户有相关的税收优惠政策，对于年收入在 3 万元以下的经营户，减免税费，因此，在设置选项时选取以年收入作为计量单位。以 3 万元为标准来进行收入分段，分为 6 个选项。其中：年收入在“3 万元及以下”的家庭有 274 户，占总比例的 53.0%；年收入“30001～60000 元”的家庭有 145 户，占总比例的 28.0%；年收入“60001～90000 元”的家庭有 54 户，占总比例的 10.4%；年收入“90001～120000 元”的家庭有 17 户，占总比例的 3.3%；年收入“120001～150000 元”的家庭有 11 户，占总比例的 2.1%；年收入“15 万元以上”的家庭有 16 户，占总比例的 3.1%。从每年从事乡村旅游经营的收入情况分布看，家庭年收入多集中于“3 万元及以下”和“30001～60000 元”，这两个选项的占比合计达到 81%。可以看出，目前贵州乡村旅游的发展处于逐步上升期。“3 万元及以下”的家庭为 274 户，数量最多，这也说明贵州乡村旅游的辐射效应还没有完全显现出来，有部分乡村旅游点还处在旅游目的地发展的初期阶段。选择“60001～90000 元”“90001～120000 元”“120001～150000 元”和“15 万元以上”四个选项的总人数不足 100 人，但总占比接近 20%。这种情况应该是由于在乡

村旅游发展的过程中，会出现乡村精英和乡村能人带动的情况，他们大多有外出打工经验，或是因政府的“雁归工程”吸引回乡创业，成为乡村旅游发展中首批从事相关行业的人，也成为首批受益人，但这类乡村精英和乡村能人数量不多，在每一个乡村旅游点都会有一些，因此乡村旅游经营的年收入拉开了差距。在他们的带动影响下，其他的当地居民将陆续加入乡村旅游的相关行业中来。

表 5.24 在当地居住的时间分布表

		频率	百分比/%	有效百分比/%	累积百分比/%
有效	一直居住此地	375	72.5	72.5	72.5
	10 年以上	43	8.3	8.3	80.9
	5～10 年	44	8.5	8.5	89.4
	5 年以下	55	10.6	10.6	100.0
	合计	517	100.0	100.0	

问卷的调研主体主要是当地居民，为了便于区分，问卷中采用在当地居住的年限来加以区分。以在当地居住的实际年限分为“一直居住此地”“10 年以上”“5～10 年”和“5 年以下”四个选项，问卷的发放以家庭为单位，一户家庭只填写一份，一般以一对核心夫妻为主。因为婚姻关系而迁居本地的居民，也可算为当地居民。为了更好地了解当地居民在乡村旅游发展过程中实际的增收情况，在填写问卷之前，特别交代相关工作人员，仔细询问居民来到当地从业的时间，以排除不适合的填写对象。从在当地居住的时间分布来看，绝大部分接受调查的当地居民都是“一直居住此地”，有 375 人，在总人数中占比的达到 72.5%；居住“10 年以上”的居民有 43 人，在总人数中的占比为 8.3%；居住“5～10 年”的居民有 44 人，在总人数中的占比为 8.5%；居住“5 年以下”的居民有 55 人，在总人数中的占比为 10.6%。人数最多的是一直居住在本地的当地居民，他们绝大多数乐于从事乡村旅游的相关行业，以增加家庭收入，也有因为乡村旅游的发展而重新选择就业的家庭。

表 5.25　乡村旅游地离中心城市的距离分布表

		频率	百分比/%	有效百分比/%	累积百分比/%
有效	15 公里以内	164	31.7	31.7	31.7
	16～50 公里	277	53.6	53.6	85.3
	51～100 公里	52	10.1	10.1	95.4
	其他	24	4.6	4.6	100.0
	合计	517	100.0	100.0	

根据已有的文献，距离中心城市的远近会影响乡村旅游的发展。从乡村旅游地离中心城市的距离分布表来看，我们选用了“15 公里以内”“16～50 公里”“51～100 公里”及“其他”四个选项。从乡村旅游地离中心城市的距离分布情况来看，有 164 人选择了“15 公里以内”，占总比例的 31.7%；有 277 人选择了“16～50 公里”，占总比例的 53.6%；有 52 人选择了“51～100 公里”，占总比例的 10.1%；有 24 人选择了“其他”，仅占总比例的 4.6%。由此可以看出，乡村旅游从业人数与距离城市的远近呈反比例关系，距离城市越近的从业人数越多，距离城市越远的从业人数越少。这可能是因为距离中心城市较近的乡村旅游点，有固定的游客量，从事乡村旅游的居民会多一些。加之这些地区交通比较便利，而以家庭出游为主的众多城市游客以旅游目的地到居住地的距离为其旅游的首选因素，这也符合中心城市经济圈的辐射功能。距离中心城市较远的乡村旅游点，情况则刚好相反。经过综合考虑，调研选择不同类型、不同发展模式的地方，以及不同旅游发展阶段的乡村旅游点作为研究的对象，以期收集到更加全面的数据资料。

（二）自变量的描述性统计分析

在问卷的设计中，为了解当地居民在乡村旅游发展过程中参与乡村旅游的情况，设自变量为“居民参与意愿”。可以看到，一种有别于传统农业的旅游发展模式在逐渐走入原本封闭的贵州乡村，潜移默化地影响着当地居民的生产和生活方式，慢慢地为当地居民所接受，最后，居民适应新生事物的到来，逐渐参与其中，最终在乡村旅游的可持续发展中找到自己的生活保障，从事新的职业，并逐渐发现自己的潜在价值。

表 5.26 是否愿意推荐亲友参与乡村旅游经营情况分布表

		频率	百分比/%	有效百分比/%	累积百分比/%
有效	很不愿意	0	0.0	0.0	0.0
	不愿意	0	0.0	0.0	0.0
	一般	67	13.0	13.0	13.0
	愿意	192	37.1	37.1	50.1
	很愿意	258	49.9	49.9	100.0
	合计	517	100.0	100.0	

从是否愿意推荐亲友参与乡村旅游经营情况分布表来看，已经从事乡村旅游的当地居民均愿意推荐亲友参与乡村旅游经营。从选项的分布情况来看，没有人选择“很不愿意”选项和“不愿意”选项；选择“一般”选项的有67人，占总人数的13.0%；选择“愿意”选项的有192人，占总人数的37.1%；选择“很愿意”选项的有258人，占总人数的49.9%。选择“很愿意”选项的人数已经接近总人数的一半，占比最高；选择“愿意”选项的也有接近200人，占三分之一多。这说明绝大多数乡村旅游经营户都愿意推荐亲友参与乡村旅游经营，且推荐的意愿程度高。进一步分析其愿意推荐的原因，应该是从事乡村旅游经营的收入高于原来从事传统农业的收入，所以才会积极推荐亲友一起从事乡村旅游经营。

表 5.27 条件允许时是否愿意扩大旅游经营规模情况分布表

		频率	百分比/%	有效百分比/%	累积百分比/%
有效	很不愿意	1	0.2	0.2	0.2
	不愿意	3	0.6	0.6	0.8
	一般	26	5.0	5.0	5.8
	愿意	214	41.4	41.4	47.2
	很愿意	273	52.8	52.8	100.0
	合计	517	100.0	100.0	

在条件允许时是否愿意扩大旅游经营规模情况分布表中，选择“很不愿意”选项的仅有1人，在总人数中占比为0.2%；选择“不愿意”选项的有3人，在总人数中占比为0.6%；选择“一般”选项的有26人，在总人数中占比为5.0%；选择“愿意”选项的有214人，在总人数中占比为41.4%；选择“很愿意”选项的有273人，在总人数中占比为52.8%。从结果来看，有超过90%的人在条件允许时愿意扩大旅游经营规模，有超过一半的人“很愿意”，有41.4%的人“愿意”，而“不愿意”的占比不足1%。这样的结果充分说明，目前贵州乡村旅游已经给参与经营的居民带来了实惠，居民能够从事乡村旅游的经营，也愿意扩大经营的规模。同时也说明，绝大多数的乡村旅游参与者对未来乡村旅游经营有一定规划或想法。说明目前贵州的乡村旅游发展已经有了一定的辐射效应。

表5.28　游客不多时是否还愿意坚持乡村旅游经营情况分布表

		频率	百分比/%	有效百分比/%	累积百分比/%
有效	很不愿意	3	0.6	0.6	0.6
	不愿意	19	3.7	3.7	4.3
	一般	73	14.1	14.1	18.4
	愿意	236	45.6	45.6	64.0
	很愿意	186	36.0	36.0	100.0
	合计	517	100.0	100.0	

从游客不多时是否还愿意坚持乡村旅游经营情况分布表可以看出，选择“很不愿意”选项的仅有3人，在总人数中占比为0.6%；选择“不愿意”选项的有19人，在总人数中占比为3.7%；选择“一般”选项的有73人，在总人数中占比为14.1%；选择“愿意”选项的有236人，在总人数中占比为45.6%；选择“很愿意”选项的有186人，在总人数中占比为36.0%。从选项结果来看，愿意在游客不多时坚持乡村旅游经营的居民超过80%，不愿意坚持的比例合计占4.3%。这说明从事乡村旅游经营的当地居民对旅游规律有一定的认知和了解，大多数的旅游线路和旅游产品都是季节性的，四季所观赏和游玩的项目都不一样，游客的流量也是不一样的。旅游也分为淡季和旺

季，如每年的春秋，气候宜人，非常适合踏青、秋游，乡村旅游也会迎来一年中客源固定、收入增幅明显的时期，但在贵州一些成熟的景区，如青岩古镇、西江千户苗寨、肇兴侗寨等，一年中的淡季和旺季则不明显。表 5.28 呈现的结果比较符合贵州的特点，尤其是在贵州主打“避暑”牌的乡村旅游点，在夏季最热的暑期，也会出现一房难求的盛况，绝大多数参与乡村旅游的当地居民在游客不多时，仍然愿意坚持乡村旅游的经营。

表 5.29　是否愿意参与乡村旅游开发情况分布表

		频率	百分比/%	有效百分比/%	累积百分比/%
有效	很不愿意	3	0.6	0.6	0.6
	不愿意	4	0.8	0.8	1.4
	一般	47	9.1	9.1	10.4
	愿意	248	48.0	48.0	58.4
	很愿意	215	41.6	41.6	100.0
	合计	517	100.0	100.0	

从是否愿意参与乡村旅游开发情况分布表可以看出，选择“很不愿意”选项的仅有 3 人，在总人数中占比为 0.6%；选择“不愿意”选项的有 4 人，在总人数中占比为 0.8%；选择“一般”选项的有 47 人，在总人数中占比为 9.1%；选择“愿意”选项的有 248 人，在总人数中占比为 48.0%；选择“很愿意”选项的有 215 人，在总人数中占比为 41.6%。从结果来看，选择“愿意”和“很愿意”两个选项的人数均超过 200 人，占比都超过了 40%；而选择“很不愿意”和“不愿意”两个选项的人数总计有 7 人，合计占比 1.4%。这说明超过 80%的当地居民愿意参与到乡村旅游的开发中。从贵州全省的乡村旅游整体情况来看，在乡村旅游开发的初期，很多旅游点都是由政府来组织协调开展乡村旅游。当地居民不仅是乡村旅游的核心利益相关者之一，由于贵州特殊的地理环境和原生态的民族风情，使得他们本身也成为乡村旅游中不可或缺的旅游资源。近些年来，贵州乡村青壮年接受教育的程度逐年提高。在西部省份中，2015 年贵州率先实现全省县县通高速，2017 年率先实现村村通客运。生活在贵州乡村的当地居民也会关注到自己家乡的变化，从而

愿意参与到乡村旅游的开发中来。

表 5.30 是否愿意参与乡村旅游决策情况分布表

		频率	百分比/%	有效百分比/%	累积百分比/%
有效	很不愿意	4	0.8	0.8	0.8
	不愿意	11	2.1	2.1	2.9
	一般	59	11.4	11.4	14.3
	愿意	233	45.1	45.1	59.4
	很愿意	210	40.6	40.6	100.0
	合计	517	100.0	100.0	

从是否愿意参与乡村旅游决策情况分布表可以看出，选择“很不愿意”选项的仅有4人，在总人数中占比为0.8%；选择“不愿意”选项的有11人，在总人数中占比为2.1%；选择“一般”选项的有59人，在总人数中占比为11.4%；选择“愿意”选项的有233人，在总人数中占比为45.1%；选择“很愿意”选项的有210人，在总人数中占比为40.6%。从结果来看，选择“愿意”和“很愿意”两个选项的人数最多，均超过了200人，两项占比均超过40%；而选择“很不愿意”和“不愿意”两个选项的人数最少，共计15人，合计占比2.9%。绝大部分当地居民很关注乡村旅游决策的情况，也愿意积极地参与进来。这说明原本封闭的贵州乡村，开始关注到外来的信息，开始关注到和自己相关的发展，逐步有了发展的意识和想法，能够接受一些新型的发展模式。

表 5.31 是否愿意参与乡村旅游规划情况分布表

		频率	百分比/%	有效百分比/%	累积百分比/%
有效	很不愿意	4	0.8	0.8	0.8
	不愿意	8	1.5	1.5	2.3
	一般	57	11.0	11.0	13.3
	愿意	234	45.3	45.3	58.6
	很愿意	214	41.4	41.4	100.0
	合计	517	100.0	100.0	

从是否愿意参与乡村旅游规划情况分布表可以看出，选择“很不愿意”选项的仅有4人，在总人数中占比为0.8%；选择“不愿意”选项的有8人，在总人数中占比为1.5%；选择“一般”选项的有57人，在总人数中占比为11.0%；选择“愿意”选项的有234人，在总人数中占比为45.3%；选择“很愿意”选项的有214人，在总人数中占比为41.4%。从结果来看，选项人数最多的为“愿意”和“很愿意”两个选项，人数均超过了200人，两项占比均超过40%；而选项人数最少的为“很不愿意”和“不愿意”两个选项，人数共计12人，合计占比2.3%。这说明绝大部分当地居民很关注乡村旅游规划的情况，也愿意积极地参与进来。但是考虑到当地居民的实际情况，一是学历层次不高，二是经历有限，目前在很多乡村旅游点均出现相关专业人员缺乏的情况，当地居民的意见多作为参考，能够真正适用的比较少。从结果可以做出进一步分析，在适合开展乡村旅游的广大乡村地区，当地居民开始关注家乡的发展，关注自身的利益，关注乡村未来的发展模式了。

表5.32　是否愿意参与乡村生态环境保护情况分布表

		频率	百分比/%	有效百分比/%	累积百分比/%
有效	很不愿意	5	1.0	1.0	1.0
	不愿意	0	0.0	0.0	0.0
	一般	26	5.0	5.0	6.0
	愿意	227	43.9	43.9	49.9
	很愿意	259	50.1	50.1	100.0
	合计	517	100.0	100.0	

从是否愿意参与乡村生态环境保护情况分布表可以看出，选择“很不愿意”选项的仅有5人，在总人数中占比为1.0%；选择“不愿意”选项的有0人；选择“一般”选项的有26人，在总人数中占比为5.0%；选择“愿意”选项的有227人，在总人数中占比为43.9%；选择“很愿意”选项的有259人，在总人数中占比为50.1%。从选项结果来看，选项人数最多的为“愿意”和“很愿意”两个选项，人数均超过了200人。其中，选择“愿意”选项的

占比超过了40%，选择“很愿意”选项超过了一半，两项合计占比超过90%。而选项人数最少的为“很不愿意”和“不愿意”两个选项，人数共计5人，合计占比1.0%。这说明绝大部分当地居民很关注乡村生态环境保护，也愿意积极地参与进来，同时说明当地居民已经开始有了生态环境保护的意识。从贵州乡村旅游资源的组成情况来看，良好的乡村生态环境是不可或缺的乡村旅游资源组成部分，新鲜的空气、充足的负氧离子以及逐年提升的森林覆盖率，成为乡村旅游中亲子游家长们的首选要素。

表5.33 是否愿意受雇于本地旅游企业情况分布表

		频率	百分比/%	有效百分比/%	累积百分比/%
有效	很不愿意	7	1.4	1.4	1.4
	不愿意	37	7.2	7.2	8.5
	一般	77	14.9	14.9	23.4
	愿意	206	39.8	39.8	63.2
	很愿意	190	36.8	36.8	100.0
	合计	517	100.0	100.0	

从是否愿意受雇于本地旅游企业情况分布表可以看出，选择“很不愿意”选项的仅有7人，在总人数中占比为1.4%；选择“不愿意”选项的有37人，在总人数中占比为7.2%；选择“一般”选项的有77人，在总人数中占比为14.9%；选择“愿意”选项的有206人，在总人数中占比为39.8%；选择“很愿意”选项的有190人，在总人数中占比为36.8%。从选项结果来看，选项人数最多的为“愿意”和“很愿意”两个选项，人数接近或超过200人，两项合计占比76.6%；而选项人数最少的为“很不愿意”和“不愿意”两个选项，人数共计44人，合计占比8.5%。这说明绝大部分当地居民愿意受雇于本地旅游企业，而其中也有不到10%的当地居民不愿意受雇于本地旅游企业。考虑到乡村的实际情况，在旅游企业中，一般雇佣本地居民的岗位有清洁工、保安或景区讲解员，很少有管理层的岗位，相应的工资待遇也不高，但是收入比较固定，所以仍有大部分的本

地居民愿意受雇，剩余的不愿意受雇于当地企业的居民，有些可能会有更高的收入或选择外出打工，或是自己投身于乡村旅游产业的经营中。加之本地居民中接受高等教育的普遍不多，学历为本科及以上的人在调研中仅64人，占比12.4%，所以很少有本地居民从事管理类的岗位，这也使得当地居民在乡村旅游中获益受限。

表5.34 是否愿意协调乡村旅游中产生的矛盾情况分布表

		频率	百分比/%	有效百分比/%	累积百分比/%
有效	很不愿意	4	0.8	0.8	0.8
	不愿意	20	3.9	3.9	4.7
	一般	62	12.0	12.0	16.7
	愿意	250	48.4	48.4	65.0
	很愿意	181	35.0	35.0	100.0
	合计	517	100.0	100.0	

从是否愿意协调乡村旅游中产生的矛盾情况分布表可以看出，选择“很不愿意”选项的仅有4人，在总人数中占比为0.8%；选择“不愿意”选项的有20人，在总人数中占比为3.9%；选择“一般”选项的有62人，在总人数中占比为12.0%；选择“愿意”选项的有250人，在总人数中占比为48.4%；选择“很愿意”选项的有181人，在总人数中占比为35.0%。从选项结果来看，选项人数最多的为“愿意”和“很愿意”两个选项，人数超过或接近200人，两项合计占比83.3%；而选项人数最少的为“很不愿意”和“不愿意”两个选项，人数共计24人，合计占比4.7%。这说明绝大部分当地居民都愿意协调乡村旅游中产生的矛盾。中国人讲究邻里和睦，人与人之间的交往都是以和为贵。在广大的乡村地区，千百年来的固有传统思想文化也使得同村共寨的人们早已亲如一家，密不可分。加之贵州省特殊的省情，多民族或单一民族杂居或独居，形成村寨中长老解决矛盾或能人解决矛盾的风俗。表5.34中的结果基本符合贵州乡村的实际情况。

表 5.35　受调查居民对“居民参与意愿”有关表述平均得分统计分布表

居民参与意愿	N	均值	标准差	百分制得分
您愿意推荐亲友参与乡村旅游经营吗？	517	4.37	0.702	87.4
条件允许时，您愿意扩大旅游经营规模吗？	517	4.46	0.639	89.2
游客不多时，您还愿意坚持乡村旅游经营吗？	517	4.13	0.828	82.6
您愿意参与乡村旅游开发吗？	517	4.29	0.711	85.8
您愿意参与乡村旅游决策吗？	517	4.23	0.791	84.6
您愿意参与乡村旅游规划吗？	517	4.25	0.771	85.0
您愿意参与乡村生态环境保护吗？	517	4.42	0.679	88.4
您愿意受雇于本地旅游企业吗？	517	4.03	0.962	80.6
您愿意协调乡村旅游中产生的矛盾吗？	517	4.13	0.824	82.6

为更全面地了解各题项选择的分布情况，对各个选项进行了赋值，“很不愿意”赋值 1，“不愿意”赋值 2，“一般”赋值 3，“愿意”赋值 4，“很愿意”赋值 5。运用 SPSS 软件分析各个题项的均值、标准差和百分制得分情况。如表 5.35 所示，所有题项的均值均在 4 以上，百分制得分都超过了 80 分，表明居民参与乡村旅游的意愿是非常强烈的。

（三）中介变量的描述性统计分析

居民参与行为作为乡村旅游中具体行为的重要一步，在居民参与意愿和乡村旅游发展绩效中起到了一个桥梁的作用，使得当地居民最终成为乡村旅游的主动参与者。居民的参与意愿会影响参与行为，居民通过参与行为真正享受乡村旅游带来的实惠，进而感受到乡村旅游给乡村带来的变化。在中介变量的设计中，一共设计了 9 个题项，其中“您是否愿意支持乡村旅游业发展”和“您是否关注政府旅游业政策”两个题项的数据填写结果均不理想，影响到量表的信度与效度，故予以删除。分析其原因，有可能是题项在表述上不够具体，未能真正考量当地居民参与乡村旅游的行为；也有可能是当地居民在理解上存在偏差，从而导致这两个题项的填写结果不够理想。

表 5.36　是否愿意了解乡村旅游发展情况分布表

		频率	百分比/%	有效百分比/%	累积百分比/%
有效	很不愿意	14	2.7	2.7	2.7
	不愿意	35	6.8	6.8	9.5
	一般	132	25.5	25.5	35.0
	愿意	156	30.2	30.2	65.2
	很愿意	180	34.8	34.8	100.0
	合计	517	100.0	100.0	

从是否愿意了解乡村旅游发展情况分布表中可以看出，在五个选项中，选择“很不愿意”选项的有 14 人，在总人数中占比为 2.7%；选择“不愿意”选项的有 35 人，在总人数中占比为 6.8%；选择“一般”选项的有 132 人，在总人数中占比为 25.5%；选择“愿意”选项的有 156 人，在总人数中占比为 30.2%；选择“很愿意”选项的有 180 人，在总人数中占比为 34.8%。从选项结果来看，人数超过 100 人的，有“一般”“愿意”和“很愿意”三个选项，其中选择“很愿意”选项的人数最多。而在剩余两个选项中，选择的人数合计 49 人，合计占比 9.5%。这说明当地居民很愿意了解乡村旅游发展情况，从强烈的参与意愿到参与行为，说明绝大多数居民愿意付出具体行动。由于在乡村旅游发展的初期，政府主导的乡村旅游模式在贵州的乡村随处可见，居民通过了解乡村旅游、关注其发展及持续情况，然后化被动为主动，积极参与乡村旅游。这也说明乡村旅游的兴起，给当地居民带来了行动上的变化。

表 5.37　是否愿意学习乡村旅游知识情况分布表

		频率	百分比/%	有效百分比/%	累积百分比/%
有效	很不愿意	28	5.4	5.4	5.4
	不愿意	35	6.8	6.8	12.2
	一般	131	25.3	25.3	37.5
	愿意	174	33.7	33.7	71.2
	很愿意	149	28.8	28.8	100.0
	合计	517	100.0	100.0	

从是否愿意学习乡村旅游知识情况分布表中可以看出，在五个选项中，选择“很不愿意”选项的有28人，在总人数中占比为5.4%；选择“不愿意”选项的有35人，在总人数中占比为6.8%；选择“一般”选项的有131人，在总人数中占比为25.3%；选择“愿意”选项的有174人，在总人数中占比为33.7%；选择“很愿意”选项的有149人，在总人数中占比为28.8%。从选项结果来看，人数超过100人的，有“一般”“愿意”和“很愿意”三个选项，其中，选择“愿意”选项的人数最多。而在剩余两个选项中，选择的人数共计63人，合计占比12.2%。这说明当地居民愿意学习乡村旅游知识，大多数居民会主动参与乡村旅游经营。同时说明当地居民的学历层次有所提高，有学习新生事物的行动力，愿意花时间和精力去储备乡村旅游的相关知识，对未来有一定的规划。

表5.38 是否愿意诚实守信合法经营情况分布表

		频率	百分比/%	有效百分比/%	累积百分比/%
有效	很不愿意	7	1.4	1.4	1.4
	不愿意	12	2.3	2.3	3.7
	一般	37	7.2	7.2	10.8
	愿意	109	21.1	21.1	31.9
	很愿意	352	68.1	68.1	100.0
	合计	517	100.0	100.0	

从是否愿意诚实守信合法经营情况分布表中可以看出，在五个选项中，选择“很不愿意”选项的有7人，在总人数中占比为1.4%；选择“不愿意”选项的有12人，在总人数中占比为2.3%；选择“一般”选项的有37人，在总人数中占比为7.2%；选择“愿意”选项的有109人，在总人数中占比为21.1%；选择“很愿意”选项的有352人，在总人数中占比为68.1%。从选项结果来看，人数超过100人的，只有“愿意”和“很愿意”两个选项。其中,选择“很愿意”选项的人数最多，超过300，占比接近70.0%。而选择剩余三个选项的人数共计56人，合计占比10.8%。这说明当地居民很愿意

通过诚实守信合法经营的方式，参与到乡村旅游经营中来。这也说明大部分从事乡村旅游经营的居民都是比较质朴的。贵州省出台了《贵州省乡村旅舍等级评定与管理》《贵州省旅游民族村寨设施与服务规范》及《农家乐经营管理规范》等一些具体标准性文件，对当地居民的乡村旅游经营有了具体的标准和要求，这也成为旅游地成功留住游客、吸引回头客的原因之一。

表 5.39　是否愿意接受政府旅游管理情况分布表

		频率	百分比/%	有效百分比/%	累积百分比/%
有效	很不愿意	20	3.9	3.9	3.9
	不愿意	20	3.9	3.9	7.7
	一般	66	12.8	12.8	20.5
	愿意	145	28.0	28.0	48.5
	很愿意	266	51.5	51.5	100.0
	合计	517	100.0	100.0	

从是否愿意接受政府旅游管理情况分布表中可以看出，在五个选项中，选择“很不愿意”选项的有 20 人，在总人数中占比为 3.9%；选择“不愿意”选项的有 20 人，在总人数中占比为 3.9%；选择“一般”选项的有 66 人，在总人数中占比为 12.8%；选择“愿意”选项的有 145 人，在总人数中占比为 28.0%；选择“很愿意”选项的有 266 人，在总人数中占比为 51.5%。从选项结果来看，人数超过 100 人的，只有“愿意”和“很愿意”两个选项。其中，选择“很愿意”选项的人数最多，占比已经超过了一半。而在剩余三个选项中，选择的人数共计 106 人，合计占比约为五分之一。这说明有约五分之四的当地居民愿意接受政府旅游管理，也认可政府在乡村旅游中管理者的地位，说明当地政府和居民之间在乡村旅游的经营方式上形成了一种管理与被管理的模式。当地政府出于乡村旅游发展的总体考虑，逐步完善当地的基础设施，努力打通景区的最后一公里路，这些都可以从贵州目前交通发展的实际状况中看出来。

表 5.40 是否愿意接受政府相关旅游培训情况分布表

		频率	百分比/%	有效百分比/%	累积百分比/%
有效	很不愿意	20	3.9	3.9	3.9
	不愿意	20	3.9	3.9	7.7
	一般	86	16.6	16.6	24.4
	愿意	134	25.9	25.9	50.3
	很愿意	257	49.7	49.7	100.0
	合计	517	100.0	100.0	

从是否愿意接受政府相关旅游培训情况分布表中可以看出，在五个选项中，选择“很不愿意”选项的有 20 人，在总人数中占比为 3.9%；选择“不愿意”选项的有 20 人，在总人数中占比为 3.9%；选择“一般”选项的有 86 人，在总人数中占比为 16.6%；选择“愿意”选项的有 134 人，在总人数中占比为 25.9%；选择“很愿意”选项的有 257 人，在总人数中占比为 49.7%。从选项结果来看，人数超过 100 人的，只有“愿意”和“很愿意”两个选项。其中，选择“很愿意”选项的人数最多，占比已经接近一半。而在剩余三个选项中，选择的人数共计 126 人，合计占比接近四分之一。这说明有约四分之三的当地居民愿意接受政府相关旅游培训，也认可政府在乡村旅游中提供的培训机会。这也说明当地政府和居民之间在乡村旅游的培训方式中达成了一种帮扶的关系。当地政府出于对乡村旅游点的综合考虑，会为当地居民提供一些旅游相关的技能培训，如语言沟通、手工技能、厨艺培训或一些简单的经营管理等。掌握了技能的当地居民，会更好地参与到乡村旅游中来。

表 5.41 是否愿意热情接待游客情况分布表

		频率	百分比/%	有效百分比/%	累积百分比/%
有效	很不愿意	9	1.7	1.7	1.7
	不愿意	8	1.5	1.5	3.3
	一般	45	8.7	8.7	12.0
	愿意	117	22.6	22.6	34.6
	很愿意	338	65.4	65.4	100.0
	合计	517	100.0	100.0	

从是否愿意热情接待游客情况分布表中可以看出，在五个选项中，选择“很不愿意”选项的有 9 人，在总人数中占比为 1.7%；选择“不愿意”选项的有 8 人，在总人数中占比为 1.5%；选择“一般”选项的有 45 人，在总人数中占比为 8.7%；选择“愿意”选项的有 117 人，在总人数中占比为 22.6%；选择“很愿意”选项的有 338 人，在总人数中占比为 65.4%。从选项结果来看，人数超过 100 人的，只有“愿意”和“很愿意”两个选项。其中，选择“很愿意”选项的人数最多，占比已经接近三分之二；而在剩余三个选项中，选择的人数共计 62 人，合计占比 12.0%。这说明绝大多数当地居民愿意热情接待游客，也认可乡村旅游经营的方式。这也说明在乡村旅游中当地居民和游客之间已达成了一种服务与消费的关系。当地居民出于对乡村旅游经营的综合考虑，会为游客提供优质的服务，用来巩固乡村旅游点或自家店铺的口碑，通过口口相传的方式，也可以在城市的周边出现固定的游客流，来保障乡村旅游经营的收益。

表 5.42　是否愿意设法吸引游客情况分布表

		频率	百分比/%	有效百分比/%	累积百分比/%
有效	很不愿意	13	2.5	2.5	2.5
	不愿意	24	4.6	4.6	7.2
	一般	72	13.9	13.9	21.1
	愿意	138	26.7	26.7	47.8
	很愿意	270	52.2	52.2	100.0
	合计	517	100.0	100.0	

从是否愿意设法吸引游客情况分布表中可以看出，在五个选项中，选择“很不愿意”选项的有 13 人，在总人数中占比为 2.5%；选择“不愿意”选项的有 24 人，在总人数中占比为 4.6%；选择“一般”选项的有 72 人，在总人数中占比为 13.9%；选择“愿意”选项的有 138 人，在总人数中占比为 26.7%；选择“很愿意”选项的有 270 人，在总人数中占比为 52.2%。从选项结果来看，人数超过 100 人的，只有“愿意”和“很愿意”两个选项。其

中，选择“很愿意”选项的人数最多，占比已经超过了一半。而在剩余三个选项中，选择的人数共计109人，合计占比21.1%。这说明有约五分之四的当地居民愿意设法吸引游客，也有的依托重大节庆日而出现异常红火的情况，在已成规模的农家乐、客栈等，都是人气满满的。当然，当地居民的收益也会因此出现差别。

表5.43 受调查居民对“居民参与行为”有关表述平均得分统计分布表

居民参与行为	N	均值	标准差	百分制得分
您愿意了解乡村旅游发展情况	517	3.88	1.051	77.6
您愿意学习乡村旅游知识	517	3.74	1.110	74.8
您愿意诚实守信合法经营	517	4.52	0.834	90.4
您愿意接受政府旅游管理	517	4.19	1.053	83.8
您愿意接受政府相关旅游培训	517	4.14	1.072	82.8
您愿意热情接待游客	517	4.48	0.853	89.6
您愿意设法吸引游客	517	4.21	1.015	84.2

为更全面地了解各题项选择的分布情况，对各个选项进行了赋值，“很不愿意”赋值1，“不愿意”赋值2，“一般”赋值3，“愿意”赋值4，“很愿意”赋值5。运用SPSS软件分析各个题项的均值、标准差和百分制得分情况。如表5.43所示，在所有测量居民参与行为的7个题项中，有5个的均值在4以上；在百分制的得分中，有两项得分低于80，其余五项都超过80，其中题项“您愿意诚实守信合法经营”的得分超过了90分。表明居民参与乡村旅游的行为是比较积极的，只是相比于参与意愿，程度整体稍微减弱。

（四）因变量的描述性统计分析

本书中因变量为“乡村旅游发展绩效”，根据对已有文献的梳理和对贵州乡村旅游发展情况的实地考察调研，在题项设计上，紧紧围绕乡村旅游发展的经济、社会文化和生态环境展开。乡村旅游经过多年的发展，已经取得了一些可喜的经济效益。贵州很多乡村旅游地居民通过参与乡村旅游经营，年收入超过50万元。在社会和文化方面，在已有的文献中，有些学者是将二者分开表述的，也有的合二为一，考虑到两者的题项会出现交叉，因此本书将社会和文化整合成一个方面。生态环境方面，从乡村旅游发展的现状来看，乡村性是构成乡村旅游资源的核心因素之一，也是乡村旅游中的独特卖点。由于长期以来的交通闭塞，贵州乡村保持着独特的生态环境，也成为贵州乡村旅游的稀缺性旅游资源。随着越来越多的旅游者踏上这片神秘的土地，日益开放的贵州在旅游发展中如何保持生态环境的原生性显得格外重要。

表 5.44 乡村旅游发展促进当地经济增长情况分布表

		频率	百分比/%	有效百分比/%	累积百分比/%
有效	很不赞同	13	2.5	2.5	2.5
	不赞同	16	3.1	3.1	5.6
	一般	66	12.8	12.8	18.4
	赞同	129	25.0	25.0	43.3
	很赞同	293	56.7	56.7	100.0
	合计	517	100.0	100.0	

从乡村旅游发展促进当地经济增长情况分布表中可以看出，在五个选项中，选择“很不赞同”选项的有13人，在总人数中占比为2.5%；选择“不赞同”选项的有16人，在总人数中占比为3.1%；选择“一般”选项的有66人，在总人数中占比为12.8%；选择“赞同”选项的有129人，在总人数中占比为25.0%；选择“很赞同”选项的有293人，在总人数中占比为56.7%。从选项结果来看，人数超过100人的，只有“赞同”和“很赞同”两个选项。其中，选择“很赞同”选项的人数最多，占比已经超过了一半。而在剩余三个选项中，选择的人数共计95人，合计占比18.4%。这说明超过80%的当地居民赞同乡村旅游发展促进当地经济增长这种说法，也确实深刻地感受到乡村旅游带来的经济发展和增收。从2016年贵州乡村旅游发展的数据来看，乡村旅游总收入872.92亿元，占旅游总收入的24.1%。

表 5.45　乡村旅游发展增加居民就业机会情况分布表

		频率	百分比/%	有效百分比/%	累积百分比/%
有效	很不赞同	9	1.7	1.7	1.7
	不赞同	28	5.4	5.4	7.2
	一般	72	13.9	13.9	21.1
	赞同	119	23.0	23.0	44.1
	很赞同	289	55.9	55.9	100.0
	合计	517	100.0	100.0	

从乡村旅游发展增加居民就业机会情况分布表中可以看出，在五个选项中，选择“很不赞同”选项的有 9 人，在总人数中占比为 1.7%；选择“不赞同”选项的有 28 人，在总人数中占比为 5.4%；选择“一般”选项的有 72 人，在总人数中占比为 13.9%；选择“赞同”选项的有 119 人，在总人数中占比为 23.0%；选择“很赞同”选项的有 289 人，在总人数中占比为 55.9%。从选项结果来看，人数超过 100 人的，只有“赞同”和“很赞同”两个选项。其中，选择“很赞同”选项的人数最多，占比已经超过了一半。而在剩余三个选项中，选择的人数共计 109 人，合计占比 21.1%。这说明接近 80%的当地居民赞同乡村旅游发展增加居民就业机会这种说法，也确实深刻地感受到乡村旅游增加了就业机会，提高了家庭收入。从某种意义上来说，乡村旅游缓解了广大乡村的空心化程度，也使得家庭关系回归正常，减少了家庭成员缺位的情况，方便家庭成员就近照顾家庭。

表 5.46　乡村旅游发展提高居民生活水平情况分布表

		频率	百分比/%	有效百分比/%	累积百分比/%
有效	很不赞同	11	2.1	2.1	2.1
	不赞同	18	3.5	3.5	5.6
	一般	80	15.5	15.5	21.1
	赞同	116	22.4	22.4	43.5
	很赞同	292	56.5	56.5	100.0
	合计	517	100.0	100.0	

从乡村旅游发展提高居民生活水平情况分布表中可以看出，在五个选项中，选择“很不赞同”选项的有11人，在总人数中占比为2.1%；选择“不赞同”选项的有18人，在总人数中占比为3.5%；选择“一般”选项的有80人，在总人数中占比为15.5%；选择“赞同”选项的有116人，在总人数中占比为22.4%；选择“很赞同”选项的有292人，在总人数中占比为56.5%。从选项结果来看，人数超过100人的，只有“赞同”和“很赞同”两个选项。其中，选择“很赞同”选项的人数最多，占比已经超过了一半。而在剩余三个选项中，选择的人数共计109人，合计占比21.1%。这说明接近80%的当地居民赞同乡村旅游发展提高居民生活水平这种说法。收入的增加会直接影响当地居民的生活水平，从调研的实际情况来看，贵州的乡村旅游点，有的家庭已经达到房屋、车辆、家电、家具配套设施一应俱全。

表5.47 乡村旅游发展促进基础设施建设情况分布表

		频率	百分比/%	有效百分比/%	累积百分比/%
有效	很不赞同	9	1.7	1.7	1.7
	不赞同	28	5.4	5.4	7.2
	一般	84	16.2	16.2	23.4
	赞同	138	26.7	26.7	50.1
	很赞同	258	49.9	49.9	100.0
	合计	517	100.0	100.0	

从乡村旅游发展促进基础设施建设情况分布表中可以看出，在五个选项中，选择“很不赞同”选项的有9人，在总人数中占比为1.7%；选择“不赞同”选项的有28人，在总人数中占比为5.4%；选择“一般”选项的有84人，在总人数中占比为16.2%；选择“赞同”选项的有138人，在总人数中占比为26.7%；选择“很赞同”选项的有258人，在总人数中占比为49.9%。从选项结果来看，人数超过100人的，只有“赞同”和“很赞同”两个选项。其中，选择“很赞同”选项的人数最多，占比接近总人数的一半。而在剩余三个选项中，选择的人数共计121人，合计占比23.4%。这说明有接近80%的当地居民赞同乡村旅游发展促进基础设施建设这种说法。在乡村

旅游开发的初期，旅游点要保障基本用水、用电的生活必需问题，进入旅游点的交通问题，统一规划问题，这些都需要政府来组织引导，并投入专门的资金来解决。在乡村旅游发展中，居民可以和游客同步享受到这些完善后的基础设施，这也方便了当地居民的生活、出行。

表 5.48　乡村旅游发展提高旅游地知名度情况分布表

		频率	百分比/%	有效百分比/%	累积百分比/%
有效	很不赞同	8	1.5	1.5	1.5
	不赞同	22	4.3	4.3	5.8
	一般	74	14.3	14.3	20.1
	赞同	125	24.2	24.2	44.3
	很赞同	288	55.7	55.7	100.0
	合计	517	100.0	100.0	

从乡村旅游发展提高旅游地知名度情况分布表中可以看出，在五个选项中，选择“很不赞同”选项的有 8 人，在总人数中占比为 1.5%；选择“不赞同”选项的有 22 人，在总人数中占比为 4.3%；选择“一般”选项的有 74 人，在总人数中占比为 14.3%；选择“赞同”选项的有 125 人，在总人数中占比为 24.2%；选择“很赞同”选项的有 288 人，在总人数中占比为 55.7%。从选项结果来看，人数超过 100 人的，只有“赞同”和“很赞同”两个选项。其中，选择“很赞同”选项的人数最多，占比已经超过总人数的一半。而在剩余三个选项中，选择的人数共计 104 人，合计占比 20.1%。这说明有接近 80%的当地居民赞同乡村旅游发展提高旅游地知名度这种说法。以前对贵州的认知，欠开发、欠发达是最直观的表述。说到贵州的旅游，只知道一棵树、一瓶酒或一栋房子。现在的贵州，逐步走出去，越来越多的游客慕名而来，以前只是用来生活居住的乡间村寨，都已经成了炙手可热的民族村寨游景点。人类疲惫心灵的最后家园——黔东南州从江銮里，享誉中外的侗族大歌之乡——小黄侗寨，以及占里侗寨、增冲侗寨、芑沙苗寨等，都是通过乡村旅游而提高知名度，最终走出国门。

表 5.49　乡村旅游发展促进思想观念转变情况分布表

		频率	百分比/%	有效百分比/%	累积百分比/%
有效	很不赞同	4	0.8	0.8	0.8
	不赞同	22	4.3	4.3	5.0
	一般	93	18.0	18.0	23.0
	赞同	148	28.6	28.6	51.6
	很赞同	250	48.4	48.4	100.0
	合计	517	100.0	100.0	

从乡村旅游发展促进思想观念转变情况分布表中可以看出，在五个选项中，选择“很不赞同”选项的有 4 人，在总人数中占比为 0.8%；选择“不赞同”选项的有 22 人，在总人数中占比为 4.3%；选择“一般”选项的有 93 人，在总人数中占比为 18.0%；选择“赞同”选项的有 148 人，在总人数中占比为 28.6%；选择“很赞同”选项的有 250 人，在总人数中占比为 48.4%。从选项结果来看，人数超过 100 人的，只有“赞同”和“很赞同”两个选项。其中，选择“很赞同”选项的人数最多，占比接近总人数的一半。而在剩余三个选项中，选择的人数共计 119 人，合计占比 23.0%。这说明有接近 80%的当地居民赞同乡村旅游发展促进思想观念转变这种说法。以前的贵州省乡村地区，人们多年来从事着传统的农业劳作，过着面朝黄土、背朝天的生活。随着中国改革开放，由于外出打工的收入高于传统的农业生产，贵州又成为劳动力输出大省。现在的贵州，随着乡村旅游的发展，越来越多外出打工的贵州人回归家乡，他们带来了外界的信息，也开始慢慢接受乡村旅游这种新生的事物。从外出打工到家门口创业，人们已经转变了思维模式，在家乡就业的收入也能让家人过上更好的生活。父母、夫妻、子女不用再分离，很多当地居民仅仅用日常生活的技能就能带来可喜的收入。人们也开始慢慢转变思想观念——家乡的绿水青山就是金山银山。

表 5.50　乡村旅游发展加强文化传承意识情况分布表

		频率	百分比/%	有效百分比/%	累积百分比/%
有效	很不赞同	7	1.4	1.4	1.4
	不赞同	17	3.3	3.3	4.6
	一般	71	13.7	13.7	18.4
	赞同	169	32.7	32.7	51.1
	很赞同	253	48.9	48.9	100.0
	合计	517	100.0	100.0	

从乡村旅游发展加强文化传承意识情况分布表中可以看出，在五个选项中，选择“很不赞同”选项的有7人，在总人数中占比为1.4%；选择“不赞同”选项的有17人，在总人数中占比为3.3%；选择“一般”选项的有71人，在总人数中占比为13.7%；选择“赞同”选项的有169人，在总人数中占比为32.7%；选择“很赞同”选项的有253人，在总人数中占比为48.9%。从选项结果来看，人数超过100人的，只有“赞同”和“很赞同”两个选项。其中，选择“很赞同”选项的人数最多，占比接近总人数的一半。而在剩余三个选项中，选择的人数共计95人，合计占比18.4%。这说明有超过80%的当地居民赞同乡村旅游发展加强文化传承意识这种说法。以前的贵州省乡村地区，人们多年来享受着原生态带来的馈赠，对于本民族保留、传承下来的文化，没有去开发过它的附加价值。随着乡村旅游的开发，本民族的语言、文字、歌曲、服饰、工艺等，都散发出古老的魅力，吸引各地的游客纷至沓来，探秘、休闲、观光，也使得当地居民有了保护本民族文化的意识，更加重视本民族文化的传承，并使得非物质文化遗产在旅游中得以传承，苗族飞歌、嘎百福歌、白族踏歌、土家族山歌等也揭下神秘的面纱。

表 5.51 乡村旅游发展促进本外地文化交流情况分布表

		频率	百分比/%	有效百分比/%	累积百分比/%
有效	很不赞同	8	1.5	1.5	1.5
	不赞同	19	3.7	3.7	5.2
	一般	86	16.6	16.6	21.9
	赞同	136	26.3	26.3	48.2
	很赞同	268	51.8	51.8	100.0
	合计	517	100.0	100.0	

从乡村旅游发展促进本外地文化交流情况分布表中可以看出，在五个选项中，选择“很不赞同”选项的有 8 人，在总人数中占比为 1.5%；选择“不赞同”选项的有 19 人，在总人数中占比为 3.7%；选择“一般”选项的有 86 人，在总人数中占比为 16.6%；选择“赞同”选项的有 136 人，在总人数中占比为 26.3%；选择“很赞同”选项的有 268 人，在总人数中占比为 51.8%。从选项结果来看，人数超过 100 人的，只有“赞同”和“很赞同”两个选项。其中，选择“很赞同”选项的人数最多，占比超过总人数的一半。而在剩余三个选项中，选择的人数共计 113 人，合计占比 21.9%。这说明有接近 80%的当地居民赞同乡村旅游发展促进本外地文化交流这种说法。在以前封闭落后的乡村地区，人们多年来仅用本民族的语言进行交流，有的民族甚至拒绝与外族通婚，对于外界的信息知之甚少。随着乡村旅游的开发，游客来到这些村寨探秘、游览，带来很多新的观念。在语言沟通上，越来越多的年轻一辈会流利使用汉语或普通话和游客交流。当地居民走出大山，接收外来的信息，在饮食、服饰、思维模式上都出现新的变化。原始的本民族的传统文化，在有游客到来时，会发生碰撞的火花。民族的饮食、禁忌、风俗等，都和现代都市有所区别，现代都市的人们也开始去试着了解一些少数民族的文化。当然，像手机、网络这种传播极快的现代交流工具，也会在乡村旅游点慢慢普及。

表 5.52　乡村旅游发展促进居民关系融洽情况分布表

		频率	百分比/%	有效百分比/%	累积百分比/%
有效	很不赞同	8	1.5	1.5	1.5
	不赞同	25	4.8	4.8	6.4
	一般	77	14.9	14.9	21.3
	赞同	151	29.2	29.2	50.5
	很赞同	256	49.5	49.5	100.0
	合计	517	100.0	100.0	

从乡村旅游发展促进居民关系融洽情况分布表中可以看出，在五个选项中，选择“很不赞同”选项的有8人，在总人数中占比为1.5%；选择“不赞同”选项的有25人，在总人数中占比为4.8%；选择“一般”选项的有77人，在总人数中占比为14.9%；选择“赞同”选项的有151人，在总人数中占比为29.2%；选择“很赞同”选项的有256人，在总人数中占比为49.5%。从选项结果来看，人数超过100人的，只有“赞同”和“很赞同”两个选项。其中，选择“很赞同”选项的人数最多，占比接近总人数的一半。而在剩余三个选项中，选择的人数共计110人，合计占比21.3%。这说明有接近80%的当地居民赞同乡村旅游发展促进居民关系融洽这种说法。在生产力不发达的农业时代，人与人之间的关系主要靠血缘、家族、姻亲来巩固。在同一个村寨里面，会出现大姓，人数非常多，一般是在当地居住时间很长的家族，但也会出现他姓的外来迁移家族，人们本着民间自古以来的善良习俗来处理人与人之间的关系。在乡村旅游发展起来之后，同姓同族之间会更好地相互带动，共同发展，彼此的信任度也会提高，居民的关系也会更加和谐融洽。

表 5.53 乡村旅游发展增强居民生态环境保护意识情况分布表

		频率	百分比/%	有效百分比/%	累积百分比/%
有效	很不赞同	9	1.7	1.7	1.7
	不赞同	24	4.6	4.6	6.4
	一般	60	11.6	11.6	18.0
	赞同	143	27.7	27.7	45.6
	很赞同	281	54.4	54.4	100.0
	合计	517	100.0	100.0	

从乡村旅游发展增强居民生态环境保护意识情况分布表中可以看出，在五个选项中，选择“很不赞同”选项的有9人，在总人数中占比为1.7%；选择“不赞同”选项的有24人，在总人数中占比为4.6%；选择“一般”选项的有60人，在总人数中占比为11.6%；选择“赞同”选项的有143人，在总人数中占比为27.7%；选择“很赞同”选项的有281人，在总人数中占比为54.4%。从选项结果来看，人数超过100人的，只有“赞同”和“很赞同”两个选项。其中，选择“很赞同”选项的人数最多，占比超过总人数的一半。而在剩余三个选项中，选择的人数共计93人，合计占比18.0%。这说明有超过80%的当地居民赞同乡村旅游发展增强居民生态环境保护意识这种说法。乡村旅游的发展，使得原本封闭的村庄变得人气满满，游客的活动使得当地居民逐步产生生态环境保护意识。他们会爱护自己的家园，这既是自己赖以生存的家乡，也是乡村旅游得以存续发展的根本所在。

表 5.54 乡村旅游发展促进当地清洁能源改造情况分布表

		频率	百分比/%	有效百分比/%	累积百分比/%
有效	很不赞同	11	2.1	2.1	2.1
	不赞同	24	4.6	4.6	6.8
	一般	79	15.3	15.3	22.1
	赞同	135	26.1	26.1	48.2
	很赞同	268	51.8	51.8	100.0
	合计	517	100.0	100.0	

从乡村旅游发展促进当地清洁能源改造情况分布表中可以看出，在五个选项中，选择“很不赞同”选项的有11人，在总人数中占比为2.1%；选择“不赞同”选项的有24人，在总人数中占比为4.6%；选择“一般”选项的有79人，在总人数中占比为15.3%；选择“赞同”选项的有135人，在总人数中占比为26.1%；选择“很赞同”选项的有268人，在总人数中占比为51.8%。从选项结果来看，人数超过100人的，只有“赞同”和“很赞同”两个选项。其中，选择“很赞同”选项的人数最多，占比超过总人数的一半。而在剩余三个选项中，选择的人数共计114人，合计占比22.1%。这说明有接近80%的当地居民赞同乡村旅游发展促进当地清洁能源改造这种说法。2005年，党的十六届五中全会提出按照“生产发展、生活宽裕、乡风文明、村容整洁、管理民主”的要求建设社会主义新乡村的重大历史任务。贵州乡村经过多年的发展，在乡村旅游地基本完成了从烧柴到用电、用沼气等清洁能源改造过程。使用新能源，可以促进乡村空气质量的提升，也可以改善当地居民的生产生活环境，有利于乡村旅游的发展。

表5.55　乡村旅游发展促进当地牲圈改造情况分布表

		频率	百分比/%	有效百分比/%	累积百分比/%
有效	很不赞同	15	2.9	2.9	2.9
	不赞同	24	4.6	4.6	7.5
	一般	93	18.0	18.0	25.5
	赞同	146	28.2	28.2	53.8
	很赞同	239	46.2	46.2	100.0
	合计	517	100.0	100.0	

从乡村旅游发展促进当地牲圈改造情况分布表中可以看出，在五个选项中，选择“很不赞同”选项的有15人，在总人数中占比为2.9%；选择“不赞同”选项的有24人，在总人数中占比为4.6%；选择“一般”选项的有93人，在总人数中占比为18.0%；选择“赞同”选项的有146人，在总人数中占比为28.2%；选择“很赞同”选项的有239人，在总人数中占比为

46.2%。从选项结果来看，人数超过 100 人的，只有“赞同”和“很赞同”两个选项。其中，选择“很赞同”选项的人数最多，占比接近总人数的一半。而在剩余三个选项中，选择的人数共计 132 人，合计占比 25.5%。这说明有接近 75%的当地居民赞同乡村旅游发展促进当地牲圈改造这种说法。以前的贵州乡村，养牲口的圈舍是和居家的房屋紧紧相连的，有的可能是同层，有的干阑式结构是上下层分开的。2017 年开始，贵州省对全省现有农村危房全面实施“危改”，并同步实施改圈，保障住房安全，在依据农村危房评定标准科学评定危房等级的基础上，分类组织实施，确保质量安全。为保障卫生健康，一级危房拆除重建的，须在新房设计上落实厕圈分离、人畜分离等要求。二、三级危房在实施加固改造的同时，须根据其圈舍现状，按照“缺什么补什么”的原则，落实规划管控，保障风貌特色。

表 5.56　乡村旅游发展促进当地厕所改造情况分布表

		频率	百分比/%	有效百分比/%	累积百分比/%
有效	很不赞同	12	2.3	2.3	2.3
	不赞同	26	5.0	5.0	7.4
	一般	79	15.3	15.3	22.6
	赞同	134	25.9	25.9	48.5
	很赞同	266	51.5	51.5	100.0
	合计	517	100.0	100.0	

从乡村旅游发展促进当地厕所改造情况分布表中可以看出，在五个选项中，选择“很不赞同”选项的有 12 人，在总人数中占比为 2.3%；选择“不赞同”选项的有 26 人，在总人数中占比为 5.0%；选择“一般”选项的有 79 人，在总人数中占比为 15.3%；选择“赞同”选项的有 134 人，在总人数中占比为 25.9%；选择“很赞同”选项的有 266 人，在总人数中占比为 51.5%。从选项结果来看，人数超过 100 人的，只有“赞同”和“很赞同”两个选项。其中，选择“很赞同”选项的人数最多，占比超过总人数的一半。而在剩余三个选项中，选择的人数共计 117 人，合计占比 22.6%。这说明有

接近80%的当地居民赞同乡村旅游发展促进当地厕所改造这种说法。从2017年开始，贵州省对全省现有农村危房全面实施“危改”，并同步实施改厕，保障住房安全，在依据农村危房评定标准科学评定危房等级的基础上，分类组织实施，确保质量安全。同步实施“三改”，保障卫生健康。一级危房拆除重建的，须在新房设计上落实相应要求。二、三级危房在实施加固改造的同时，须根据其厕所现状，按照“缺什么补什么”的原则，强化农村“危改”与加强村庄规划，严格执行农房建设规划许可及宅基地管理相结合，统筹推进，提升综合效果。

表5.57　乡村旅游发展促进当地垃圾处理情况分布表

		频率	百分比/%	有效百分比/%	累积百分比/%
有效	很不赞同	19	3.7	3.7	3.7
	不赞同	21	4.1	4.1	7.7
	一般	80	15.5	15.5	23.2
	赞同	149	28.8	28.8	52.0
	很赞同	248	48.0	48.0	100.0
	合计	517	100.0	100.0	

从乡村旅游发展促进当地垃圾处理情况分布表中可以看出，在五个选项中，选择“很不赞同”选项的有19人，在总人数中占比为3.7%；选择“不赞同”选项的有21人，在总人数中占比为4.1%；选择“一般”选项的有80人，在总人数中占比为15.5%；选择“赞同”选项的有149人，在总人数中占比为28.8%；选择“很赞同”选项的有248人，在总人数中占比为48.0%。从选项结果来看，人数超过100人的，只有“赞同”和“很赞同”两个选项。其中，选择“很赞同”选项的人数最多，占比接近总人数的一半。而在剩余三个选项中，选择的人数共计120人，合计占比23.2%。这说明有接近80%的当地居民赞同乡村旅游发展促进当地垃圾处理这种说法。贵州乡村的生活垃圾处理比较简单，一般会随意地堆砌或扔至废弃的房屋、田地等，等待自然分解，很少有正确的处理渠道。引导农村生活垃圾实行“户分类—

村收集—镇转运—县处理”的治理模式，即由行政村收集全村所有的生活垃圾，收集垃圾的工作主要依靠公益性岗位安排相关劳动力负责，之后由乡镇政府安排统一转运到县城，县城进行集中处理。以前的垃圾处理方式主要依靠建设垃圾填埋场进行填埋，以及进行焚烧处理。现在主要依靠垃圾焚烧发电的方式进行处置，在处理新产生的城市和农村生活垃圾的同时，逐步处理以前的填埋场里的存量垃圾。

表 5.58　乡村旅游发展促进当地污水处理情况分布表

		频率	百分比/%	有效百分比/%	累积百分比/%
有效	很不赞同	30	5.8	5.8	5.8
	不赞同	26	5.0	5.0	10.8
	一般	98	19.0	19.0	29.8
	赞同	125	24.2	24.2	54.0
	很赞同	238	46.0	46.0	100.0
	合计	517	100.0	100.0	

从乡村旅游发展促进当地污水处理情况分布表中可以看出，在五个选项中，选择“很不赞同”选项的有 30 人，在总人数中占比为 5.8%；选择“不赞同”选项的有 26 人，在总人数中占比为 5.0%；选择“一般”选项的有 98 人，在总人数中占比为 19.0%；选择“赞同”选项的有 125 人，在总人数中占比为 24.2%；选择“很赞同”选项的有 238 人，在总人数中占比为 46.0%。从选项结果来看，人数超过 100 人的，只有“赞同”和“很赞同”两个选项。其中，选择“很赞同”选项的人数最多，占比接近总人数的一半。而在剩余三个选项中，选择的人数共计 154 人，合计占比 29.8%。这说明有超过 70%的当地居民赞同乡村旅游发展促进当地污水处理这种说法。贵州自 2015 年大生态建设以来，更加重视乡村旅游中的污水处理问题，推行生活污水“生态化、分散化、小型化”处理方式。从之前的直排直放逐步转向，开展污水集中处置的规划，按照就近的原则，统一接入附件城镇污水处理管网，由城镇污水处理设施集中进行处置。目前，基本上每个乡镇都建设了污水处理厂。离县城较近的，可以接入城市污水管网收集处理；离乡镇较近的，可

以接入乡镇污水管网，由乡镇污水处理厂进行集中处置。

表 5.59 受调查居民对“乡村旅游发展绩效”有关表述平均得分统计分布表

乡村旅游发展绩效	*N*	均值	标准差	百分制得分
您赞同乡村旅游发展促进当地经济发展吗？	517	4.30	0.977	86.0
您赞同乡村旅游发展增加居民就业机会吗？	517	4.26	1.003	85.2
您赞同乡村旅游发展提高居民生活水平吗？	517	4.28	0.988	85.6
您赞同乡村旅游发展促进基础设施建设吗？	517	4.18	1.003	83.6
您赞同乡村旅游发展提高旅游地知名度吗？	517	4.28	0.965	85.6
您赞同乡村旅游发展促进思想观念转变吗？	517	4.20	0.931	84.0
您赞同乡村旅游发展加强文化传承意识吗？	517	4.25	0.906	85.0
您赞同乡村旅游发展促进本外地文化交流吗？	517	4.23	0.959	84.6
您赞同乡村旅游发展促进居民关系融洽吗？	517	4.20	0.968	84.0
您赞同乡村旅游发展增强居民生态环境保护意识吗？	517	4.28	0.961	85.6
您赞同乡村旅游发展促进当地清洁能源改造吗？	517	4.21	1.003	84.2
您赞同乡村旅游发展促进当地牲圈改造吗？	517	4.10	1.039	82.0
您赞同乡村旅游发展促进当地厕所改造吗？	517	4.19	1.021	83.8
您赞同乡村旅游发展促进当地垃圾处理吗？	517	4.13	1.055	82.6
您赞同乡村旅游发展促进当地污水处理吗？	517	4.00	1.173	80.0

为更全面地了解各题项选择的分布情况，本书对各个选项进行了赋值，“很不赞同”赋值 1，“不赞同”赋值 2，“一般”赋值 3，“赞同”赋值 4，“很赞同”赋值 5。运用 SPSS 软件分析各个题项的均值、标准差和百分制得分情况。如表 5.59 所示，在所有测量乡村旅游发展绩效的 15 个题项中，均值都在 4 以上；在百分制的得分中，所有题项的得分都超过 80。得分比较均匀，表明居民对乡村旅游发展绩效的经济、社会文化和生态环境三方面的作用都是比较认可的，也确实感受到乡村旅游提升了旅游地居民的整体生活水平。

表 5.60 乡村旅游发展导致居民间走动减少情况分布表

		频率	百分比/%	有效百分比/%	累积百分比/%
有效	很不赞同	51	9.9	9.9	9.9
	不赞同	131	25.3	25.3	35.2
	一般	148	28.6	28.6	63.8
	赞同	137	26.5	26.5	90.3
	很赞同	50	9.7	9.7	100.0
	合计	517	100.0	100.0	

从乡村旅游发展导致居民间走动减少情况分布表中可以看出，在五个选项中，选择“很不赞同”选项的有 51 人，在总人数中占比为 9.9%；选择“不赞同”选项的有 131 人，在总人数中占比为 25.3%；选择“一般”选项的有 148 人，在总人数中占比为 28.6%；选择“赞同”选项的有 137 人，在总人数中占比为 26.5%；选择“很赞同”选项的有 50 人，在总人数中占比为 9.7%。从选项结果来看，人数超过 100 人的，有“不赞同”“赞同”和“一般”三个选项，且人数都比较接近；而在剩余的两个选项中，选项的人数也比较接近。这说明当地居民对于乡村旅游发展导致居民间走动减少这种说法，持肯定和否定看法的人接近，各占一半。在传统的乡间劳作中，由于同一地方的农作物品种、周期趋于一致，人们农忙、农闲的时间差不多，也热络于走亲访友、邻里往来。从人数占比结果来看，从事乡村旅游经营的当地居民仍然保持着以往的频率往来走动，受其干扰不多，抑或是对该选项敏感度不高。

表 5.61 乡村旅游发展导致居民间信任度降低情况分布表

		频率	百分比/%	有效百分比/%	累积百分比/%
有效	很不赞同	69	13.3	13.3	13.3
	不赞同	133	25.7	25.7	39.1
	一般	146	28.2	28.2	67.3
	赞同	127	24.6	24.6	91.9
	很赞同	42	8.1	8.1	100.0
	合计	517	100.0	100.0	

从乡村旅游发展导致居民间信任度降低情况分布表中可以看出，在五个选项中，选择“很不赞同”选项的有69人，在总人数中占比为13.3%；选择“不赞同”选项的有133人，在总人数中占比为25.7%；选择“一般”选项的有146人，在总人数中占比为28.2%；选择“赞同”选项的有127人，在总人数中占比为24.6%；选择“很赞同”选项的有42人，在总人数中占比为8.1%。从选项结果来看，人数超过100人的，有“不赞同”“赞同”和“一般”三个选项，且人数都比较接近；而在剩余的两个选项中，人数占比相差5.2%。这说明当地居民对于乡村旅游发展导致居民间信任度降低这种说法，不赞同的人略微多一些。从事乡村旅游经营的当地居民并不赞同乡村旅游的发展会降低人与人之间的信任度。

表5.62　乡村旅游发展导致传统文化受到冲击情况分布表

		频率	百分比/%	有效百分比/%	累积百分比/%
有效	很不赞同	73	14.1	14.1	14.1
	不赞同	132	25.5	25.5	39.7
	一般	137	26.5	26.5	66.2
	赞同	132	25.5	25.5	91.7
	很赞同	43	8.3	8.3	100.0
	合计	517	100.0	100.0	

从乡村旅游发展导致传统文化受到冲击情况分布表中可以看出，在五个选项中，选择“很不赞同”选项的有73人，在总人数中占比为14.1%；选择“不赞同”选项的有132人，在总人数中占比为25.5%；选择“一般”选项的有137人，在总人数中占比为26.5%；选择“赞同”选项的有132人，在总人数中占比为25.5%；选择“很赞同”选项的有43人，在总人数中占比为8.3%。从选项结果来看，人数超过100人的，有“不赞同”“赞同”和“一般”三个选项，且人数都非常接近；而在剩余的两个选项中，人数占比相差5.8%。这说明当地居民对于乡村旅游发展导致传统文化受到冲击这种说法，不赞同的人略微多一些。从事乡村旅游经营的当地居民并不赞同在乡村旅游活动中，游客的到来会使传统文化受到影响。

表 5.63 乡村旅游发展导致犯罪行为增多情况分布表

		频率	百分比/%	有效百分比/%	累积百分比/%
有效	很不赞同	127	24.6	24.6	24.6
	不赞同	172	33.3	33.3	57.8
	一般	118	22.8	22.8	80.7
	赞同	69	13.3	13.3	94.0
	很赞同	31	6.0	6.0	100.0
	合计	517	100.0	100.0	

从乡村旅游发展导致犯罪行为增多情况分布表中可以看出，在五个选项中，选择“很不赞同”选项的有127人，在总人数中占比为24.6%；选择“不赞同”选项的有172人，在总人数中占比为33.3%；选择“一般”选项的有118人，在总人数中占比为22.8%；选择“赞同”选项的有69人，在总人数中占比为13.3%；选择“很赞同”选项的有31人，在总人数中占比为6.0%。从选项结果来看，人数超过100人的，有“很不赞同”“不赞同”和“一般”三个选项。其中，选择“不赞同”选项的人数最多，达到总人数的三分之一。而在剩余的两个选项中，人数共计100人，总计占比19.3%。这说明当地居民对于乡村旅游发展导致传统犯罪行为增多这种说法并不赞同。从事乡村旅游经营的当地居民并不赞同在乡村旅游活动中，游客的增多会使当地的犯罪行为随之增加。

表 5.64 乡村旅游发展导致森林植被遭到破坏情况分布表

		频率	百分比/%	有效百分比/%	累积百分比/%
有效	很不赞同	92	17.8	17.8	17.8
	不赞同	167	32.3	32.3	50.1
	一般	113	21.9	21.9	72.0
	赞同	100	19.3	19.3	91.3
	很赞同	45	8.7	8.7	100.0
	合计	517	100.0	100.0	

从乡村旅游发展导致森林植被遭到破坏情况分布表中可以看出，在五个选项中，选择“很不赞同”选项的有92人，在总人数中占比为17.8%；选择“不赞同”选项的有167人，在总人数中占比为32.3%；选择“一般”选项的有113人，在总人数中占比为21.9%；选择“赞同”选项的有100人，在总人数中占比为19.3%；选择“很赞同”选项的有45人，在总人数中占比为8.7%。从选项结果来看，人数超过100人的，有“不赞同”“一般”和“赞同”三个选项。其中，选择“不赞同”选项的人数最多，接近总人数的三分之一。而在剩余的两个选项中，人数共计137人，人数占比相差9.1%。这说明当地居民对于乡村旅游发展导致森林植被遭到破坏这种说法并不赞同。从事乡村旅游经营的当地居民并不赞同在乡村旅游活动中，游客的增多会破坏当地森林植被。

表5.65　乡村旅游发展打破原有生活氛围情况分布表

		频率	百分比/%	有效百分比/%	累积百分比/%
有效	很不赞同	77	14.9	14.9	14.9
	不赞同	121	23.4	23.4	38.3
	一般	144	27.9	27.9	66.2
	赞同	126	24.4	24.4	90.5
	很赞同	49	9.5	9.5	100.0
	合计	517	100.0	100.0	

从乡村旅游发展打破原有生活氛围情况分布表中可以看出，在五个选项中，选择“很不赞同”选项的有77人，在总人数中占比为14.9%；选择“不赞同”选项的有121人，在总人数中占比为23.4%；选择“一般”选项的有144人，在总人数中占比为27.9%；选择“赞同”选项的有126人，在总人数中占比为24.4%；选择“很赞同”选项的有49人，在总人数中占比为9.5%。从选项结果来看，人数超过100人的，有“不赞同”“一般”和“赞同”三个选项。其中，选择“一般”选项的人数最多，接近总人数的三分之一。而在剩余的两个选项中，人数共计126人，人数占比相差5.4%。这说明当地居民对于乡村旅游发展打破原有生活氛围这种说法，不赞同的人略微多一些。从事乡村旅游经营的当地居民并不赞同随着乡村旅游的发展，游客的

到来会打破原有平静的生活氛围。

表 5.66　乡村旅游发展导致噪声污染加重情况分布表

		频率	百分比/%	有效百分比/%	累积百分比/%
有效	很不赞同	69	13.3	13.3	13.3
	不赞同	120	23.2	23.2	36.6
	一般	144	27.9	27.9	64.4
	赞同	125	24.2	24.2	88.6
	很赞同	59	11.4	11.4	100.0
	合计	517	100.0	100.0	

从乡村旅游发展导致噪声污染加重情况分布表中可以看出，在五个选项中，选择“很不赞同”选项的有 69 人，在总人数中占比为 13.3%；选择“不赞同”选项的有 120 人，在总人数中占比为 23.2%；选择“一般”选项的有 144 人，在总人数中占比为 27.9%；选择“赞同”选项的有 125 人，在总人数中占比为 24.2%；选择“很赞同”选项的有 59 人，在总人数中占比为 11.4%。从选项结果来看，人数超过 100 人的，有“不赞同”“一般”和“赞同”三个选项。其中，选择“一般”选项的人数最多，接近总人数的三分之一。而在剩余的两个选项中，人数共计 128 人，人数占比相差 1.9%。这说明当地居民对于乡村旅游发展导致噪声污染加重这种说法，持肯定和否定看法的人接近，各占一半。从事乡村旅游经营的当地居民并不赞同随着乡村旅游的发展，游客的增多会加重本地的噪声污染。

表 5.67　乡村旅游发展导致垃圾污染加重情况分布表

		频率	百分比/%	有效百分比/%	累积百分比/%
有效	很不赞同	83	16.1	16.1	16.1
	不赞同	106	20.5	20.5	36.6
	一般	145	28.0	28.0	64.6
	赞同	130	25.1	25.1	89.7
	很赞同	53	10.3	10.3	100.0
	合计	517	100.0	100.0	

从乡村旅游发展导致垃圾污染加重情况分布表中可以看出，在五个选项中，选择“很不赞同”选项的有83人，在总人数中占比为16.1%；选择“不赞同”选项的有106人，在总人数中占比为20.5%；选择“一般”选项的有145人，在总人数中占比为28.0%；选择“赞同”选项的有130人，在总人数中占比为25.1%；选择“很赞同”选项的有53人，在总人数中占比为10.3%。从选项结果来看，人数超过100人的，有“不赞同”“一般”和“赞同”三个选项。其中，选择“一般”选项人数最多，接近总人数的三分之一。而在剩余的两个选项中，人数共计136人，人数占比相差5.8%。这说明当地居民对于乡村旅游发展导致垃圾污染加重这种说法，持肯定和否定看法的人接近，各占一半。从事乡村旅游经营的当地居民并不赞同随着乡村旅游的发展，游客的增多会加重本地的垃圾污染。

表5.68　受调查居民对“消极绩效”有关表述平均得分统计分布表

消极绩效	*N*	均值	标准差	百分制得分
您赞同乡村旅游发展导致居民间走动减少吗？	517	3.01	1.141	60.2
您赞同乡村旅游发展导致居民间信任度降低吗？	517	2.88	1.162	57.6
您赞同乡村旅游发展导致传统文化受到冲击吗？	517	2.88	1.182	57.6
您赞同乡村旅游发展导致犯罪行为增多吗？	517	2.43	1.169	48.6
您赞同乡村旅游发展导致森林植被遭到破坏吗？	517	2.69	1.217	53.8
您赞同乡村旅游发展打破原有生活氛围吗？	517	2.90	1.202	58.0
您赞同乡村旅游发展导致噪声污染加重吗？	517	2.97	1.211	59.4
您赞同乡村旅游发展导致垃圾污染加重吗？	517	2.93	1.228	58.6

为更全面地了解各题项选择的分布情况，本书对各个选项进行了赋值，“很不赞同”赋值5，“不赞同”赋值4，“一般”赋值3，“赞同”赋值2，“很赞同”赋值1。运用SPSS软件分析各个题项的均值、标准差和百分制得分情况。如表5.68所示，在所有测量乡村旅游发展绩效的8个题项中，7个题项的均值接近3，只有1个题项的均值在3以上；在百分制的得分中，7个题项得分接近60，只有1个题项的均值超过60。得分比较均匀，表明

当地居民对乡村旅游发展带来的消极绩效的说法都不赞同，抑或是敏感度不高。

（五）调节变量的描述性统计分析

在乡村旅游的发展中，居民和政府都属于乡村旅游中的核心利益相关者，同时也是乡村旅游发展绩效的重要影响因素。政府主导型的乡村旅游发展模式在贵州的乡村旅游中随处可见。一是由于贵州地处云贵高原，恶劣的地势环境，使得旅游发展中的行之要素，必须由政府来主导完成。二是由于贵州本身属于多民族混居的省份，语言、风俗、节庆不同，大规模的旅游开发，需要由政府来领头。三是由于贵州已经找到适合本省发展的路径——旅游发展之路，大力利用贵州丰富的旅游资源，打造不同类型的旅游模式，实现旅游发展贵州乘数效应，带动贵州全面建成小康社会。

表 5.69　政府开展乡村旅游调研情况分布表

		频率	百分比/%	有效百分比/%	累积百分比/%
有效	很不赞同	14	2.7	2.7	2.7
	不赞同	27	5.2	5.2	7.9
	一般	96	18.6	18.6	26.5
	赞同	158	30.6	30.6	57.1
	很赞同	222	42.9	42.9	100.0
	合计	517	100.0	100.0	

从政府开展乡村旅游调研情况分布表中可以看出，在五个选项中，选择“很不赞同”选项的有 14 人，在总人数中占比为 2.7%；选择“不赞同”选项的有 27 人，在总人数中占比为 5.2%；选择“一般”选项的有 96 人，在总人数中占比为 18.6%；选择“赞同”选项的有 158 人，在总人数中占比为 30.6%；选择“很赞同”选项的有 222 人，在总人数中占比为 42.9%。从选项结果来看，人数超过 100 人的，只有“赞同”和“很赞同”两个选项，

合计占比超过总人数的70.0%。而在剩余的三个选项中，选择的人数共计137人，合计占比26.5%。说明有超过三分之二的当地居民是赞同政府开展乡村旅游调研的。说明在乡村旅游点选定开发之前，政府找当地居民做过相关的旅游调研，并为大多数村民所接受。

表5.70　政府对乡村旅游有扶持政策情况分布表

		频率	百分比/%	有效百分比/%	累积百分比/%
有效	很不赞同	19	3.7	3.7	3.7
	不赞同	27	5.2	5.2	8.9
	一般	112	21.7	21.7	30.6
	赞同	150	29.0	29.0	59.6
	很赞同	209	40.4	40.4	100.0
	合计	517	100.0	100.0	

从政府对乡村旅游有扶持政策情况分布表中可以看出，在五个选项中，选择“很不赞同”选项的有19人，在总人数中占比为3.7%；选择“不赞同”选项的有27人，在总人数中占比为5.2%；选择“一般”选项的有112人，在总人数中占比为21.7%；选择“赞同”选项的有150人，在总人数中占比为29.0%；选择“很赞同”选项的有209人，在总人数中占比为40.4%。从选项结果来看，人数超过100人的，有“一般”“赞同”和“很赞同”三个选项。其中，选择“很赞同”选项的人数最多，超过总人数的五分之二。而在剩余的两个选项中，人数共计46人，合计占比8.9%。这说明有超过70%的当地居民是赞同政府对乡村旅游有扶持政策这种说法的。说明在开展乡村旅游经营的过程中，政府有相关的乡村旅游专项扶持政策，并得到当地居民的支持。

表 5.71　政府对乡村旅游有税收优惠政策情况分布表

		频率	百分比/%	有效百分比/%	累积百分比/%
有效	很不赞同	21	4.1	4.1	4.1
	不赞同	28	5.4	5.4	9.5
	一般	124	24.0	24.0	33.5
	赞同	146	28.2	28.2	61.7
	很赞同	198	38.3	38.3	100.0
	合计	517	100.0	100.0	

从政府对乡村旅游有税收优惠政策情况分布表中可以看出，在五个选项中，选择“很不赞同”选项的有 21 人，在总人数中占比为 4.1%；选择“不赞同”选项的有 28 人，在总人数中占比为 5.4%；选择“一般”选项的有 124 人，在总人数中占比为 24.0%；选择“赞同”选项的有 146 人，在总人数中占比为 28.2%；选择“很赞同”选项的有 198 人，在总人数中占比为 38.3%。从选项结果来看，人数超过 100 人的，有“一般”“赞同”和“很赞同”三个选项。其中，选择“很赞同”选项的人数最多，接近总人数的 40.0%。而在剩余的两个选项中，人数共计 49 人，人数合计占比 9.5%。这说明有接近 70.0%的当地居民是赞同政府对乡村旅游有税收优惠政策这种说法的。说明参与乡村旅游经营的当地居民，享受到了政府对于乡村旅游的税收优惠政策。

表 5.72　政府对乡村旅游有征地补偿政策情况分布表

		频率	百分比/%	有效百分比/%	累积百分比/%
有效	很不赞同	42	8.1	8.1	8.1
	不赞同	48	9.3	9.3	17.4
	一般	108	20.9	20.9	38.3
	赞同	146	28.2	28.2	66.5
	很赞同	173	33.5	33.5	100.0
	合计	517	100.0	100.0	

从政府对乡村旅游有征地补偿政策情况分布表中可以看出，在五个选项中，选择“很不赞同”选项的有42人，在总人数中占比为8.1%；选择“不赞同”选项的有48人，在总人数中占比为9.3%；选择“一般”选项的有108人，在总人数中占比为20.9%；选择“赞同”选项的有146人，在总人数中占比为28.2%；选择“很赞同”选项的有173人，在总人数中占比为33.5%。从选项结果来看，人数超过100人的，有“一般”“赞同”和“很赞同”三个选项。其中，选择“很赞同”选项的人数最多，超过总人数的三分之一。而在剩余的两个选项中，人数共计90人，人数合计占比17.4%。这说明有超过60.0%的当地居民是赞同政府对乡村旅游有征地补偿政策这种说法的。说明在乡村旅游开发的初期，政府出台了相关的征地补偿政策，并付诸实施。

表5.73　政府对乡村旅游有奖励政策情况分布表

		频率	百分比/%	有效百分比/%	累积百分比/%
有效	很不赞同	32	6.2	6.2	6.2
	不赞同	50	9.7	9.7	15.9
	一般	127	24.6	24.6	40.4
	赞同	129	25.0	25.0	65.4
	很赞同	179	34.6	34.6	100.0
	合计	517	100.0	100.0	

从政府对乡村旅游有奖励政策情况分布表中可以看出，在五个选项中，选择“很不赞同”选项的有32人，在总人数中占比为6.2%；选择“不赞同”选项的有50人，在总人数中占比为9.7%；选择“一般”选项的有127人，在总人数中占比为24.6%；选择“赞同”选项的有129人，在总人数中占比为25.0%；选择“很赞同”选项的有179人，在总人数中占比为34.6%。从选项结果来看，人数超过100人的，有“一般”“赞同”和“很赞同”三个选项。其中，选择“很赞同”选项的人数最多，超过总人数的三分之一。而在剩余的两个选项中，人数共计82人，人数合计占比15.9%。这说明有接近60.0%的当地居民是赞同政府对乡村旅游有奖励政策这种说法的。说明在乡

村旅游发展的过程中，政府出台了相关的旅游奖励政策，并付诸实施。

表 5.74　政府动员居民参与乡村旅游情况分布表

		频率	百分比/%	有效百分比/%	累积百分比/%
有效	很不赞同	20	3.9	3.9	3.9
	不赞同	31	6.0	6.0	9.9
	一般	103	19.9	19.9	29.8
	赞同	137	26.5	26.5	56.3
	很赞同	226	43.7	43.7	100.0
	合计	517	100.0	100.0	

从政府动员居民参与乡村旅游情况分布表中可以看出，在五个选项中，选择“很不赞同”选项的有 20 人，在总人数中占比为 3.9%；选择“不赞同”选项的有 31 人，在总人数中占比为 6.0%；选择“一般”选项的有 103 人，在总人数中占比为 19.9%；选择“赞同”选项的有 137 人，在总人数中占比为 26.5%；选择“很赞同”选项的有 226 人，在总人数中占比为 43.7%。从选项结果来看，人数超过 100 人的，有“一般”“赞同”和“很赞同”三个选项。其中，选择“很赞同”选项的人数最多，超过总人数的 40.0%。而在剩余的两个选项中，人数共计 51 人，人数合计占比 9.9%。这说明有超过 70.0%的当地居民赞同政府动员居民参与乡村旅游这种说法。说明在乡村旅游开发的初期，政府有专门的工作人员动员乡村旅游点符合乡村旅游经营的当地居民参与到乡村旅游中。

表 5.75　政府在乡村旅游中重视生态保护情况分布表

		频率	百分比/%	有效百分比/%	累积百分比/%
有效	很不赞同	16	3.1	3.1	3.1
	不赞同	33	6.4	6.4	9.5
	一般	89	17.2	17.2	26.7
	赞同	130	25.1	25.1	51.8
	很赞同	249	48.2	48.2	100.0
	合计	517	100.0	100.0	

从政府在乡村旅游中重视生态保护情况分布表中可以看出，在五个选项中，选择“很不赞同”选项的有16人，在总人数中占比为3.1%；选择“不赞同”选项的有33人，在总人数中占比为6.4%；选择“一般”选项的有89人，在总人数中占比为17.2%；选择“赞同”选项的有130人，在总人数中占比为25.1 %；选择“很赞同”选项的有249人，在总人数中占比为48.2%。从选项结果来看，人数超过100人的，只有“赞同”和“很赞同”两个选项。其中，选择“很赞同”选项的人数最多，接近总人数的50.0%。而在“很不赞同”和“不赞同”两个选项中，人数共计49人，人数合计占比9.5%。说明有超过70.0%的当地居民赞同政府在乡村旅游中重视生态保护这种说法。说明在乡村旅游发展的过程中，政府已经开始重视保护旅游地的生态环境了。

表5.76　政府在乡村旅游中配备乡村旅游意见箱情况分布表

		频率	百分比/%	有效百分比/%	累积百分比/%
有效	很不赞同	33	6.4	6.4	6.4
	不赞同	34	6.6	6.6	13.0
	一般	114	22.1	22.1	35.0
	赞同	127	24.6	24.6	59.6
	很赞同	209	40.4	40.4	100.0
	合计	517	100.0	100.0	

从政府在乡村旅游中配备乡村旅游意见箱情况分布表中可以看出，在五个选项中，选择“很不赞同”选项的有33人，在总人数中占比为6.4%；选择“不赞同”选项的有34人，在总人数中占比为6.6%；选择“一般”选项的有114人，在总人数中占比为22.1%；选择“赞同”选项的有127人，在总人数中占比为24.6 %；选择“很赞同”选项的有209人，在总人数中占比为40.4%。从选项结果来看，人数超过100人的，有“一般”“赞同”和“很赞同”三个选项。其中，选择“很赞同”选项的人数最多，超过总人数的40.0%。而在剩余的两个选项中，人数共计67人，人数合计占比13.0%。这说明有超过60.0%的当地居民赞同政府在乡村旅游中配备乡村旅游意见箱这种说法。说明在乡村旅游发展的过程中，政府会配备专门的意见箱，用来建立和当地居民之间的沟通渠道，以便及时了解到最新的信息。

表 5.77 政府在乡村旅游中设立旅游发展专项资金情况分布表

		频率	百分比/%	有效百分比/%	累积百分比/%
有效	很不赞同	37	7.2	7.2	7.2
	不赞同	38	7.4	7.4	14.5
	一般	120	23.2	23.2	37.7
	赞同	141	27.3	27.3	65.0
	很赞同	181	35.0	35.0	100.0
	合计	517	100.0	100.0	

从政府在乡村旅游中设立旅游发展专项资金情况分布表中可以看出，在五个选项中，选择“很不赞同”选项的有 37 人，在总人数中占比为 7.2%；选择“不赞同”选项的有 38 人，在总人数中占比为 7.4%；选择“一般”选项的有 120 人，在总人数中占比为 23.2%；选择“赞同”选项的有 141 人，在总人数中占比为 27.3 %；选择“很赞同”选项的有 181 人，在总人数中占比为 35.0%。从选项结果来看，人数超过 100 人的，有“一般”“赞同”和“很赞同”三个选项。其中，选择“很赞同”选项的人数最多，超过总人数的三分之一。而在剩余的两个选项中，人数共计 75 人，人数合计占比 14.5%。这说明有超过 60.0%的当地居民赞同政府在乡村旅游中设立旅游发展专项资金这种说法。各级政府在乡村旅游开发的过程中，都设立了旅游发展专项资金。

表 5.78 政府在乡村旅游中制定培训计划情况分布表

		频率	百分比/%	有效百分比/%	累积百分比/%
有效	很不赞同	26	5.0	5.0	5.0
	不赞同	40	7.7	7.7	12.8
	一般	108	20.9	20.9	33.7
	赞同	135	26.1	26.1	59.8
	很赞同	208	40.2	40.2	100.0
	合计	517	100.0	100.0	

从政府在乡村旅游中制定培训计划情况分布表中可以看出，在五个选项中，选择“很不赞同”选项的有 26 人，在总人数中占比为 5.0%；选择“不

赞同”选项的有40人，在总人数中占比为7.7%；选择“一般”选项的有108人，在总人数中占比为20.9%；选择“赞同”选项的有135人，在总人数中占比为26.1%；选择“很赞同”选项的有208人，在总人数中占比为40.2%。从选项结果来看，人数超过100人的，有“一般”“赞同”和“很赞同”三个选项。其中，选择“很赞同”选项的人数最多，超过总人数的40.0%。而在剩余的两个选项中，人数共计66人，人数合计占比12.8%。这说明有超过65.0%的当地居民赞同政府在乡村旅游中制定培训计划这种说法。各级政府在乡村旅游开发的过程中，都有针对当地愿意参与乡村旅游经营的居民的培训方案，培训技能、普通话、礼仪等相关内容。

表5.79 政府在乡村旅游中有宣传推广活动情况分布表

		频率	百分比/%	有效百分比/%	累积百分比/%
有效	很不赞同	22	4.3	4.3	4.3
	不赞同	24	4.6	4.6	8.9
	一般	87	16.8	16.8	25.7
	赞同	142	27.5	27.5	53.2
	很赞同	242	46.8	46.8	100.0
	合计	517	100.0	100.0	

从政府在乡村旅游中有宣传推广活动情况分布表中可以看出，在五个选项中，选择“很不赞同”选项的有22人，在总人数中占比为4.3%；选择“不赞同”选项的有24人，在总人数中占比为4.6%；选择“一般”选项的有87人，在总人数中占比为16.8%；选择“赞同”选项的有142人，在总人数中占比为27.5%；选择“很赞同”选项的有242人，在总人数中占比为46.8%。从选项结果来看，人数超过100人的，只有“赞同”和“很赞同”两个选项。其中，选择“很赞同”选项的人数最多，接近总人数的50%。而在“很不赞同”和“不赞同”两个选项中，人数共计46人，人数合计占比8.9%。这说明有接近75.0%的当地居民赞同政府在乡村旅游中有宣传推广活动这种说法。各级政府在乡村旅游开发的过程中，都在积极搭建旅游平台，专门赴外地进行旅游推介，CNN拍摄的《贵州，中国的绿色走廊》在欧美多国播出，是贵州省政府主导的推广旅游的宣传产品。

表 5.80　政府在乡村旅游中建立专门网站情况分布表

		频率	百分比/%	有效百分比/%	累积百分比/%
有效	很不赞同	26	5.0	5.0	5.0
	不赞同	29	5.6	5.6	10.6
	一般	121	23.4	23.4	34.0
	赞同	128	24.8	24.8	58.8
	很赞同	213	41.2	41.2	100.0
	合计	517	100.0	100.0	

从政府在乡村旅游中建立专门网站情况分布表中可以看出，在五个选项中，选择“很不赞同”选项的有 26 人，在总人数中占比为 5.0%；选择“不赞同”选项的有 29 人，在总人数中占比为 5.6%；选择“一般”选项的有 121 人，在总人数中占比为 23.4%；选择“赞同”选项的有 128 人，在总人数中占比为 24.8%；选择“很赞同”选项的有 213 人，在总人数中占比为 41.2%。从选项结果来看，人数超过 100 人的，有“一般”“赞同”和“很赞同”三个选项。其中，选择“很赞同”选项的人数最多，超过总人数的 40.0%。而在剩余的两个选项中，人数共计 55 人，人数合计占比 10.6%。这说明有超过 65.0%的当地居民赞同政府在乡村旅游中建立了专门网站这种说法。目前贵州推广旅游的有“多彩贵州”微信公众号，各地州市旅游发展委员会都推送相应微信公众号，内容多是贵州旅游景点介绍、旅游新闻及其他的一些旅游资讯。

表 5.81　政府在乡村旅游中组织重大节事活动情况分布表

		频率	百分比/%	有效百分比/%	累积百分比/%
有效	很不赞同	19	3.7	3.7	3.7
	不赞同	21	4.1	4.1	7.7
	一般	85	16.4	16.4	24.2
	赞同	141	27.3	27.3	51.5
	很赞同	251	48.5	48.5	100.0
	合计	517	100.0	100.0	

从政府在乡村旅游中组织重大节事活动情况分布表中可以看出，在五个选项中，选择“很不赞同”选项的有19人，在总人数中占比为3.7%；选择“不赞同”选项的有21人，在总人数中占比为4.1%；选择“一般”选项的有85人，在总人数中占比为16.4%；选择“赞同”选项的有141人，在总人数中占比为27.3%；选择“很赞同”选项的有251人，在总人数中占比为48.5%。从选项结果来看，人数超过100人的，只有“赞同”和“很赞同”两个选项。其中，选择“很赞同”选项的人数最多，接近总人数的50.0%。而在“很不赞同”和“不赞同”两个选项中，人数共计40人，人数合计占比7.7%。这说明有超过75.0%的当地居民赞同政府在乡村旅游中组织了重大节事活动这种说法。贵州是“百节之乡”，“姊妹节”“芦笙节”“吃新节”“牯藏节”“火把节”“四月八”和“六月六”等少数民族节日丰富多彩。苗族“游方跳场”，侗族“行歌坐月”，瑶族“凿壁谈婚、埋蛋择婿”，令人赞叹称奇。在少数民族的节日，当地政府会组织大规模的庆祝活动，吸引更多的游客到来。同时，通过召开旅游发展大会，推介贵州旅游。

表5.82　政府在乡村旅游中设立专门责任部门情况分布表

		频率	百分比/%	有效百分比/%	累积百分比/%
有效	很不赞同	21	4.1	4.1	4.1
	不赞同	32	6.2	6.2	10.3
	一般	99	19.1	19.1	29.4
	赞同	147	28.4	28.4	57.8
	很赞同	218	42.2	42.2	100.0
	合计	517	100.0	100.0	

从政府在乡村旅游中设立专门责任部门情况分布表中可以看出，在五个选项中，选择“很不赞同”选项的有21人，在总人数中占比为4.1%；选择“不赞同”选项的有32人，在总人数中占比为6.2%；选择“一般”选项的有99人，在总人数中占比为19.1%；选择“赞同”选项的有147人，在总人数中占比为28.4%；选择“很赞同”选项的有218人，在总人数中占比为42.2%。从选项结果来看，人数超过100人的，只有“赞同”和“很赞同”

两个选项。其中，选择“很赞同”选项的人数最多，超过总人数的40.0%。而在“很不赞同”和“不赞同”两个选项中，人数共计53人，人数合计占比10.3%。这说明有超过70.0%的当地居民赞同政府在乡村旅游中设立了专门责任部门这种说法。专人负专责，在各级的政府中，会有专门管理旅游的职能部门，抑或是有专门的人员负责对接。

表5.83 受调查居民对“政府作用”有关表述平均得分统计分布表

政府作用	*N*	均值	标准差	百分制得分
政府开展乡村旅游调研	517	4.06	1.033	81.2
政府对乡村旅游发展有扶持政策	517	3.97	1.078	79.4
政府对乡村旅游业有税收优惠政策	517	3.91	1.095	78.2
政府对乡村旅游有征地补偿政策	517	3.70	1.248	74
政府对乡村旅游有奖励政策	517	3.72	1.209	74.4
政府动员居民参与乡村旅游	517	4.00	1.108	80
政府在乡村旅游中重视生态保护	517	4.09	1.087	81.8
政府在乡村旅游中配备意见箱	517	3.86	1.202	77.2
政府在乡村旅游中设立专项资金	517	3.76	1.210	75.2
政府在乡村旅游中制定培训计划	517	3.89	1.168	77.8
政府在乡村旅游中有宣传推广活动	517	4.08	1.096	81.6
政府在乡村旅游中建立专门网站	517	3.91	1.148	78.2
政府在乡村旅游中组织重大节事活动	517	4.13	1.062	82.6
政府在乡村旅游中设立专门的责任部门	517	3.98	1.108	79.6

为更全面地了解各题项选择的分布情况，本书对各个选项进行了赋值，“很不赞同”赋值1，“不赞同”赋值2，“一般”赋值3，“赞同”赋值4，“很赞同”赋值5。运用SPSS软件分析各个题项的均值、标准差和百分制得分情况。如表5.83所示，在所有测量乡村旅游发展绩效的14个题项中，有5个题项的均值在4以上；在百分制的得分中，这些题项的得分都超过80。其他11个题项的均值都接近4，最低的也有3.7；在百分制的得分中，这些题项得

分都接近 80，最低的也有 74。得分较为均匀。得分最低的一项为“政府对乡村旅游有征地补偿政策”，说明在乡村旅游开发初期，政府需要协调好当地居民的土地征用，兼顾各方利益。当地居民对政府在乡村旅游发展中的作用是比较认可的。

三、核心变量相关分析

进行相关分析是为了探讨数据之间是否具有统计学上的关联性。这种关系既包括两个数据之间的单一相关关系——如年龄与个人领域空间之间的关系，也包括多个数据之间的多重相关关系——如年龄、抑郁症发生率、个人领域空间之间的关系；既包括 A 大 B 就大（小），A 小 B 就小（大）的直线相关关系，也可以是复杂相关关系，如 $A=Y-B*X$；既可以是 A、B 变量同时增大这种正相关关系，也可以是 A 变量增大时 B 变量减小这种负相关关系；还包括两变量共同变化的紧密程度——相关系数。实际上，相关关系唯一不研究的数据关系，就是数据协同变化的内在根据——因果关系。有了相关系数，就可以根据回归方程，进行 A 变量到 B 变量的估算，这就是所谓的回归分析。因此，相关分析是一种完整的统计研究方法，它贯穿于提出假设、研究变量、分析变量的始终。基于此，本书采用 Pearson 相关分析法，对所研究的变量进行相关分析。

根据表 5.84 可知，在选项赋值 1～5 的情况下，居民参与意愿均值为 4.256 8，说明居民参与乡村旅游经营的意愿非常强烈；居民参与行为均值为 4.152 5，说明居民参与乡村旅游经营的行为非常强烈；乡村旅游发展绩效均值为 4.205 8，说明居民对乡村旅游发展绩效的认可度很高；经济绩效均值为 4.166 3，说明居民对经济绩效的认可度很高；社会文化绩效均值为 4.253 4，说明居民对社会文化绩效的认可度很高；生态绩效均值为 4.231 7，说明居民对生态绩效的认可度很高；政府作用均值为 3.933 3，说明居民认可政府在乡村旅游发展中的作用。一般而言，标准差越小，说明每个人对于某一变量的认同程度越一致。从表 5.84 中也可以看出，核心变量的标准差大部分介于 0.5～0.92 之间，说明每位受访者对核心变量的认同度较一致。

表 5.84 核心变量相关性分析表

	性别	年龄段	受教育程度	居民参与意愿	乡村旅游发展绩效	经济绩效	社会文化绩效	生态绩效	居民参与行为	政府作用
性别										
年龄段	−0.277**	1								
受教育程度	−0.005	−0.247**								
居民参与意愿	−0.131**	0.071	0.199**	1						
乡村旅游发展绩效	0.030	−0.007	0.121**	0.366**	1					
经济绩效	0.035	0.009	0.152**	0.328**	0.879**	1				
社会文化绩效	0.044	−0.002	0.110*	0.370**	0.917**	0.787**	1			
生态绩效	0.010	−0.019	0.079	0.303**	0.910**	0.663**	0.728**	1		
居民参与行为	−0.047	0.053	0.185**	0.402**	0.660**	0.612**	0.634**	0.558**	1	
政府作用	0.035	0.000	0.150**	0.317**	0.738**	0.665**	0.662**	0.673**	0.574**	
均值	0.56	2.24	1.73	4.2568	4.2058	4.1663	4.2534	4.2317	4.1525	3.9333
标准差	0.497	1.065	0.483	0.55956	0.76782	0.74653	0.87638	0.79255	0.8796	0.91992

注：**表示在 0.01 水平(双侧)上显著相关，*表示在 0.05 水平(双侧)上显著相关，$N=517$。

就变量之间的相关性来看，控制变量与核心变量之间总体相关性不强。其中，性别与居民参与意愿在0.01水平上显著负相关，年龄与核心变量均没有显著相关关系，受教育程度与乡村旅游发展绩效在0.01水平上显著相关，受教育程度与经济绩效在0.01水平上显著相关，受教育程度与居民参与行为、政府作用也都在0.01水平上显著相关，受教育程度与社会文化绩效在0.05水平上显著相关。

就自变量与因变量的相关关系来看，各个维度之间都在0.01水平上显著相关。具体来说，居民参与意愿与乡村旅游发展绩效在0.01水平上显著相关，居民参与意愿与经济绩效在0.01水平上显著相关，居民参与意愿与社会文化绩效在0.01水平上显著相关，居民参与意愿与生态绩效在0.01水平上显著相关。

就中介变量与因变量的相关关系来看，各维度之间也都显著相关。具体来说，居民参与行为与乡村旅游发展绩效在0.01水平上显著相关，居民参与行为与经济绩效在0.01水平上显著相关，居民参与行为与社会文化绩效在0.01水平上显著相关，居民参与行为与生态绩效在0.01水平上显著相关。

就自变量与中介变量的相关关系来看，各维度之间也都显著相关。具体来说，居民参与意愿与居民参与行为在0.01水平上显著相关。

就调节变量与因变量的相关关系来看，各维度之间均存在显著相关关系。具体来说，政府作用与乡村旅游发展绩效在0.01水平上显著相关，政府作用与经济绩效在0.01水平上显著相关，政府作用与社会文化绩效在0.01水平上显著相关，政府作用与生态绩效在0.01水平上显著相关。

四、核心变量关系实证分析

（一）居民参与意愿与居民参与行为

本书采用层级回归（Hierarchical Regression Modeling，HRM）的方法来验证假设关系。根据表5.85，由 M_1 可知，年龄对居民参与行为呈显著正相关关系；教育程度对居民参与行为呈显著正相关关系。年龄段的 B 值为0.070，$P<0.05$；教育程度的 B 值为0.153，$P<0.001$。由 M_2 可知，在控制

了性别、年龄段、教育程度三个变量的基础上，居民参与意愿与居民参与行为之间呈显著正相关关系。居民参与意愿的 B 值为 0.501，$P<0.001$，模型 R^2 值为 0.177，模型具有较好的解释力，模型的调整 R^2 值为 0.170，模型的 F 值为 27.502，$P<0.001$，模型的 D-W 检验值为 1.843，因此假设 H_1 成立。

表 5.85 居民参与意愿与参与行为回归分析结果

变量		居民参与行为	
		M_1	M_2
控制变量	性别	−0.028	0.030
	年龄段	0.070*	0.044
	教育程度	0.153***	0.092**
自变量	居民参与意愿		0.501***
常量		3.717***	1.733***
R^2		0.045***	0.177***
调整 R^2		0.039***	0.170***
ΔR^2		0.045***	0.132***
F 值		8.067***	27.502***
D-W 检验		1.816	1.843

注：*** 表示在 0.001 水平（双侧）上显著相关，** 表示在 0.01 水平（双侧）上显著相关，* 表示在 0.05 水平（双侧）上显著相关，$N=517$。

（二）居民参与意愿与乡村旅游发展绩效

本书采用层级回归（Hierarchical Regression Modeling，HRM）的方法来验证假设关系。根据表 5.86，由 M_3 可知，在控制了性别、年龄段、教育程度三个变量的基础上，自变量（居民参与意愿）与因变量（乡村旅游发展绩效）之间呈显著正相关关系。B 值为 0.504，$P<0.001$，模型 R^2 值为 0.143，模型具有较好的解释力，模型的调整 R^2 值为 0.136，模型的 F 值为 21.281，$P<0.001$，模型的 D-W 检验值为 1.781，因此假设 H_2 成立。

根据表 5.86，由 M_4 可知，在控制了性别、年龄段、教育程度三个变量的基础上，自变量（居民参与意愿）与因变量（经济绩效）之间呈显著正相关关系，B 值为 0.498，$P<0.001$，模型 R^2 值为 0.123，模型具有较好的解释力，模型的调整 R^2 值为 0.116，模型的 F 值为 17.874，$P<0.001$，模型的 D-W 检验值为 1.920，因此假设 H_{2a} 成立。

根据表 5.86，由 M_5 可知，在控制了性别、年龄段、教育程度三个变量的基础上，自变量（居民参与意愿）与因变量（社会文化绩效）之间呈显著正相关关系，B 值为 0.530，$P<0.001$，模型 R^2 值为 0.147，模型具有较好的解释力，模型的调整 R^2 值为 0.140，模型的 F 值为 22.055，$P<0.001$，模型的 D-W 检验值为 1.737，因此假设 H_{2b} 成立。

根据表 5.86，由 M_6 可知，在控制了性别、年龄段、教育程度三个变量的基础上，自变量（居民参与意愿）与因变量（生态绩效）之间呈显著正相关关系。B 值为 0.485，$P<0.001$，模型 R^2 值为 0.095，模型的调整 R^2 值为 0.088，模型的 F 值为 13.499，$P<0.001$，模型的 D-W 检验值为 1.795，因此假设 H_{2c} 成立。

表 5.86　居民参与意愿与乡村旅游发展绩效的回归分析

变量		乡村旅游发展绩效	经济绩效	社会文化绩效	生态绩效
		M_3	M_4	M_5	M_6
控制变量	性别	0.122	0.152*	0.152*	0.076
	年龄段	0.000	0.028	0.005	−0.022
	教育程度	0.036	0.083*	0.029	0.010
自变量	居民参与意愿	0.504***	0.498***	0.530***	0.485***
常量		1.921***	1.817***	1.818***	2.075***
R^2		0.143***	0.123***	0.147***	0.095***
调整 R^2		0.136***	0.116***	0.140***	0.088***
ΔR^2		0.143***	0.123***	0.147***	0.095***
F 值		21.281***	17.874***	22.055***	13.499***
D-W 检验		1.781	1.920	1.737	1.795

注：*** 表示在 0.001 水平（双侧）上显著相关，** 表示在 0.01 水平（双侧）上显著相关，* 表示在 0.05 水平（双侧）上显著相关，$N=517$。

（三）居民参与行为与乡村旅游发展绩效

本书采用层级回归（Hierarchical Regression Modeling，HRM）的方法来验证假设关系。根据表 5.87，由 M_7 可知，在控制了性别、年龄段、教育程度三个变量的基础上，自变量（居民参与行为）与因变量（乡村旅游发展绩效）之间呈显著正相关关系。B 值为 0.685，$P<0.001$，模型 R^2 值为 0.440，模型具有较好的解释力，模型的调整 R^2 值为 0.436，模型的 F 值为 100.738，$P<0.001$，模型的 D-W 检验值为 1.852，因此假设 H_3 成立。

表 5.87　居民参与行为与乡村旅游发展绩效的回归分析

变量		乡村旅游发展绩效	经济绩效	社会文化绩效	生态绩效
		M_3	M_4	M_5	M_6
控制变量	性别	0.083	0.115	0.110	0.039
	年龄段	−0.021	0.004	−0.015	−0.044
	教育程度	−0.008	0.035	−0.010	−0.034
自变量	居民参与行为	0.685***	0.712***	0.681***	0.671***
常量		1.368***	1.140***	1.388***	1.503***
R^2		0.440***	0.380***	0.408***	0.316***
调整 R^2		0.436***	0.375***	0.404***	0.311***
ΔR^2		0.440***	0.380***	0.408***	0.316***
F 值		100.738***	78.371***	88.314***	59.113***
D-W 检验		1.852	1.950	1.848	1.850

注：*** 表示在 0.001 水平（双侧）上显著相关，** 表示在 0.01 水平（双侧）上显著相关，* 表示在 0.05 水平（双侧）上显著相关，$N=517$。

根据表 5.87，由 M_8 可知，在控制了性别、年龄段、教育程度三个变量的基础上，自变量（居民参与行为）与因变量（经济绩效）之间呈显著正相关关系。B 值为 0.712，$P<0.001$，模型 R^2 值为 0.380，模型具有较好的解释力，模型的调整 R^2 值为 0.375，模型的 F 值为 78.371，$P<0.001$，模型的 D-W 检验值为 1.950，因此假设 H_{3a} 成立。

根据表 5.87，由 M_9 可知，在控制了性别、年龄段、教育程度三个变量的基础上，自变量（居民参与行为）与因变量（社会文化绩效）之间呈显著正相关关系。B 值为 0.681，$P<0.001$，模型 R^2 值为 0.408，模型具有较好的解释力，模型的调整 R^2 值为 0.404，模型的 F 值为 88.314，$P<0.001$，模型的 D-W 检验值为 1.848，因此假设 H_{3b}成立。

根据表 5.87，由 M_{10} 可知，在控制了性别、年龄段、教育程度三个变量的基础上，自变量（居民参与行为）与因变量（生态绩效）之间呈显著正相关关系。B 值为 0.671，$P<0.001$，模型 R^2 值为 0.316，模型具有较好的解释力，模型的调整 R^2 值为 0.311，模型的 F 值为 59.113，$P<0.001$，模型的 D-W 检验值为 1.850，因此假设 H_{3c}成立。

（四）居民参与意愿、参与行为与乡村旅游发展绩效

本研究采用 Baron 和 Kenny① （1986）提出的分步回归法来检验中介作用，这也是比较流行的一种中介作用检验方法。具体而言，第一步，在加入控制变量的基础上，检验自变量对因变量的作用，回归结果应该显著；第二步，在加入控制变量的基础上，检验自变量对中介变量的作用，回归结果应该显著；第三步，控制变量、自变量和中介变量按次序进入回归方程，此步骤需要中介变量系数显著。此时如果自变量系数不显著，证明完全中介效应成立；如果自变量系数仍显著，再看 B 值是否低于第一步的值，如果低于第一步的值，说明存在部分中介作用。

表 5.88　控制变量与乡村旅游发展绩效的回归分析

变量		乡村旅游发展绩效	经济绩效	社会文化绩效	生态绩效
		M_{11}	M_{12}	M_{13}	M_{14}
控制变量	性别	0.064	0.378	0.091	0.020
	年龄段	0.026	0.216	0.033	0.003
	教育程度	0.097**	0.576***	0.094**	0.069

① Baron R M，Kenny D A. The moderator-mediator variable distinction in social psychological research：Conceptual，strategic，and statistical considerations [J]. Journal of Personality and Social Psychology，1986 (6)：1173-1182.

续表

变量	乡村旅游发展绩效	经济绩效	社会文化绩效	生态绩效
	M_{11}	M_{12}	M_{13}	M_{14}
常量	3.914***	15.152**	3.918***	3.996***
R^2	0.017*	0.028**	0.016*	0.006
调整 R^2	0.011*	0.022**	0.010*	0.001
ΔR^2	0.017*	0.028**	0.016*	0.006
F 值	2.893*	4.946**	2.752*	1.097
D-W 检验	1.727	1.895	1.719	1.719

注:*** 表示在 0.001 水平（双侧）上显著相关,** 表示在 0.01 水平（双侧）上显著相关,* 表示在 0.05 水平（双侧）上显著相关，$N=517$。

表 5.89 居民参与意愿、居民参与行为与乡村旅游发展绩效的回归分析

变量		乡村旅游发展绩效	经济绩效	社会文化绩效	生态绩效
		M_{15}	M_{16}	M_{17}	M_{18}
控制变量	性别	0.103	0.132*	0.134*	0.058
	年龄段	−0.027	−0.001	−0.022	−0.050
	教育程度	−0.022	0.022	−0.028	−0.048
自变量	居民参与意愿	0.186***	0.163**	0.220***	0.173**
中介变量	居民参与行为	0.634***	0.667***	0.620***	0.623***
常量		0.822***	0.661*	0.743**	0.995***
R^2		0.455***	0.389***	0.428***	0.326***
调整 R^2		0.450***	0.383***	0.422***	0.319***
ΔR^2		0.312***	0.266***	0.281***	0.231***
F 值		85.399***	64.939***	76.375***	49.358***
D-W 检验		1.867	1.954	1.842	1.874

注:*** 表示在 0.001 水平（双侧）上显著相关,** 表示在 0.01 水平（双侧）上显著相关,* 表示在 0.05 水平（双侧）上显著相关，$N=517$。

1. *居民参与行为在居民参与意愿与乡村旅游发展绩效关系中的中介作用检验*

第一步，根据表 5.86，由 M_3 回归结果可知，自变量（居民参与意愿）与因变量（乡村旅游发展绩效）存在显著正相关关系，B 值为 0.504，$P<0.001$，模型的 R^2 值为 0.143，模型具有较好的解释力，模型的调整 R^2 值为 0.136，模型的 F 值为 21.281，在 0.001 水平上显著，模型的 D-W 检验值为 1.781。

第二步，根据表 5.85，由 M_2 可知，自变量（居民参与意愿）与因变量（居民参与行为）之间呈显著正相关关系。B 值为 0.501，$P<0.001$，模型 R^2 值为 0.177，模型具有较好的解释力，模型的调整 R^2 值为 0.170，模型的 F 值为 27.502，$P<0.001$，模型的 D-W 检验值为 1.843。

第三步，根据表 5.89，由 M_{15} 可知，在把控制变量、自变量和中介变量依次放入回归方程的情况下，中介变量（居民参与行为）对因变量（乡村旅游发展绩效）呈显著正相关关系，B 值为 0.634，$P<0.001$。此时，自变量（居民参与意愿）也对因变量（乡村旅游发展绩效）呈显著正相关关系，B 值为 0.186，$P<0.001$。再结合第一步的结果来看，在加入中介变量后，居民参与意愿对乡村旅游发展绩效的正向影响作用有所降低，B 值由 0.504 降低到 0.186，因此，居民参与行为在居民参与意愿与乡村旅游发展绩效关系中起到部分中介作用。假设 H_4 成立。

2. *居民参与行为在居民参与意愿与经济绩效关系中的中介作用检验*

第一步，根据表 5.86，由 M_4 回归结果可知，自变量（居民参与意愿）与因变量（经济绩效）之间呈显著正相关关系，B 值为 0.498，$P<0.001$，模型 R^2 值为 0.123，模型具有较好的解释力，模型的调整 R^2 值为 0.116，模型的 F 值为 17.874，$P<0.001$，模型的 D-W 检验值为 1.920。

第二步，根据表 5.85，由 M_2 可知，自变量（居民参与意愿）与因变量（居民参与行为）之间呈显著正相关关系。B 值为 0.501，$P<0.001$，模型 R^2 为 0.177，调整 R^2 为 0.170，F 值为 27.502，并在 0.001 水平上显著，D-W 检验值为 1.843。

第三步，根据表 5.89，由 M_{16} 可知，在把控制变量、自变量和中介变量依次放入回归方程的情况下，中介变量（居民参与行为）对因变量（经济绩效）呈显著正相关关系，B 值为 0.667，$P<0.001$，此时，自变量（居民参与意愿）也对因变量（经济绩效）呈显著正相关关系，B 值为 0.163，$P<0.01$。再结合第一步的结果来看，在加入中介变量后，居民参与意愿对经济绩效的正向影响作用有所降低，B 值由 0.498 降低到 0.163，因此，居民参与行为在居民参与意愿与经济绩效关系中起到部分中介作用，假设 H_{4a} 成立。

3. 居民参与行为在居民参与意愿与社会文化绩效关系中的中介作用检验

第一步，根据表 5.86，由 M_5 回归结果可知，自变量（居民参与意愿）与因变量（社会文化绩效）呈显著正相关关系，B 值为 0.530，$P<0.001$，模型 R^2 值为 0.147，模型具有较好的解释力，模型的调整 R^2 值为 0.140，模型的 F 值为 22.055，$P<0.001$，模型的 D-W 检验值为 1.737。

第二步，根据表 5.85，由 M_2 可知，自变量（居民参与意愿）与因变量（居民参与行为）之间呈显著正相关关系。B 值为 0.501，$P<0.001$，模型 R^2 为 0.177，调整 R^2 为 0.170，F 值为 27.502，并在 0.001 水平上显著，D-W 检验值为 1.843。

第三步，根据表 5.89，由 M_{17} 可知，在把控制变量、自变量和中介变量依次放入回归方程的情况下，中介变量（居民参与行为）对因变量（社会文化绩效）呈显著正相关关系，B 值为 0.620，$P<0.001$。此时，自变量（居民参与意愿）也对因变量（经济绩效）呈显著正相关关系，B 值为 0.220，$P<0.001$。再结合第一步的结果来看，在加入中介变量后，居民参与意愿对经济绩效的正向影响作用有所降低，B 值由 0.530 降低到 0.220，因此，居民参与行为在居民参与意愿与社会文化绩效关系中起到部分中介作用，假设 H_{4b} 成立。

4. 居民参与行为在居民参与意愿与生态绩效关系中的中介作用检验

第一步，根据表 5.86，由 M_6 回归结果可知，自变量（居民参与意愿）与因变量（生态绩效）之间呈显著正相关关系。B 值为 0.485，$P<0.001$，

模型 R^2 值为 0.095，模型具有一定的解释力，模型的调整 R^2 值为 0.088，模型的 F 值为 13.499，$P<0.001$，模型的 D-W 检验值为 1.795。

第二步，根据表 5.85，由 M_2 可知，自变量（居民参与意愿）与因变量（居民参与行为）之间呈显著正相关关系。B 值为 0.501，$P<0.001$，模型 R^2 为 0.177，调整 R^2 为 0.170，F 值为 27.502，并在 0.001 水平上显著，D-W 检验值为 1.843。

第三步，根据表 5.89，由 M_{18} 可知，在把控制变量、自变量和中介变量依次放入回归方程的情况下，中介变量（居民参与行为）对因变量（生态绩效）呈显著正相关关系，B 值为 0.623，$P<0.001$。此时，自变量（居民参与意愿）也对因变量（经济绩效）呈显著正相关关系，B 值为 0.173，$P<0.01$。在加入中介变量后，居民参与意愿对经济绩效的正向影响作用有所降低，B 值由 0.485 降低到 0.173，因此，居民参与行为在居民参与意愿与生态绩效关系中起到部分中介作用，假设 H_{4c} 成立。

（五）政府作用在居民参与行为与乡村旅游发展绩效关系中的调节作用

Baron 和 Kenny① （1986）指出，如果变量 Y 与变量 X 之间的关系是变量 M 的函数，则 M 称为调节变量。也就是说，变量 X 与变量 Y 之间的关系受到第三变量 M 的影响。第一步，作自变量、调节变量与因变量的回归，得到测定系数 R_1^2。第二步，依次把控制变量、自变量、调节变量和交互项放入回归方程，与因变量回归，此模型得到系数 R_2^2。假如 R_2^2 显著高于 R_1^2，则能证明调节效应显著；或者交互项系数显著，也能证明调节作用成立。为减小回归方程中变量之间可能出现的多重共线性问题，本研究根据统计学家的建议对自变量和调节变量作数据中心化处理，即变量减去均值。

1. 政府作用在居民参与行为与乡村旅游发展绩效关系中的调节作用检验

第一步，根据表 5.90，由 M_{19} 可知，居民参与行为与乡村旅游发展绩效

① Baron R M，Kenny D A. The moderator-mediator variable distinction in social psychological research：Conceptual，strategic，and statistical considerations [J]. Journal of Personality and Social Psychology，1986 (6)：1173-1182.

关系显著，其回归系数为 0.372，$P<0.001$；政府作用与乡村旅游发展绩效关系显著，其回归系数为 0.446，$P<0.001$，模型 R_1^2 值为 0.631。

表 5.90 政府作用的调节效应回归分析（1）

变量		乡村旅游发展绩效		经济绩效	
		M_{19}	M_{20}	M_{21}	M_{22}
控制变量	性别	0.033	0.032	0.065	0.064
	年龄段	−0.021	−0.017	0.005	0.010
	教育程度	−0.025	−0.024	0.018	0.019
自变量	居民参与行为	0.372***	0.335***	0.403***	0.353***
调节变量	政府作用	0.446***	0.443***	0.441***	0.437***
交互项	居民参与行为 * 政府作用		−0.064*		−0.085**
常量		0.978***	1.163***	0.755***	1.001***
R^2		0.631***	0.635***	0.522***	0.529***
调整 R^2		0.627***	0.631***	0.518***	0.523***
ΔR^2		0.631***	0.004***	0.522***	0.007***
F 值		174.460***	148.116***	111.775***	95.420***
D-W 检验		1.938	1.933	1.946	1.936

注：*** 表示在 0.001 水平（双侧）上显著相关，** 表示在 0.01 水平（双侧）上显著相关，* 表示在 0.05 水平（双侧）上显著相关，$N=517$。

第二步，根据表 5.90，由 M_{20} 可知，在加入交互项（居民参与行为 * 政府作用）时，交互项回归系数为−0.064，$P<0.05$，模型 R_2^2 值为 0.635，R_2^2 显著高于 R_1^2，且该模型中交互项显著，因此，政府作用在居民参与行为与乡村旅游发展绩效关系中具有负向调节作用，假设 H_5 成立。

为了直观地表明政府作用的调节效应，本书根据 Cohenetal（2013）推荐的方法，分别以高于均值的一个标准差和低于均值的一个标准差为基础，绘制出强政府作用和弱政府作用情形下，居民参与行为对乡村旅游发展绩效的不同影响，如图 5.1 所示。

图 5.1 表明，政府作用在居民参与行为与乡村旅游发展绩效之间起到了调节作用。具体而言，与强政府作用相比，弱政府作用对居民参与行为与乡

村旅游发展绩效关系作用更强。也就是说，随着政府作用的增强，居民参与行为对乡村旅游发展绩效的正向影响会减弱。

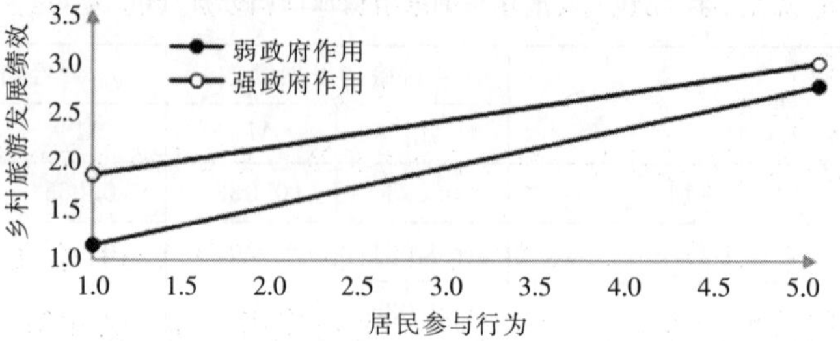

图 5.1　政府作用在居民参与行为与乡村旅游发展绩效关系中的调节效果

2. 政府作用在居民参与行为与经济绩效关系中的调节作用检验

第一步，根据表 5.90，由 M_{21} 可知，居民参与行为与经济绩效关系显著，其回归系数为 0.403，$P<0.001$；政府作用与经济绩效关系显著，其回归系数为 0.441，$P<0.001$，模型 R_1^2 值为 0.522。

第二步，根据表 5.90，由 M_{22} 可知，在加入交互项（参与行为 * 政府作用）时，交互项回归系数为 −0.085，$P<0.01$，模型 R_2^2 值为 0.529，R_2^2 显著高于 R_1^2，且该模型中交互项显著，因此，政府作用在居民参与行为与经济绩效关系中具有负向调节作用，假设 H_{5a} 成立。

为了直观地表明政府作用的调节效应，本书根据 Cohenetal（2013）推荐的方法，分别以高于均值的一个标准差和低于均值的一个标准差为基础，绘制出强政府作用和弱政府作用情形下，居民参与行为对经济绩效的不同影响，如图 5.2 所示。

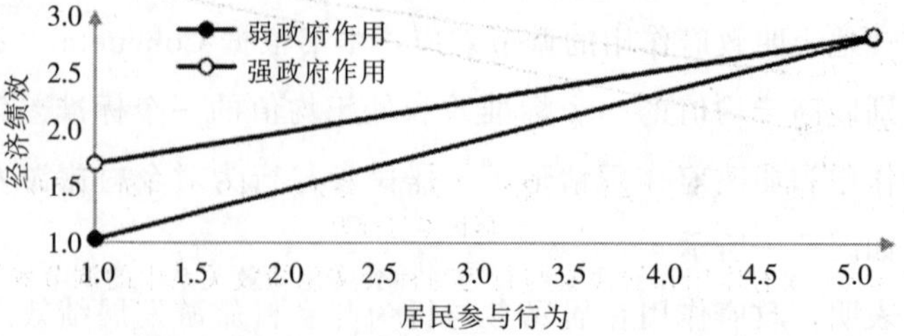

图 5.2　政府作用在居民参与行为与经济绩效关系中的调节效果图

图 5.2 表明，政府作用在居民参与行为与经济绩效之间起到了调节作用。具体而言，与强政府作用相比，弱政府作用对居民参与行为与经济绩效关系作用更强。也就是说，随着政府作用的增强，居民参与行为对经济绩效的正向影响会减弱。

3. 政府作用在居民参与行为与社会文化绩效关系中的调节作用检验

第一步，根据表 5.91，由 M_{23} 可知，居民参与行为与社会文化绩效关系显著，其回归系数为 0.414，$P<0.001$；政府作用与社会文化绩效关系显著，其回归系数为 0.381，$P<0.001$，模型 R_1^2 值为 0.538。

第二步，根据表 5.91，由 M_{24} 可知，在加入交互项（居民参与行为 * 政府作用）时，交互项回归系数为 −0.065，$P<0.05$，模型 R_2^2 值为 0.543，R_2^2 显著高于 R_1^2，且该模型中交互项显著，因此，政府作用在居民参与行为与社会文化绩效关系中具有负向调节作用，假设 H_{5b} 成立。

为了直观地表明政府的调节效应，本书根据 Cohenetal（2013）推荐的方法，分别以高于均值的一个标准差和低于均值的一个标准差为基础，绘制出强政府作用和弱政府作用情形下，居民参与行为对社会文化绩效的不同影响，如图 5.3 所示。

图 5.3 表明，政府作用在居民参与行为与社会文化绩效之间起到了调节作用。具体而言，与强政府作用相比，弱政府作用对居民参与行为与经济绩效关系作用更强。也就是说，随着政府作用的增强，居民参与行为对社会文化绩效的正向影响会减弱。

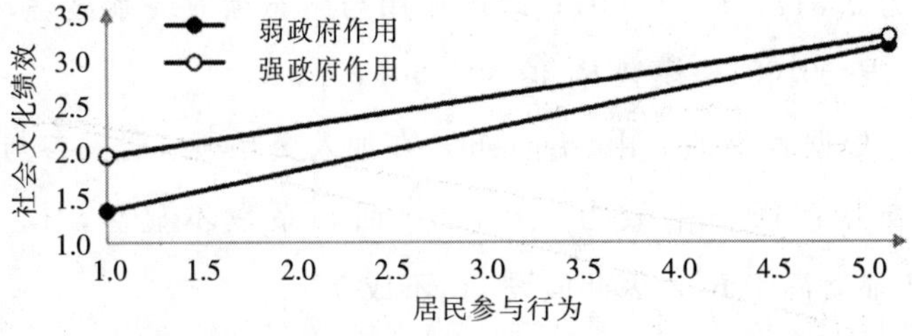

图 5.3　政府作用在居民参与行为与社会文化绩效关系中的调节效果

表 5.91 政府作用的调节效应的回归分析 (2)

变量		社会文化绩效		生态绩效	
		M_{23}	M_{24}	M_{25}	M_{26}
控制变量	性别	0.067	0.067	−0.018	−0.019
	年龄段	−0.014	−0.011	−0.043	−0.040
	教育程度	−0.025	−0.024	−0.054	−0.053
自变量	居民参与行为	0.414***	0.376***	0.317***	0.288***
调节变量	政府作用	0.381***	0.377***	0.505***	0.502***
交互项	居民参与行为 * 政府作用		−0.065*		−0.049
常量		1.056***	1.244***	1.062***	1.203***
R^2		0.538***	0.543***	0.501***	0.503***
调整 R^2		0.533***	0.537***	0.496***	0.497***
ΔR^2		0.538***	0.005***	0.501***	0.001***
F 值		119.003***	100.839***	102.692***	86.143***
D-W 检验		1.924	1.919	1.947	1.948

注：*** 表示在 0.001 水平（双侧）上显著相关，** 表示在 0.01 水平（双侧）上显著相关，* 表示在 0.05 水平（双侧）上显著相关，$N=517$。

4. 政府作用在居民参与行为与生态绩效关系中的调节作用检验

第一步，根据表 5.91，由 M_{25} 可知，居民参与行为与生态绩效关系显著，其回归系数为 0.317，$P<0.001$；政府作用与生态绩效关系显著，其回归系数为 0.505，$P<0.001$，模型 R_1^2 值为 0.501。

第二步，根据表 5.91，由 M_{26} 可知，在加入交互项（居民参与行为*政府作用）时，交互项回归系数为 −0.049，回归系数不显著，模型 R_2^2 值为 0.503，R_2^2 不显著高于 R_1^2，因此假设 H_{5c} 不成立。

(六) 居民参与行为有调节的中介效应

根据温忠麟等[①]（2006）提出的方法，第一步，依次把控制变量、自变量和调节变量放入方程，与因变量回归，自变量系数显著。第二步，自变量和调节变量与中介变量回归，自变量系数显著。第三步，依次把控制变量、自变量、调节变量和中介变量放入方程，与因变量回归，假如中介变量系数显著，说明中介效应成立。假设此时自变量回归系数不再显著，说明存在完全中介作用；假如自变量回归系数仍显著，但是回归系数低于第一步中自变量的回归系数，说明有部分中介作用。第四步，依次把控制变量、自变量、调节变量、中介变量和中介变量与调节变量交互项放入方程，与因变量回归，此时交互项系数需要显著。至此，证明有调节的中介效应成立。

1. 居民参与行为在居民参与意愿与乡村旅游发展绩效关系中的中介作用通过政府作用的调节效应实现

表 5.92　居民参与行为有调节的中介效应回归分析 (1)

变量		乡村旅游发展绩效	居民参与行为	乡村旅游发展绩效	
		M_{27}	M_{28}	M_{29}	M_{30}
控制变量	性别	0.034	−0.031	0.045	0.045
	年龄段	−0.012	0.036	−0.024	−0.021
	教育程度	−0.013	0.058*	−0.034	−0.033
自变量	居民参与意愿	0.212***	0.300***	0.108**	0.114**
调节变量	政府作用	0.577***	0.399***	0.438***	0.434***
中介变量	居民参与行为			0.349***	0.307***

① 温忠麟，张雷，侯杰泰．有中介的调节变量和有调节的中介变量［J］．心理学报，2006（3）：448-452.

续表

变量		乡村旅游发展绩效	居民参与行为	乡村旅游发展绩效	
		M_{27}	M_{28}	M_{29}	M_{30}
交互项	居民参与行为＊政府作用				−0.068**
常量		1.067***	1.143***	0.668***	0.847***
R^2		0.566***	0.391***	0.636***	0.641***
调整 R^2		0.561***	0.385***	0.631***	0.636***
ΔR^2		0.566***	0.391***	0.070***	0.005***
F 值		133.045***	65.584***	148.206***	129.761***
D-W 检验		1.883	1.868	1.930	1.926

注：***表示在0.001水平（双侧）上显著相关，**表示在0.01水平（双侧）上显著相关，*表示在0.05水平（双侧）上显著相关，N=517。

第一步，自变量（居民参与意愿）和调节变量（政府作用）与因变量（乡村旅游发展绩效）回归。根据表5.92，由M_{27}可知，居民参与意愿的回归系数显著，B值为0.212，$P<0.001$，政府作用的回归系数显著，B值为0.577，$P<0.001$。

第二步，自变量（居民参与意愿）和调节变量（政府作用）与中介变量（居民参与行为）回归。根据表5.92，由M_{28}可知，居民参与意愿回归系数显著，B值为0.300，$P<0.001$，政府作用回归系数显著，B值为0.399，$P<0.001$。

第三步，自变量（居民参与意愿）、调节变量（政府作用）和中介变量（居民参与行为）与因变量（乡村旅游发展绩效）回归。根据表5.92，由M_{29}可知，中介变量（居民参与行为）回归系数显著，B值0.349，$P<0.001$，调节变量（政府作用）回归系数显著，B值0.438，$P<0.001$，自变量（居民参与意愿）回归系数显著，B值0.108，$P<0.01$。该步骤中自变量（居民参与意愿）回归系数比第一步有显著降低，显著性也有降低，说明存在部分中介作用。

第四步，自变量（居民参与意愿）、调节变量（政府作用）、中介变量

（居民参与行为）和中介变量与调节变量的交互项与因变量（乡村旅游发展绩效）回归。根据表5.92，由M_{30}可知，交互项回归系数显著，B值−0.068，$P<0.01$，说明调节效应存在。至此，可以证明居民参与行为在居民参与意愿与乡村旅游发展绩效关系中的中介作用部分通过政府作用的调节作用实现。因此假设H_6成立。

2. 居民参与行为在居民参与意愿与经济绩效关系中的中介作用通过政府作用的调节效应实现

第一步，自变量（居民参与意愿）和调节变量（政府作用）与因变量（经济绩效）回归。根据表5.93，由M_{31}可知，居民参与意愿的回归系数显著，B值为0.201，$P<0.001$，政府作用的回归系数显著，B值为0.588，$P<0.001$。

第二步，自变量（居民参与意愿）和调节变量（政府作用）与中介变量（居民参与行为）回归。根据表5.92，由M_{28}可知，居民参与意愿回归系数显著，B值为0.300，$P<0.001$，政府作用回归系数显著，B值为0.399，$P<0.001$。

第三步，自变量（居民参与意愿）、调节变量（政府作用）和中介变量（居民参与行为）与因变量（经济绩效）回归。根据表5.93，由M_{32}可知，中介变量（居民参与行为）回归系数显著，B值为0.384，$P<0.001$，调节变量（政府作用）回归系数显著，B值为0.434，$P<0.001$，此时，居民参与意愿回归系数不显著，B值为0.086，到此可以证明居民参与行为具有完全中介效应。

第四步，自变量（居民参与意愿）、调节变量（政府作用）、中介变量（居民参与行为）和中介变量与调节变量的交互项与因变量（经济绩效）回归。根据表5.93，由M_{33}可知，交互项回归系数显著，B值为−0.088，$P<0.01$，说明调节效应存在。至此，可以证明居民参与行为在居民参与意愿与经济绩效关系中的中介作用完全通过政府作用的调节作用实现。因此假设H_{6a}成立。

表 5.93 居民参与行为有调节的中介效应回归分析（2）

变量		经济绩效		
		M_{31}	M_{32}	M_{33}
控制变量	性别	0.063	0.075	0.075
	年龄段	0.016	0.002	0.007
	教育程度	0.033	0.011	0.012
自变量	居民参与意愿	0.201***	0.086	0.094
调节变量	政府作用	0.588***	0.434***	0.429***
中介变量	居民参与行为		0.384***	0.331***
交互项	居民参与行为 * 政府作用			−0.088**
常量		0.947***	0.508*	0.741**
R^2		0.460***	0.525***	0.532***
调整 R^2		0.454***	0.519***	0.525***
ΔR^2		0.460***	0.065***	0.007***
F 值		86.899***	93.861***	82.573***
D-W 检验		1.924	1.938	1.929

注：*** 表示在 0.001 水平（双侧）上显著相关，** 表示在 0.01 水平（双侧）上显著相关，* 表示在 0.05 水平（双侧）上显著相关，$N=517$。

3. 居民参与行为在居民参与意愿与社会文化绩效关系中的中介作用通过政府作用的调节效应实现

第一步，自变量（居民参与意愿）和调节变量（政府作用）与因变量（社会文化绩效）回归。根据表 5.94，由 M_{34} 可知，居民参与意愿的回归系数显著，B 值为 0.268，$P<0.001$，政府作用的回归系数显著，B 值为 0.520，$P<0.001$。

第二步，自变量（居民参与意愿）和调节变量（政府作用）与中介变量（居民参与行为）回归。根据表 5.92，由 M_{28} 可知，居民参与意愿回归系数显著，B 值为 0.300，$P<0.001$，政府作用回归系数显著，B 值为 0.399，$P<0.001$。

第三步，自变量（居民参与意愿）、调节变量（政府作用）和中介变量

（居民参与行为）与因变量（社会文化绩效）回归。根据表5.94，由 M_{35} 可知，中介变量（居民参与行为）回归系数显著，B 值为0.380，$P<0.001$，调节变量（政府作用）回归系数显著，B 值为0.368，$P<0.001$，自变量（居民参与意愿）回归系数显著，B 值0.154，$P<0.01$。该步骤中自变量（居民参与意愿）回归系数比第一步有显著降低，显著性也有降低，说明存在部分中介作用。

第四步，自变量（居民参与意愿）、调节变量（政府作用）、中介变量（居民参与行为）和中介变量与调节变量的交互项与因变量（社会文化绩效）回归。根据表5.94，由 M_{36} 可知，交互项回归系数显著，B 值为-0.070，$P<0.05$，说明调节效应存在。至此，可以证明居民参与行为在居民参与意愿与社会文化绩效关系中的中介作用部分通过政府作用的调节作用实现。因此假设 H_{6b} 成立。

表5.94　居民参与行为有调节的中介效应回归分析（3）

变量		社会文化绩效		
		M_{34}	M_{35}	M_{36}
控制变量	性别	0.074	0.085	0.085
	年龄段	−0.006	−0.019	−0.016
	教育程度	−0.015	−0.037	−0.036
自变量	居民参与意愿	0.268***	0.154**	0.161**
调节变量	政府作用	0.520***	0.368***	0.364***
中介变量	居民参与行为		0.380***	0.337***
交互项	居民参与行为*政府作用			−0.070*
常量		1.048***	0.614**	0.799***
R^2		0.469***	0.547***	0.553***
调整 R^2		0.464***	0.542***	0.547***
ΔR^2		0.469***	0.078***	0.006***
F 值		90.403***	102.806***	89.895***
D-W检验		1.845	1.898	1.894

注：***表示在0.001水平（双侧）上显著相关，**表示在0.01水平（双侧）上显著相关，*表示在0.05水平（双侧）上显著相关，$N=517$。

4. 居民参与行为在居民参与意愿与生态绩效关系中的中介作用通过政府作用的调节效应实现

表 5.95 居民参与行为有调节的中介效应回归分析 (4)

变量		生态绩效		
		M_{37}	M_{38}	M_{39}
控制变量	性别	−0.017	−0.008	−0.008
	年龄段	−0.035	−0.046	−0.043
	教育程度	−0.043	−0.060*	−0.060*
自变量	居民参与意愿	0.174**	0.084	0.089
调节变量	政府作用	0.617***	0.498***	0.495***
中介变量	居民参与行为		0.299***	0.267***
交互项	居民参与行为 * 政府作用			−0.052
常量		1.162***	0.820**	0.957***
R^2		0.464***	0.503***	0.506***
调整 R^2		0.459***	0.498***	0.499***
ΔR^2		0.459***	0.039***	0.003***
F 值		88.600***	86.191***	74.444***
D-W 检验		1.926	1.952	1.954

注：***表示在 0.001 水平（双侧）上显著相关，**表示在 0.01 水平（双侧）上显著相关，*表示在 0.05 水平（双侧）上显著相关，$N=517$。

第一步，自变量（居民参与意愿）和调节变量（政府作用）与因变量（生态绩效）回归。根据表 5.95，由 M_{37} 可知，居民参与意愿的回归系数显著，B 值为 0.174，$P<0.01$，政府作用的回归系数显著，B 值为 0.617，$P<0.001$。

第二步，自变量（居民参与意愿）和调节变量（政府作用）与中介变量（居民参与行为）回归。根据表 5.92，由 M_{28} 可知，居民参与意愿回归系数显著，B 值为 0.300，$P<0.001$，政府作用回归系数显著，B 值为 0.399，$P<0.001$。

第三步，自变量（居民参与意愿）、调节变量（政府作用）和中介变量（居民参与行为）与因变量（生态绩效）回归。根据表 5.95，由 M_{38} 可知，中介变量（居民参与行为）回归系数显著，B 值为 0.299，$P<0.001$，调节变量（政府作用）回归系数显著，B 值为 0.498，$P<0.001$，自变量（居民参与意愿）回归系数不显著，B 值为 0.084，说明存在完全中介作用。

第四步，自变量（居民参与意愿）、调节变量（政府作用）、中介变量（居民参与行为）和中介变量与调节变量的交互项与因变量（生态绩效）回归。根据表 5.95，由 M_{39} 可知，交互项回归系数不显著，B 值为 -0.052，因此假设 H_{6c} 不成立。

五、本章小结

本章为本书的实证分析部分，主要运用多元回归法验证了居民参与意愿、居民参与行为、政府作用与乡村旅游发展绩效之间的关系，同时验证了本书的研究假设。

第六章　结论与讨论

一、研究结论

（一）假设检验结果

通过多元回归分析，本书提出的研究假设验证结果如表 6.1 所示。

表 6.1　研究假设验证汇总表

假设编号	假设描述	检验结果
H_1	居民参与意愿与居民参与行为呈正相关关系	支持
H_2	居民参与意愿与乡村旅游发展绩效呈正相关关系	支持
H_{2a}	居民参与意愿与经济绩效呈正相关关系	支持
H_{2b}	居民参与意愿与社会文化绩效呈正相关关系	支持
H_{2c}	居民参与意愿与生态绩效呈正相关关系	支持
H_3	居民参与行为与乡村旅游发展绩效呈正相关关系	支持
H_{3a}	居民参与行为与经济绩效呈正相关关系	支持
H_{3b}	居民参与行为与社会文化绩效呈正相关关系	支持
H_{3c}	居民参与行为与生态绩效呈正相关关系	支持
H_4	居民参与行为在居民参与意愿与乡村旅游发展绩效关系中有中介作用	支持
H_{4a}	居民参与行为在居民参与意愿与经济绩效关系中具有中介作用	支持
H_{4b}	居民参与行为在居民参与意愿与社会文化绩效关系中具有中介作用	支持

续表

假设编号	假设描述	检验结果
H_{4c}	居民参与行为在居民参与意愿与生态绩效关系中具有中介作用	支持
H_5	政府作用弱化居民参与行为与乡村旅游发展绩效的正相关关系	支持
H_{5a}	政府作用弱化居民参与行为与经济绩效的正相关关系	支持
H_{5b}	政府作用弱化居民参与行为与社会文化绩效的正相关关系	支持
H_{5c}	政府作用弱化居民参与行为与生态绩效的正相关关系	不支持
H_6	居民参与行为在居民参与意愿与乡村旅游发展绩效关系中的中介作用通过政府作用的调节效应实现	支持
H_{6a}	居民参与行为在居民参与意愿与经济绩效关系中的中介作用通过政府作用的调节效应实现	支持
H_{6b}	居民参与行为在居民参与意愿与社会文化绩效关系中的中介作用通过政府作用的调节效应实现	支持
H_{6c}	居民参与行为在居民参与意愿与生态绩效关系中的中介作用通过政府作用的调节效应实现	不支持

（二）实证研究结果

1. 居民参与意愿对居民参与行为的影响

通过回归分析得出以下结论：居民参与意愿对居民参与行为具有显著正向影响。

郭倩倩等①（2013）的研究认为，计划行为理论中的个体行为都是主体经过前后考量才做出的行为结果，因此，该理论可以用于解释个体行为的坚持和改变；而行为动机的产生则与行为意愿有关，个体表现出来的行为倾向就很好地解释了这个观点，同时反映出个体为完成特殊行为而付出的努力和代价。个体的行为意向越强，采取行为的可能性就越大。

---

① 郭倩倩，胡善风，朱红兵．基于计划行为理论的乡村旅游意向研究［J］．华东经济管理，2013（12）：167-172．

在乡村旅游中，居民本身是乡村旅游资源的一部分，同时也是为乡村旅游提供“食、住、行、游、购、娱”必不可少的主体之一，居民参与乡村旅游的意愿会影响其参与行为。验证的结果符合已有的研究，也符合贵州乡村旅游的实际情况。

2. 居民参与意愿对乡村旅游发展绩效的影响

通过回归分析得出以下结论：居民参与意愿对乡村旅游发展绩效具有显著正向影响。居民参与意愿对经济绩效具有显著正向影响。居民参与意愿对社会文化绩效具有显著正向影响。居民参与意愿对生态绩效具有显著正向影响。

居民作为利益相关者理论中微观利益主体之一，参与乡村旅游发展的过程。由于居民主体地位的特殊，以及自身条件受限，在以往的研究中，很少关注到他们的利益和话语权，更多看到的是游客的增减会影响整个旅游景区的收益。乡村性是乡村旅游的唯一卖点，居民是卖点的组成部分，同时也是收益的主体，因此，本书选取居民作为研究对象。随着乡村旅游的兴起，游客的涌入给旅游地带来了各种变化，新的发展模式带动了当地经济的发展，居民的观念开始转变，乡村良好的生态也成为乡村旅游的资源。在乡村旅游的发展过程中，居民对乡村旅游发展绩效的各方面均有感知。

3. 居民参与行为对乡村旅游发展绩效的影响

通过回归分析得出以下结论：居民参与行为对乡村旅游发展绩效具有显著正向影响。居民参与行为与乡村旅游的经济绩效之间具有显著的正向相关关系。居民参与行为与乡村旅游的社会文化绩效之间具有显著的正向相关关系。居民参与行为与乡村旅游的生态绩效之间具有显著的正向相关关系。

郭倩倩等[①]（2013）基于计划行为理论提出，决定个体行为意向的三个主变量包括行为态度、主观规范、感知行为控制。本研究对该模型的结构进行了部分拓展。随着乡村旅游的发展，游客的增多给旅游地居民带来了更多的

① 郭倩倩，胡善风，朱红兵．基于计划行为理论的乡村旅游意向研究［J］．华东经济管理，2013（12）：167-172．

机会，居民能够感知到乡村旅游发展绩效。乡村旅游新的发展模式带动当地居民从事旅游相关产业，并从中获利，同时给人们的生活环境带来变化。

4. 居民参与行为在居民参与意愿与乡村旅游发展绩效关系中的中介作用

通过回归分析得出以下结论：居民参与行为在居民参与意愿与乡村旅游发展绩效关系中具有中介作用。居民参与行为在居民参与意愿与经济绩效关系中具有中介作用。居民参与行为在居民参与意愿与社会文化绩效关系中具有中介作用。居民参与行为在居民参与意愿与生态绩效关系中具有中介作用。

黎洁等[①]（2011）的研究认为，在开展乡村旅游的社区中，生活着居家位置相邻且利益共享的人群，他们开展旅游的资源也是一致的，属于共同地域下的社会生活共同体。生活在相同地域空间的人，共享地域文化、风俗、信仰、价值观、消费习惯、社会经济生活氛围，他们通过已有旅游资源和旅游服务设施、产品等参与旅游经营，逐步成为旅游景区的组成部分。当然，很多旅游社区自身都可以依凭独有的自然和文化资源成为旅游景点。

随着乡村旅游规模的扩大，游客的增加给旅游地带来了新的变化，居民参与行为在居民参与意愿与乡村旅游发展绩效关系中起到中介作用。乡村旅游作为后现代农业的替代产业，居民既是构成乡村旅游不可或缺的元素，同时又是乡村旅游发展中的主要利益相关者。因此，在乡村旅游中，居民参与意愿能够通过居民参与行为对乡村旅游发展绩效产生影响。

5. 政府作用在居民参与行为与乡村旅游发展绩效关系中的调节作用

通过回归分析得出以下结论：政府作用在居民参与行为与乡村旅游发展绩效关系中具有调节作用。政府作用在居民参与行为与经济绩效关系中具有调节作用。政府作用在居民参与行为与社会文化绩效关系中具有调节作用。

社区参与理论下的乡村旅游，居民、政府都参与到社区事务管理当中。

① 黎洁，赵西萍．社区参与旅游发展理论的若干经济学质疑［J］．旅游学刊，2001（4）：44-47.

佟敏[①]（2005）从狭义的角度指出，社区参与仅仅指居民的参与实践。社区参与最重要的主体是社区居民，社区参与的客体是社区的各种事务，社区参与的心理动机是公共参与精神，社区参与的目标取向是社区发展和人的发展。要有效整合社区资源，充分发挥社区资源的作用，必须增强社区居民对社区的归属感和认同感，培育现代社区意识，这就要求强化社区居民对社区事务的直接参与和治理。如果对社区参与作一个概念上的界定，广义上指政府和非政府组织参与并干预社区发展的过程、方式以及手段，同时也指社区居民参与社区发展计划、社区治理、社区服务等各类社区公共事务和社区公益活动的行为，以及行为本身的过程。社区参与一方面体现了居民对社区发展责任的分担，另一方面也体现了居民对社区发展成果的分享。更多指的是后者。

在乡村旅游的发展中，政府作为推动者，在乡村旅游发展的不同时期有不同的作用。政府作为乡村旅游中的主要利益相关者之一，和居民有本质的不同。居民参与乡村旅游，获益是其本质驱动。政府在乡村旅游开展之初，都有一定的主导话语权，并从很大程度上影响当地乡村旅游发展模式的选择；乡村旅游发展过程中，政府还需要兼顾各方的利益平衡关系；在经济相对落后地区的乡村旅游开发中，政府的作用就更为明显。

6. 居民参与行为在居民参与意愿与乡村旅游发展绩效关系中的中介作用通过政府作用的调节效应实现

通过回归分析得出以下结论：居民参与行为在居民参与意愿与乡村旅游发展绩效关系中的中介作用（部分）通过政府作用的调节效应实现。居民参与行为在居民参与意愿与经济绩效关系中的中介作用（部分）通过政府作用的调节效应实现。居民参与行为在居民参与意愿与社会文化绩效关系中的中介作用（部分）通过政府作用的调节效应实现。

在旅游地生命周期理论中，主要关注旅游地接待量和旅游收入的变化，侧重于旅游对地方的影响，提倡通过人为管理实现长久繁荣。在乡村旅游发展中，地方管理的视角有一个非常重要的转变，从重视旅游业发展转变到关

① 佟敏．基于社区参与的我国生态旅游研究［D］．哈尔滨：东北林业大学，2005.

注旅游对社区居民财富、文化、身心、安全、幸福指数等方面的影响，转变到关注旅游业发展与地方文化、景观之间的互相影响和塑造。现在普遍将此理论视为研究的起点，关注旅游地域系统内要素的发展，如重视不同发展阶段中利益相关者的矛盾类型、旅游地社会网络变化、政府角色，探讨居民参与旅游实践和包容性发展，关注不同发展阶段中碳排放、环境变化、经济系统的关系，探讨旅游地可持续发展的适应性对策。

在本书的研究中，核心变量居民参与意愿、居民参与行为、乡村旅游发展绩效与政府作用，均是关注乡村旅游地生命周期的当前阶段，居民参与的情况及收益问题。政府和居民的同一关注点就是乡村旅游发展的收益，一个更关注整体利益与局部利益，一个更关注个体利益。

二、理论贡献

1. 构建了居民参与意愿、居民参与行为、政府作用和乡村旅游发展绩效的理论模型

本书将居民参与行为引入居民参与意愿与乡村旅游发展绩效关系，构建了居民参与意愿、居民参与行为与乡村旅游发展绩效的影响关系模型，提出居民参与意愿对乡村旅游发展绩效的影响作用是存在中介变量的，经过实证检验，验证了居民参与行为在二者间起到中介作用，对居民影响乡村旅游发展绩效的原有理论进行了完善。本书得出的结论突破了居民参与和乡村旅游发展绩效之间的研究范围，验证了居民参与对乡村旅游发展绩效的影响机理，为研究居民参与和乡村旅游发展绩效的关系提供了新的切入点。

2. 验证了居民参与行为在居民参与意愿与乡村旅游发展绩效间的中介效应

对于居民参与和乡村旅游发展绩效的研究，以往仅局限于二者的正向影响关系，很少涉及和发掘居民参与对乡村旅游发展绩效的作用机制。本书基于利益相关者理论，依据居民参与意愿影响居民参与行为、居民参与行为影响乡村旅游发展绩效，将居民参与行为导入居民参与对乡村旅游发展绩效的影响作用中，设计了从居民参与意愿出发，经由居民参与行为，最终影响乡

村旅游发展绩效的传递作用模型。实证检验显示，居民在乡村旅游发展中的参与意愿能够间接地通过其参与行为对乡村旅游发展绩效产生影响，即居民参与行为在二者间存在中介效应。居民参与行为不是静止的，而是动态变化的，居民参与意愿的强度和广度能够被外界干预。在居民参与乡村旅游的过程中，居民参与行为的强弱会通过居民参与意愿的变动而受到影响。随着乡村旅游的兴起和市场的发展，乡村旅游地要在复杂多变的环境里获得发展和生存，必须整合现有资源，获得发展优势，或深度挖掘新的旅游资源，实现乡村旅游的可持续发展。乡村旅游的发展必须依靠居民的有效参与，居民是乡村旅游的根基。深入研究居民参与对乡村旅游发展绩效的影响效应机制，有利于挖掘和整合内部资源，发挥居民潜在的创造性，从微观人群的层面来探讨居民参与乡村旅游的机理，进而引导居民参与行为。

3. 识别了政府作用在居民参与行为与乡村旅游发展绩效中的调节作用

政府在乡村旅游中所付出的努力会被居民感知到，参与到乡村旅游中的居民的行为会影响其他未参与的居民，会推进其内在的参与动机，产生对乡村旅游发展绩效的认同，继而出现想要参与其中的行为。之前有部分学者对居民参与和乡村旅游发展绩效之间的关系进行了研究，结果显示，居民参与对乡村旅游发展绩效存在相关性或显著的影响作用，本书的研究与此类结论是一致的。但之前的研究并没有对政府作用是否在居民参与行为与乡村旅游发展绩效之间具有调节作用进行过探讨，本书经过文献梳理和问卷分析，认为政府作用可以作为调节变量，通过实证数据的检验，这一结论得到了支持，即政府参与乡村旅游程度越深，居民参与行为通过政府作用的调节效应，对乡村旅游发展绩效的影响会减弱。

三、研究展望

本书通过实证研究，在丰富利益相关者理论的同时为乡村旅游的发展提供了有益借鉴，取得了一些有理论与实践意义的成果，但由于条件所限，本书也存在一些研究的不足之处：

（1）由于受到资源和资金的限制，无法在全国采用严格随机的方法选取调查样本，只能选取贵州一个省的乡村旅游点作为调研地点，数据分析结果是否具有全国普适性还有待进一步研究考证。

（2）目前对中国的旅游业数据无法准确获取，大部分居民存在顾虑，本书虽然想方设法获取相对准确的数据，但乡村旅游发展绩效数据的准确性仍有待提高。本书的研究对象仅仅选取参与到乡村旅游中的当地居民，没有把未参与经营而涉及乡村旅游的居民考虑在列，以后的研究中可以加入这个群体的测量。理论上，本书只研究了一个中介变量（居民参与行为）和一个调节变量（政府作用），可能存在其他中介变量或调节变量，影响居民参与意愿与乡村旅游发展绩效之间的关系，未来的研究可探索其他的变量。

本书综合利用管理学、经济学、旅游学和社会学多学科理论，从微观视角入手，对居民参与意愿、居民参与行为、政府作用和乡村旅游发展绩效四者之间的关系进行了一次理论与实证分析的尝试。基于利益相关者理论、社区参与理论、旅游地生命周期理论和计划行为理论，分析梳理了居民参与意愿、居民参与行为、政府作用和乡村旅游发展绩效的相关研究，提出居民参与意愿通过居民参与行为影响乡村旅游发展绩效，政府作用在居民参与行为和乡村旅游发展绩效中有调节作用。在界定了主要变量的概念后，采用多元回归的统计分析方法探索居民参与意愿对居民参与行为的影响、居民参与行为对乡村旅游发展绩效的影响、居民参与行为在居民参与意愿和乡村旅游发展绩效中的中介作用，政府作用在居民参与行为和乡村旅游发展绩效中的调节作用。希望本书的研究能为丰富乡村旅游的理论与实践做出微薄的贡献，同时，研究本身还存在许多不足，还需要在后续的研究中进行修正和进一步探索。

四、对策建议

1. 发挥政府引导作用，做好顶层设计和统筹规划

要充分发挥政府的顶层设计和统筹规划作用，根据乡村旅游不同阶段的发展情况适时完善和调整发展战略。经过调研和深入分析不难发现，贵州的乡村旅游，之前确定的发展战略取得了良好的成效，但不能适应新时代的新

发展要求，目前缺乏统一的规划和引导，尚处于各自为战、单兵突破的阶段，导致乡村旅游建设的要求、标准、效果都不统一，长此以往，对于乡村旅游的发展将会产生致命性的负面影响。做好顶层设计和统筹规划，对于一项产业的发展，意义重大而深远。为此提出以下建议：一是要把乡村旅游作为全省发展特别是旅游发展的重要突破，作为乡村振兴、全域旅游发展的重要组成部分，政府高度重视，自上而下解决好顶层设计的问题，也就是乡村旅游发展战略的完善和更新，以适应时代的发展。二是应由省级政府层面对全省乡村旅游进行统一的规划，做好顶层设计，各市州、各县市区根据自身实际情况，在全省的统筹规划下，进行细致的规划和部署，推动贵州乡村旅游朝着更高水准发展。三是规划中应统筹考虑好乡村旅游与全域旅游、乡村旅游与乡村振兴之间的关系，这几个问题是一致的，可以共向发力，达到多赢的局面。四是完善发展思路，提升认识高度。要从社会发展的高度来认识乡村旅游，坚持社会效益、经济效益、环境效益并重，加强对乡村旅游的管理、引导、鼓励和支持，把发展乡村旅游与建设新农村、解决“三农”问题、解决农村劳动力就业、转移农村劳动力和推动农民致富结合起来，把发展乡村旅游和缩小城乡差距、建设和谐城市结合起来，寻求更加长远的乡村旅游价值，从而促进和谐乡村的建设。五是加强规划指导，合理布局产业。要按照统一规划、有序开发、合理布局、持续利用的要求，高起点、高标准地编制全市乡村旅游产业发展规划。根据中心辐射、轴线拓展、优化组合、特色互补的原则，以各市区为中心，以主要交通干道为纽带，把全市的乡村旅游区“串珠成链”，形成大乡村旅游发展格局。六是加强政府主导，构建支撑体系。第一，政府要规范乡村旅游经营组织的准入条件，包括资金规模、环境保护、基础设施建设、其他条件等，确保乡村旅游在健康有序的轨道上发展。第二，制定积极的财税政策和投融资政策，促进乡村旅游发展。第三，政府要加强基础设施和公用设施的投入。建立乡村旅游交通网络，特别是开通联系城乡的旅游公交车，以及进行自驾车的网络建设。

2. 瞄准旅游市场，做大做强乡村旅游品牌

努力延长旅游地的生命周期，促进乡村旅游的可持续发展。贵州旅游的

品牌已经在全世界具有良好的知名度和美誉度，“山地公园省·多彩贵州风”风行全球，但纵观贵州的乡村旅游，目前还是生态旅游、红色旅游、自然风光游的补充，没有形成独立的乡村旅游生态链。如果要做到真正的全域旅游，形成乡村旅游生态链，延长乡村旅游地生命周期，促进乡村旅游的可持续发展，要做好两个事情：一是瞄准市场。正如前文研究分析得出的结论，贵州乡村旅游具有一些独具特色、独一无二的优势，要把这些优势充分利用起来，应对好当前国内外、省内外、本土对于乡村旅游的需求，以市场为导向着力打造。二是要以品牌为突破口，打造一批叫得响、市场好、游客喜爱的乡村旅游景点，并串珠成线，推向市场。三是挖掘文化内涵，坚持持续发展。在乡村旅游产品体系中，要深度挖掘本地的民俗风情、民俗文化、农耕文化、民间技艺等反映本土文化的东西，要赋予乡村旅游以文化内涵和时代特征，满足旅游者对乡村文化的鉴赏、体验、学习需求，提升乡村旅游产品的档次和水平，进而不断提高我国乡村旅游的文化品位和社会价值。

3. 调动居民等利益相关者的积极性，多方发力，组成利益联盟

要实行利益联结式发展，更多关注居民话语权和利益主体地位。乡村旅游的发展，必须各方共同发力才能实现有力推进、有效发展，政府要做好规划引领、政策支持、基础设施建设、服务人员和相关知识培训、市场秩序的维护、市场主体的引入、整体市场的打造和推介等工作。乡村旅游发展主体如引入的开发主体、乡村旅游发展合作社等要承担好主体作用，倾注心血和智慧发展乡村旅游事业。当地村民组织要积极发动当地村民群众积极参与和支持乡村旅游。当地群众要将乡村旅游作为自己的事业，作为致富的产业谋求发展。其中，政府是主导者，开发经营组织是主体，当地村民组织和村民是参与者，要协同配合，多向发力，共同推动。同时，要做好利益的联结和利益的共享分配。对于当地村民组织和村民这一参与者，要提升其在乡村旅游发展中的话语权；对于开发经营主体，要实现利润；对于政府，则是要乡村旅游实现发展，乡村实现振兴，以及实现更多的社会效益。这些都是乡村旅游发展中必须兼顾并处理好的重大问题，要尊重发展规律，保护相关者权益。在发展乡村旅游的过程中，首先要保护投资者的热情。其次要注重利益

主体间的利益分配，特别要注重对当地居民的倾斜，激发他们参与旅游开发的热情。再次要保护旅游者权益，出台相关的配套措施，构建乡村旅游质量保障体系。组建专门协会，实现行业自律。行业协会是旅游市场体系中一个重要组成部分，也是旅游市场体系成熟与否的标志之一。我国大部分旅游行业协会已经具备了一定的基础，在条件成熟的情况下，要积极组建专门的乡村旅游协会，实行协会对行业的自主管理。

五、本章小结

本章介绍了本书的研究结论、理论贡献、研究展望和对策建议。在结论部分，除有两个假设未获支持外，其余假设均获支持。同时，对未来的研究趋势进行了展望，并提出了对策建议。

参考文献

[1] 艾林书，邹冬生，胡美娜. 旅游发展过程中当地居民参与问题的研究——以岳阳市平江县石牛寨风景区为例 [J]. 湖南农业科学，2012 (14)：36-39.

[2] 保继刚，楚义芳，彭华. 旅游地理学 [M]. 北京：高等教育出版社，1993.

[3] 保继刚，彭华. 旅游地拓展开发研究——以丹霞山阳元石景区为例 [J]. 地理科学，1995 (1)：63-70.

[4] 蔡碧凡，孟明浩，陈贵松. 乡村旅游地绩效评价体系的构建及应用 [J]. 旅游论坛，2009 (2)：709-716.

[5] 曾本详. 中国旅游扶贫研究综述 [J]. 旅游学刊，2006 (2)：89-93.

[6] 陈宏辉，贾生华. 利益相关者理论与企业伦理管理的新发展 [J]. 社会科学，2002 (6)：53-57.

[7] 陈宏辉. 利益相关者管理：企业伦理管理的时代要求 [J]. 经济问题探索，2003 (2)：68-71.

[8] 陈宏辉. 企业的利益相关者理论与实证研究 [D]. 杭州：浙江大学，2003.

[9] 陈建煊. 利益相关者管理 [J]. 经济管理，2000 (4)：58.

[10] 陈珂，张金鑫，张琦. 大梨树村居民旅游影响感知、参与意愿及参与行为研究 [J]. 农业经济，2016 (05)：26-28.

[11] 陈昆玉. 论利益相关者公司治理模式 [J]. 现代经济探讨, 2000 (1): 66-67.

[12] 陈秋华, 纪金雄. 乡村旅游规划理论与实践 [M]. 北京: 中国旅游出版社, 2014.

[13] 陈岩峰. 基于利益相关者理论的旅游景区可持续发展研究 [D]. 成都: 西南交通大学, 2008.

[14] 陈志军, 黄细嘉. 美丽中国视阈下的乡村旅游转型与升级 [J]. 未来与发展, 2014 (08): 78-81.

[15] 程丽颖, 干晓宇, 谢雨杉, 等. 新津梨花溪乡村旅游农户参与情况及其影响因素的实证分析 [J]. 湖北农业科学, 2015, 54 (20): 5189-5192.

[16] 戴光全, 吴必虎. TPC 及 DLC 理论在旅游产品再开发中的应用——昆明市案例研究 [J]. 地理科学, 2002 (1): 123-128.

[17] 邓爱民, 黄鑫. 低碳背景下乡村旅游功能构建问题探讨 [J]. 农业经济问题, 2013 (2): 105-109.

[18] 丁丽英. 基于计划行为理论的福州居民赴台旅游行为意向研究 [J]. 吉林师范大学学报 (自然科学版), 2013 (1): 117-119+131.

[19] 杜江, 向萍. 关于乡村旅游可持续发展的思考 [J]. 旅游学刊, 1999 (1): 15-18.

[20] 樊苗, 李英. 发展文化体验型乡村旅游的影响因素分析 [J]. 旅游管理研究, 2013 (11): 60-61.

[21] 冯淑华. 三百山旅游发展中流域利益主体关系的探讨 [J]. 宜春学院学报, 2003 (05): 47-50.

[22] 付洪利, 汪明林. 反馈闭环系统理论在资源型旅游地生命周期中的应用 [J]. 乐山师范学院学报, 2006 (7): 98-101.

[23] 高静, 童索凡. 乡村旅游开发与社会主义新农村建设的对接与互动研究 [J]. 开发研究, 2014 (5): 128-131.

[24] 高静. 旅游目的地网络营销利益相关者分析 [J]. 桂林旅游高等专科学校学报, 2004 (6): 87-90

[25] 龚伟, 马木兰. 乡村旅游社区空间共同演化研究 [J]. 旅游科学, 2014

(3)：49-62.

[26] 谷慧敏，伍春来. 中国收入分配结构演变对国内旅游消费的影响 [J]. 旅游学刊，2003 (3)：19-23.

[27] 郭华. 制度变迁视角的乡村旅游社区利益相关者管理研究 [D]. 广州：暨南大学，2007.

[28] 郭倩倩，胡善风，朱红兵. 基于计划行为理论的乡村旅游意向研究 [J]. 华东经济管理，2013 (12)：167-172.

[29] 郭瑞香，蒋爱群，何晓军. 参与式理论和参与式农村评估方法在澳援项目中的应用 [J]. 河北水利，2004 (09)：10-11.

[30] 韩非，蔡建明，刘军萍. 大都市郊区乡村旅游地发展的驱动力分析 [J]. 干旱区资源与环境，2010 (11)：195-200.

[31] 韩卢敏，焦华富，李俊峰. 景区边缘型乡村旅游地开发研究——兼论黄山风景区周边乡村旅游开发 [J]. 安徽师范大学学报 (自然科学版)，2011 (2)：186-190.

[32] 何彪，马勇. 基于关系营销的旅游目的地利益相关者管理策略研究 [J]. 桂林旅游高等专科学校学报，2004 (3)：41-44

[33] 何景明，李立华. 关于“乡村旅游”概念的探讨 [J]. 西南师范大学学报 (人文社会科学版)，2002 (5)：125-128.

[34] 何景明. 城市郊区乡村旅游发展影响因素研究 [J]. 地域研究与开发，2006 (6)：71-76.

[35] 何景明. 乡村旅游发展及其影响研究 [M]. 北京：知识产权出版社，2013.

[36] 何静，王萌萌. 高职院校与区域发展互动研究 [J]. 中国职业技术教育，2013 (16)：66-69.

[37] 贺小荣，张杨. 贫困居民旅游扶贫效应感知与参与行为的关系研究 [J]. 中南林业科技大学学报 (社会科学版)，2017 (04)：54-60.

[38] 侯国林. 基于社区参与的湿地生态旅游可持续开发模式研究——以盐城海滨湿地国家级自然保护区为例 [D]. 南京：南京师范大学，2006.

[39] 胡文海. 基于利益相关者的乡村旅游开发研究 [J]. 农业经济问题，

2008（7）：82-86.

[40] 胡向红，张高军. 虚拟社区人际关系对旅游行为意向影响的实证研究［J］. 地理与地理信息科学，2015（04）：116-120.

[41] 胡志毅，张兆干. 社区参与和旅游业可持续发展［J］. 人文地理，2002（02）：38-41.

[42] 黄飞，袁燕生. 我国农业政策手段的运用与绩效分析——以乡村旅游政策为例［J］. 问题探讨，2008（6）：35＋37.

[43] 黄海珠. 民族旅游多元利益主体非和谐因素探讨——以广西龙胜平安村为例［J］. 广西社会科学，2006（10）：68-71.

[44] 黄静波，范香花，肖海平，等. 湘粤赣边界禁止开发区居民生态旅游参与行为机制——以国家风景名胜区东江湖为例［J］. 地理研究，2014（10）：1919-1927.

[45] 黄昆. 利益相关者共同参与的景区环境管理模式研究［J］. 湖北社会科学，2003（9）：81-82.

[46] 黄雪丽，路正南，Ya song（Alex）WANG. 基于TPB和VBN的低碳旅游生活行为影响因素研究模型构建初探［J］. 科技管理研究，2013（21）：181-190.

[47] 纪慧蓉. 产业升级视域下高职教育服务区域经济的功能及优化策略［J］. 教育与职业，2014（27）：11-13.

[48] 贾生华，陈宏辉. 利益相关者的界定方法述评［J］. 外国经济与管理，2002（5）：13-18.

[49] 蒋睿，杨世瑜. 怒江峡谷地区旅游扶贫策略探讨［J］. 生态经济，2009（1）：158-160＋166.

[50] 蒋艳. 欠发达地区参与旅游发展的思考［J］. 安徽农业大学学报（社会科学版），2004（3）：19.

[51] 孔庆书，李洪英，师伟力. 基于DEA的河北省休闲农业评价研究——以河北省休闲农业与乡村旅游示范点为例［J］. 中国生态农业学报，2013（4）：511-518.

[52] 雷久相. 提升高职院校社会服务能力的策略研究［J］. 职教论坛，2012

(36)：8-10.

[53] 黎洁，赵西萍. 社区参与旅游发展理论的若干经济学质疑［J］. 旅游学刊，2001（4）：44-47.

[54] 李炳昌. 巴拉河流域乡村旅游发展战略研究［J］. 贵州民族研究，2008（3）：154-159.

[55] 李飞. 产业结构调整背景下高职教育服务社会研究［J］. 职教论坛，2015（04）：45-49.

[56] 李华敏. 乡村旅游行为意向形成机制研究［D］. 杭州：浙江大学，2007.

[57] 李佳，钟林生，成升魁. 民族贫困地区居民对旅游扶贫效应的感知和参与行为研究——以青海省三江源地区为例［J］. 旅游学刊，2009（8）：71-76.

[58] 李建军. 基于“P-E”状况分析的旅游地生命周期应用研究［J］. 江西财经大学学报，2006（4）：50-54.

[59] 李锦. 在发展中维护民族文化生态——对泸沽湖摩梭社区的研究［J］. 中南民族大学学报（人文社会科学版），2005（3）：37-41.

[60] 李水山，许永峰. 韩国的农业与新村运动［M］. 北京：中国农业出版社，1995.

[61] 李晓明，麦影. 促进高职教育服务地方经济社会发展的政策与对策研究［J］. 教育与职业，2014（27）：22-24.

[62] 李星群. 民族地区乡村微型旅游企业对家庭的影响研究［J］. 广西民族研究，2011（2）：190-195.

[63] 李亚娟，陈田，王婧，等. 大城市边缘区乡村旅游地旅游城市化进程研究——以北京市为例［J］. 中国人口资源与环境，2013（4）：162-168.

[64] 李杨，罗芬. 计划行为理论在国内旅游行为中的应用研究述评［J］. 旅游管理研究，2018（10）：34-35.

[65] 李洋，王辉. 利益相关者理论的动态发展与启示［J］. 现代财经，2004（7）：32.

[66] 李益敏，蒋睿. 怒江大峡谷旅游扶贫研究［J］. 人文地理，2010（6）：

131-134.

[67] 李源，陈琴，张述林. 国内乡村旅游发展模式研究综述 [J]. 浙江万里学院学报，2013 (6)：34-38.

[68] 李正欢，郑向敏. 国外旅游研究领域利益相关者的研究综述 [J]. 旅游学刊，2006 (10)：85-91.

[69] 李舟. 关于旅游产品生命周期论的深层思考——与杨森林老师商榷 [J]. 旅游学刊，1997 (1)：38-40+63.

[70] 梁承磊，李秀荣. 基于影响因素分析的低碳旅游行为理论模型的创建 [J]. 山东财经大学学报，2016 (03)：69-76.

[71] 梁宇晖，Carla Barbieri，Myron F. Floyd. 基于"自然—乡村—城市"梯度开展的旅游和游憩研究：全球发展趋势和对中国的含义 [J]. 旅游学刊，2014，29 (06)：3-6.

[72] 廖慧怡. 基于《里山倡议》的乡村旅游发展途径初探——以台湾桃园地区对乡村旅游转型的需求为例 [J]. 旅游学刊，2014 (6)：76-86.

[73] 林刚，石培基. 关于乡村旅游概念的认识 [J]. 开发研究，2006 (6)：72-74.

[74] 林南枝，陶汉军. 旅游经济学 [M]. 南京：南开大学出版社，1999.

[75] 林宗贤，吕文博，吴荣华，等. 乡村旅游创业动机的性别差异研究——以台湾为例 [J]. 旅游学刊，2013 (5)：89-98.

[76] 刘春济，高静. 基于计划行为理论的社区居民参与生态旅游发展的行为意向研究——以崇明岛为例 [J]. 北京第二外国语学院学报，2012 (07)：56-64.

[77] 刘春济. 我国旅游产业结构优化研究 [D]. 长春：华东师范大学，2014.

[78] 刘德谦. 关于乡村旅游、农业旅游与民俗旅游的几点辨析 [J]. 旅游学刊，2006 (3)：12-19.

[79] 刘德谦. 关于乡村旅游之管锥 [J]. 旅游导刊，2019，3 (01)：76-81.

[80] 刘法建，张捷，章锦河. 旅游地网络的演化与时空特征研究——以黄山风景区及汤口社区为例 [J]. 地理科学，2014 (12)：1428-1437.

[81] 刘丽君，郭宏杰. 我国乡村旅游开发模式研究 [J]. 安徽农业科学，2008 (16)：6907-6908.

[82] 刘纬华. 关于社区参与旅游发展的若干理论思考 [J]. 旅游学刊，2000 (1)：47-52.

[83] 刘向辉. 企业网站的利益相关者分析 [J]. 华侨大学学报（哲学社会科学版），2003 (2)：33-37.

[84] 刘雪梅，保继刚. 从利益相关者角度剖析国内外生态旅游实践的变形 [J]. 生态学杂志，2005 (3)：348-353.

[85] 柳百萍，胡文海，尹长丰，等. 有效与困境：乡村旅游促进农村劳动力转移就业辨析 [J]. 农业经济问题，2014 (5)：81-86+112.

[86] 卢冲，耿宝江，庄天慧，等. 藏区贫困农牧民参与旅游扶贫的意愿及行为研究——基于四川藏区 23 县（市）1320 户的调查 [J]. 旅游学刊，2017 (1)：64-76

[87] 卢小丽，成宇行，王立伟. 国内外乡村旅游研究热点——近 20 年文献回顾 [J]. 资源科学，2014 (1)：200-205.

[88] 吕星. 云南参与式方法实践者的探索 [J]. 云南 PRA 工作网通讯，1999 (9)：14.

[89] 马奔，温亚利. 生态旅游对农户家庭收入影响研究——基于倾向得分匹配法的实证分析 [J]. 中国人口·资源与环境，2016 (10)：152-160.

[90] 马世罕，戴林琳，吴必虎. 北京郊区乡村旅游季节性特征及其影响因素 [J]. 地理科学进展，2012 (6)：817-824.

[91] 马晓京. 民族生态旅游：保护性开发民族旅游的有效模式 [J]. 人文地理，2012 (3)：56-59.

[92] 马彦琳. 环境旅游与文化旅游紧密结合——贵州省乡村旅游发展的前景和方向 [J]. 旅游学刊，2005 (01)：63-67.

[93] 宁泽群. 农业产业转型与乡村旅游发展：一个乡村案例的剖析 [M]. 北京：旅游教育出版社，2014.

[94] 潘顺安. 中国乡村旅游驱动机制与开发模式研究 [D]. 长春：东北师范大学，2007.

[95] 蒲姝. 我国乡村旅游发展现状与对策研究——以成都市乡村旅游为例 [J]. 生态经济，2010 (05)：119-123.

[96] 祁洪玲，刘继生，梅林. 旅游地生命周期理论争议再辨析 [J]. 地理与地理信息科学，2014 (4)：78-84.

[97] 秦远好，马亚菊，刘德秀. 民族贫困地区居民的旅游扶贫影响感知研究——以重庆石柱县黄水镇为例 [J]. 西南大学学报 (自然科学版)，2016 (08)：74-82.

[98] 邱宏亮. 基于 TPB 拓展模型的出境游客文明旅游行为意向影响机制研究 [J]. 旅游学刊，2017 (06)：75-85.

[99] 沈艺峰，林志扬. 相关利益者理论评析 [J]. 经济管理，2001 (8)：16-22.

[100] 宋瑞. 我国生态旅游发展利益相关者视角分析 [J]. 杭州师范学院学报 (社会科学版)，2004 (5)：74-80.

[101] 覃江华. 旅游地生命周期研究综述 [J]. 中南民族大学学报 (人文社会科学版)，2005 (5)：214-216.

[102] 唐德荣，杨锦秀，刘艺梅. 乡村旅游意愿及其影响因素研究 [J]. 农业经济问题，2008 (12)：47-52.

[103] 陶长江，付开菊，王颖梅. 乡村旅游对农村家庭关系的影响研究——成都龙泉驿区石经村的个案调查 [J]. 干旱区资源与环境，2014 (10)：203-208.

[104] 田银华，尹湘鹏. 湖南高等教育服务于区域经济发展的思考 [J]. 当代教育论坛 (宏观教育研究)，2008 (09)：48-50.

[105] 佟敏. 基于社区参与的我国生态旅游研究 [D]. 哈尔滨：东北林业大学，2005.

[106] 王兵. 从中外乡村旅游的现状对比看我国乡村旅游的未来 [J]. 旅游学刊，1999 (2)：38-42.

[107] 王大悟，魏小安. 新编旅游经济学 [M]. 上海：上海人民出版社，1998.

[108] 王德刚. 文化自信、利益均衡是确立乡村旅游伦理关系的基础 [J]. 旅

游学刊，2014 (11)：9-11.

[109] 王辉．公司治理评价体系中的利益相关者指标 [J]．南开管理评论，2003 (03)：24-25.

[110] 王继庆．我国乡村旅游可持续发展问题研究 [D]．哈尔滨：东北林业大学，2007.

[111] 王莉，陆林，王咏．古村落旅游地利益主体关系及影响研究——世界文化遗产地西递、宏村实证分析 [J]．资源开发与市场，2006 (3)：276-279.

[112] 王连生．毛泽东、邓小平、江泽民农民教育思想阐析 [J]．教育探索，2004 (01)：4-6.

[113] 王琼英，唐代剑．基于城乡统筹的乡村旅游价值再造 [J]．农业经济问题，2012 (11)：66-71+111.

[114] 王云才．国际乡村旅游发展的政策经验与借鉴 [J]．旅游学刊，2002 (04)：45-50.

[115] 王瑛．城乡统筹下的乡村旅游发展政府作为研究 [J]．改革与战略，2011 (02)：33-36.

[116] 王兆峰，向秋霜．基于 MOA 模型的武陵山区社区居民参与旅游扶贫研究 [J]．中央民族大学学报（哲学社会科学版），2017 (6)：94-102.

[117] 温忠麟，张雷，侯杰泰．有中介的调节变量和有调节的中介变量 [J]．心理学报，2006 (3)：448-452.

[118] 文军，李星群．少数民族地区乡村旅游扶贫研究——以桂林龙胜龙脊景区为例 [J]．广西民族研究，2008 (04)：195-202.

[119] 乌恩，蔡运龙，金波．试论乡村旅游的目标、特色及产品 [J]．北京林业大学学报，2002 (3)：78-82.

[120] 吴必虎．区域旅游规划原理 [M]．北京：中国旅游出版社，2000.

[121] 吴冠岑，牛星，许恒周．乡村旅游开发中土地流转风险的产生机理与管理工具 [J]．农业经济问题，2013 (04)：63-68+111.

[122] 吴国琴．大别山区旅游扶贫生态绩效的实证分析——以豫南 4 个旅游扶贫村为例 [J]．信阳师范学院学报（自然科学版），2016 (03)：

376-380.

[123] 吴江，黄震方．旅游地生命周期曲线模拟的初步研究——Logistic 曲线模型方法的应用 [J]．地理与地理信息科学，2004 (5)：91-94.

[124] 吴巧红．后现代视角下的乡村旅游 [J]．旅游学刊，2014 (08)：7-9.

[125] 向延平．武陵山区旅游扶贫生态绩效模糊分析——以湘鄂渝黔 6 个市州为例 [J]．湖南农业科学，2012 (13)：131-133.

[126] 向延平．武陵源世界自然遗产地旅游扶贫绩效模糊评价 [J]．中南林业科技大学学报（社会科学版），2012 (06)：5-7.

[127] 肖光明．观光农业的复合型开发模式初探——以肇庆广新农业生态园为例 [J]．经济地理，2004 (5)：679-682.

[128] 肖佑兴，明庆忠，李松志．论乡村旅游的概念和类型 [J]．旅游科学，2001 (3)：8-10.

[129] 谢宁光．高铁乘客旅游的特征及行为意向分析 [J]．西安文理学院学报（自然科学版），2017 (1)：92-99.

[130] 谢彦君．旅游地生命周期的控制与调解 [J]．旅游学刊，1995 (2)：41-44.

[131] 徐刚．贵州乡村旅游可持续发展的困境及破解——以安顺天龙屯堡为例 [J]．贵州社会科学，2014 (08)：116-118.

[132] 徐红罡．潜在游客市场与旅游产品生命周期——系统动力学模型方法 [J]．系统工程，2001 (3)：69-75.

[133] 徐清．基于“点—轴系统”理论的乡村旅游空间集聚研究——以浙江江山市为例 [J]．经济地理，2013 (04)：174-178.

[134] 徐小飞，杨洪．国外旅游发展绩效评估研究动态 [J]．经济研究导刊，2016 (10)：174-176.

[135] 徐秀美．基于农牧民幸福感与满意度的西藏乡村旅游开发模式绩效评价 [J]．云南地理环境研究，2015 (1)：1-9.

[136] 徐永祥．社区发展论 [M]．上海：华东理工大学出版社，2000.

[137] 徐致云，陆林．旅游地生命周期研究进展 [J]．安徽师范大学学报（自然科学版），2006 (6)：599-603.

[138] 严伟．演化经济学视角下的旅游产业融合机理研究［J］．社会科学家，2014（10）：97-101.

[139] 阎友兵，肖瑶．旅游景区利益相关者共同治理的经济型治理模式研究［J］．社会科学家，2007（03）：108-112.

[140] 阎友兵．旅游地生命周期理论辨析［J］．旅游学刊，2001（6）：45-47.

[141] 杨春宇．旅游地阶段预测模型构建及实证研究［J］．资源科学，2009（6）：1015-1021.

[142] 杨桂华．生态旅游景区开发［M］．北京：科学出版社，2004.

[143] 杨军．中国乡村旅游驱动力因子及其系统优化研究［J］．旅游科学，2006（4）：7-11.

[144] 杨瑞龙，周业安．论利益相关者合作逻辑下的企业共同治理机制［J］．中国工业经济，1998（01）：38-45.

[145] 杨瑞龙，周业安．企业的利益相关者理论及其应用［M］．北京：经济科学出版社，2000.

[146] 杨效忠，陆林．旅游地生命周期研究的回顾和展望［J］．人文地理，2004（5）：5-10.

[147] 杨修发，许刚．利益相关者理论及其治理机制［J］．湖南商学院学报，2004（5）：38-40.

[148] 杨旭．开发“乡村旅游”势在必行［J］．旅游学刊，1992（2）：38-41.

[149] 姚国荣，陆林．旅游风景区核心利益相关者界定——以安徽九华山旅游集团有限公司为例［J］．安徽师范大学学报（人文社会科学版），2007（01）：102-105.

[150] 姚娟，陈飚．生态旅游区少数民族牧民对定居工程及参与旅游的态度研究——以新疆天山天池、那拉提为例［J］．旅游学刊，2010（07）：28-34.

[151] 姚艳虹，罗焱．旅游者目的地选择的TPB模型与分析［J］．旅游科学，2006（05）：20-25.

[152] 姚治国，苏勤，陆恒芹，等．国外乡村旅游研究透视［J］．经济地理，2007（6）：1046-1050.

[153] 尤海涛，马波，陈磊．乡村旅游的本质回归：乡村性的认知与保护［J］．中国人口资源与环境，2012（09）：158-162.

[154] 尤海涛．基于城乡统筹视角的乡村旅游可持续发展研究［D］．青岛：青岛大学，2015.

[155] 尤海涛．乡村旅游利益之殇与本源回归［J］．旅游学刊，2014（12）：10-12.

[156] 于静．论乡村旅游对农村经济发展的意义［J］．经济问题，2007（5）：91-93.

[157] 余书炜．“旅游地生命周期理论”综论——兼与杨森林商榷［J］．旅游学刊，1997（01）：32-37＋63.

[158] 张惠，周春林，管卫华，等．基于旅游系统的旅游地生命周期问题探讨［J］．中国软科学，2004（11）：142-146.

[159] 张树民．中国乡村旅游发展模式与政策保障研究［M］．北京：中国旅游出版社，2014.

[160] 张伟，吴必虎．利益主体（Stakeholder）理论在区域旅游规划中的应用——以四川省乐山市为例［J］．旅游学刊，2012（4）：63-68.

[161] 张文．对旅游区生命周期问题的看法［M］//孙仲明．旅游开发研究论集．北京：旅游教育出版社，1990.

[162] 张一，邱洁威，邵林涛，等．乡村旅游拉力动机的结构及旅游者类型分析［J］．干旱区资源与环境，2014（10）：191-196.

[163] 张祖群，方巧，杨新军．基于文化景观的利益主体经济互动——荆州的旅游人类学实证研究［J］．桂林旅游高等专科学校学报，2004（1）：74-78.

[164] 张遵东，章立峰．贵州民族地区乡村旅游扶贫对农民收入的影响研究——以雷山县西江苗寨为例［J］．贵州民族研究，2011（06）：66-71.

[165] 郑群明，钟林生．参与式乡村旅游开发模式探讨［J］．旅游学刊，2004（04）：33-37.

[166] 钟林生，赵士洞，向宝惠．生态旅游规划原理与方法［M］．北京：化学工业出版社，2003.

[167] 周丹敏. 乡村旅游可持续性发展的多理论视角研究 [M]. 南昌: 江西高校出版社, 2014.
[168] 周建明, 蔡晓霞, 宋涛. 试论我国乡村旅游标准化发展历程及体系架构 [J]. 旅游学刊, 2011 (02): 58-64.
[169] 周玲. 旅游规划与管理中利益相关者研究进展 [J]. 旅游学刊, 2004 (6): 53-59.
[170] 周鹏, 张宏志. 利益相关者间的谈判与企业治理结构 [J]. 经济研究, 2002 (6): 55-62+95.
[171] 周荣华, 向银, 张学兵. 基于IPA分析的乡村旅游对农民收入影响的实证研究——以四川省都江堰市为例 [J]. 农村经济, 2012 (8): 39-42.
[172] 周学军, 李勇汉. 社区居民的扶贫旅游参与意愿研究——基于旅游影响感知、态度的视角 [J]. 技术经济与管理研究, 2017 (07): 26-30.
[173] 周杨. 乡村旅游从业人员就业满意度评价及影响因素 [J]. 学术研究, 2014 (06): 90-94.
[174] 朱伟. 乡村旅游理论与实践 [M]. 北京: 中国农业科学技术出版社, 2014.
[175] 朱璇. 新乡村经济精英在乡村旅游中的形成和作用机制研究——以虎跳峡徒步路线为例 [J]. 旅游学刊, 2012 (06): 73-78.
[176] 朱长宁. 退耕还林背景下农户经济行为研究 [D]. 南京: 南京农业大学, 2014.
[177] 邹统钎, 马欣, 张昕玲. 乡村旅游可持续发展的动力机制与政府规制 [J]. 杭州师范学院学报, 2006 (2): 64-67.
[178] 邹统钎. 中国乡村旅游发展模式研究——成都农家乐与北京民俗村的比较与对策分析 [J]. 旅游学刊, 2005 (3): 63-68.
[179] 党的十九大报告辅导读本 [M]. 北京: 人民出版社, 2017.
[180] 道格拉斯·诺斯. 经济史上的结构和变迁 [M]. 厉以平, 译. 北京: 商务印书馆, 1999.
[181] Aas C, Ladkin A, Fletcher J. Stakeholder collaboration and heritage

management [J]. Annals of Tourism Research, 2005 (1): 28-48.
[182] Agarwal S. Restructuring seaside tourism: The resort life cycle [J]. Annals of Tourism Research, 2002 (1): 25-55.
[183] Ajzen I. From intentions to actions: A theory of planned behavior [M] // Kuhl J, Beckman J. Action control: From cognition to behavior. Heidelberg: Springer, 1985.
[184] Ajzen I. The theory of planned behavior [J]. Organizational Behavior and Human Decision Processes, 1991 (2): 179-211.
[185] Andriotis K. Community groups' perceptions of and preferences for tourism development: Evidence from Crete [J]. Journal of Hospitality & Tourism Research, 2005 (1): 67-90.
[186] Anthony C, Davi C B. Tourism area life cycle extensions [J]. Annals of Tourism Research, 1993 (3): 557-570.
[187] Baron R M, Kenny D A. The moderator-mediator variable distinction in social psychological research: Conceptual, strategic, and statistical considerations [J]. Journal of Personality and Social Psychology, 1986 (6): 1173-1182.
[188] Baum T. Taking the exit route: Extending the tourism area life cycle model [J]. Current Issues in Tourism, 1998 (2): 167-175.
[189] Blain C, Ievy S E, Ritchie J R B. Destination branding: Insights and practices from destination management organizations [J]. Journal of Travel Research, 2005 (4): 328-338.
[190] Bramwell B, Lane B. Rural tourism and sustainable rural development [M]. UK: Channel View Publications, 1994.
[191] Bramwell B, Sharman A. Collaboration in local tourism policy making [J]. Annals of Tourism Research, 1999 (2): 392-415.
[192] Brian G, Roz W, Ray Y. Re-conceptualizing rural resources as countryside capital: The case of rural tourism [J]. Journal of Rural Studies, 2005 (1): 117-128.

[193] Buhalis D. Marketing the competitive destination of the future [J]. Tourism Management, 2000 (1): 97-116.

[194] Burger J. Landscapes, tourism, and conservation [J]. The Science of the Total Environment, 2000 (1): 39-49.

[195] Burns G L, Howard P. When wildlife tourism goes wrong: A case study of stakeholder and management issues regarding Dingoes on Fraser Island Australia [J]. Tourism Management, 2003 (6): 699-712.

[196] Butler R W. The tourism area life cycle (Volume 1): Applications and modifications [M]. Cleveland, England: Channel View Publications, 2006.

[197] Butler R W. The tourism area life cycle (Volume 2): Conceptual and theoretical issues [M]. Cleveland, England: Channel View Publications, 2006.

[198] Butler R W. Tourism area life cycle: Contemporary tourism review [M]. Oxford: Goodfellow Publishers Limited, 2011.

[199] Cawley M, Gilm D A. Integrated rural tourism: Concepts and practice [J]. Annals of Tourism Research, 2008 (2): 316-337.

[200] Celeste E, Maria J, Diogo S S. Who is consuming the countryside? An activity-based segmentation analysis of the domestic rural tourism market in Portugal [J]. Journal of Hospitality and Tourism Management, 2016 (6): 197-210.

[201] Cevat T. Limits to community participation in the tourism development process in developing contries [J]. Tourism Management, 2000 (6): 613-633.

[202] Choy D J L. Life cycle models for pacific island destinations [J]. Journal of Travel Research, 1992 (3): 26-31.

[203] Chris C, Stephen J. Destination life cycle: The isle of man case study [J]. Annals of Tourism Research, 1989 (3): 377-398.

[204] Christaller W. Some consideration of tourism location in Europe: The

peripheral regions-under developed countries-recreation areas [J]. Regional Science Association Papers, 1963 (1): 103-105.

[205] Christian M Rogerson. Rethinking slum tourism: Tourism in South Africa's rural slum lands [J]. Bulletin of Geography. Socioeconomic Series, 2014 (3): 19-34.

[206] Daugstad K. Negotiating landscape in rural tourism [J]. Annals of Tourism Research, 2008 (2): 401-426.

[207] De A L M, Bramwell B. Partnership and regional tourism in Brazil [J]. Annals of Tourism research, 2002 (4): 1138-1164.

[208] Debbage K G. Oligopoly and the resort cycle in the Bahamas [J]. Annals of Tourism Research, 1990 (4): 513-527.

[209] Diamond J. A real trip: Eco-tourism destinations that go the extra mile [J]. The Environmental Magazine Norwalk, 2002 (4): 38-39.

[210] Dickinson J E, Robbins D. Representations of tourism problems in a rural destination [J]. Tourism Management, 2008 (6): 1110-1121.

[211] Dogan G. Resident attitudes: A structural modeling approach [J]. Annals of Tourism Research, 2002 (1): 79-105.

[212] Donald G. Tourism planning and destination life cycle [J]. Annals of Tourism Research, 1992 (4): 752-770.

[213] Donaldson T, Dunfee T W. Toward a unified conception of business ethics: Integrative social contracts theory [J]. Academy of Management Review, 1994 (2): 252-284.

[214] Donaldson T, Preston L E. The Stakeholder theory of the corporation: Concepts, evidences and implications [J]. Academy of Management Review, 1995 (1): 65-91.

[215] Duk B P, Yoo S Y. Segmentation by motivation in rural tourism: A Korean case study [J]. Tourism Management, 2009 (1): 99-108.

[216] Fallon L D, Kriwoken L K. Community involvement in tourism infrastructure: The case of the Strainer Visitor Centre, Tasmania [J].

Tourism Management, 2003 (3): 289-308.

[217] Fishbein M, Ajzen I. Belief, attitude, intention, and behavior: An introduction to theory and research reading [M]. MA: Addison-Wesley, 1975.

[218] Fishbein M. An investigation of the relationships between beliefs about an object and the attitude toward that object [J]. Human Relations, 1963 (3): 233-240.

[219] Fleischer A, Felsenstein D. Support for rural tourism: Does it make a difference? [J]. Annals of Tourism Research, 2000, 27 (4): 1007-1024.

[220] Foster D M, Murphy P. Resort cycle resisted the retirement connection [J]. Annals of Tourism Research, 1991 (4): 553-576.

[221] Gary R H. Visitor cycles outlook for tourism in Lancaster County [J]. Annals of Tourism Research, 1982 (4): 565-583.

[222] Hassan S. Determinants of market competitiveness in an environmentally sustainable tourism industry [J]. Journal of Travel Research, 2000 (3): 239-245.

[223] Holden A. In need of new environmental ethics for tourism [J]. Annals of Tourism Research, 2003 (1): 94-108.

[224] Inskeep E. Tourism Planning—An Integrated and Sustainable Development Approach [M]. New York: Van Nostrand Reinhold, 1991.

[225] Jackiewicz E L. Tourism without threat? Excerpts from rural Costa Rica [J]. Annals of Tourism Research, 2005 (1): 266-268.

[226] Jamal T B, Getz D. Collaboration theory and community tourism planning [J]. Annals of Tourism Research, 1995 (1): 186-204.

[227] Jana J, Marián H. Creativity and rural tourism [J]. Creative and Knowledge Society, 2012 (2): 5-15.

[228] Jana J, Łubica M, Tomáš K. Financial supporting tools of rural tourism development in Nita Self-Governing Region [J]. European

Countryside, 2016 (2): 123-134.

[229] Jonna H, Aytan P, Juha K. Need for service design development for sustainable rural tourism in Azerbaijan [J]. Baltic Journal of European Studies, 2014 (2): 83-98.

[230] Katarína M, Łubica M. Is rural tourism a perspective driver of development of rural municipalities—The case of Slovak Republic [J]. Acts Regional at Environmental, 2017 (1): 1-6.

[231] Keith G D. Oligopoly and the resort cycle in the Bahamas [J]. Annals of Tourism Research, 1990 (4): 513-527.

[232] Kernel P. Creating and implementing a model for sustainable development in tourism enterprises [J]. Journal of Cleaner Production, 2005 (2): 151-164.

[233] Klaus J, Meyer A. The Grand Isle, Louisiana resort cycle [J]. Annals of Tourism Research, 1985 (3): 449-465.

[234] Knight J. Competing hospitalizes in Japanese rural tourism [J]. Annals of Tourism Research, 1996 (1): 165-180.

[235] Ko T G. Development of a tourism sustainability assessment procedure: A conceptual approach [J]. Tourism Management, 2005 (3): 431-445.

[236] Kresic D, Markovic I, Kozic I. Exploring spatial impact of tourism development on the protected areas from the TALC model perspective [J]. Naipaul: International Association for Tourism Policy, 2016 (1): 62-62.

[237] Larke C J, Denman R, Hickman G, et al. Rural tourism in Roznava Okres: A Slovak case study [J]. Tourism Management, 2001 (2): 193-202.

[238] Linj H, Jiang S H. An evaluation of peasant's satisfaction about Chongqing rural tourism from the respective of protecting peasants rights and interests [J]. Journal of Chemical Research, 2015 (4):

1316-1322.

[239] Liu A. Tourism in rural areas: Kedah, Malaysia [J]. Tourism Management, 2006 (5): 878-889.

[240] Mac D R, Joliffe. Cultural rural tourism—Evidence from Canada [J]. Annals of Tourism Research, 2003 (2): 307-322.

[241] Markwick M C. Golf tourism development, stakeholders, differing discourse and alternative agendas: The case of Malta [J]. Tourism Management, 2000 (5): 515-524.

[242] Metin K, Drew M. Tourism life cycle and sustainability analysis: Profit-focused strategies for mature destinations [J]. Tourism Management, 2012 (1): 188-194.

[243] Michael J P, Jacquelyn A O. Exploratory examination of whether marketers include stakeholders in the green new product development process [J]. Journal of Cleaner Production, 1998 (3-4): 269-275.

[244] Moore W, Whitehall P. The tourism area life cycle and regime switching models [J]. Annals of Tourism Research, 2005 (1): 112-126.

[245] Mthembu M B. Rural tourism development: A visible formula for poverty alleviation in Bergville Inkanyiso [J]. Journal of Humanities and Social Sciences, 2012 (1): 66-73.

[246] Murphy P E. Tourism: A Community Approach [M]. New York: Methane Inc., 1985.

[247] Palmer A, Bejou D. Tourism destination marketing alliances [J]. Annals of Tourism Research, 1995 (3): 616-629.

[248] Petty J. The many interpretations of community partierpation [J]. In Focus, 1995 (16): 6.

[249] Pratt S. Economic linkages and impacts across the TALC [J]. Annals of Tourism Research, 2011 (2): 630-650.

[250] Priestley, Mundet. The post-stagnation phase of the resort cycle [J]. Annals of Tourism Research, 1998 (1): 85-111.

[251] Reed M G. Power relations and community-based tourism planning [J]. Annals of Tourism Research，1997 (3)：566-591.
[252] Ritchie J R B. Crafting a value driven vision for a national tourism treasure [J]. Tourism Management，1999 (3)：273-282.
[253] Ritchie J R B. Policy formulation at the tourism/environment interface：Insights and recommendations from the Baffin-Bow valley study [J]. Journal of Travel Research，1999 (2)：100-110.
[254] Robson J，Robson I. From shareholders to stakeholders：Critical issues for tourism marketers [J]. Tourism Management，1996 (7)：533-540.
[255] Ruf B F. An empirical investigation of the relationship between change in corporate social performance and financial performance：A stakeholder theory perspective [J]. Journal of Business Ethics，2001 (1)：143-156.
[256] Ryan C. Equity，management，power sharing and sustain ability：Issue of "new tourism" [J]. Tourism Management，2002 (1)：17-26.
[257] Sam C. Synergy and congestion in the tourist destination life cycle [J]. Tourism Management，2012 (5)：1128-1140.
[258] Sautter E T，Lei S B. Managing stakeholders：A tourism planning model [J]. Annals of Tourism Research，1999 (2)：312-328.
[259] Saxena G，Libery B. Integrated rural tourism—A border case study [J]. Annals of Tourism Research，2008 (1)：233-254.
[260] Sharpley R. Rural tourism and the challenge of tourism diversification：The case of Cyprus [J]. Tourism Management，2002 (3)：233-244.
[261] Sheehan L R，Ritchie J R. Destination stakeholders：Exploring identity and salience [J]. Annals of Tourism Research，2005 (3)：711-734.
[262] Sheela A. Restructuring seaside tourism—The resort life cycle [J]. Annals of Tourism Research，2001 (1)：25-55.

[263] Singh S. The tourism area life cycle：A clarification [J]. Annals of Tourism Research，2011 (3)：1185-1187.

[264] Stansfield C. Atlantic city and the resort cycle background to the legalization of gambling [J]. Annals of Tourism Research，1978 (2)：238-251.

[265] Stefan N，Kim P. Rural tourism as promoter of rural development-prospects and limitations：Case study findings from a pilot project promoting village tourism [J]. European Countryside，2015 (4)：270-296.

[266] Stonich S C. Political ecology of tourism [J]. Annals of Tourism Research，1998 (1)：25-54.

[267] Strapp J D. The resort cycle and second homes [J]. Annals of Tourism Research，1990，15 (4)：513-517.

[268] Svend L，Stephen W. The resort life cycle theory-generating processes and estimation [J]. Annals of Tourism Research，2001 (4)：947-964.

[269] Thomas S. Agriculture first：Assessing European policies and scientific typologies to define authentic agritourism and differentiate it from countryside tourism [J]. Tourism Management Perspectives，2016 (1)：251-264.

[270] Tosun D C. Limits to community participation in the tourism development process in countries [J]. Tourism Management，2000 (6)：613-633.

[271] Vijayaragavan D. Impact to tourism in Indian economy [J]. International Journal of Development Research，2014 (4)：2835-2839.

[272] Warnken J，Russell R，Faulkner B. Condominium developments in maturing destinations：Potentials and problems of long-term sustainability [J]. Tourism Management，2003 (2)：155-168.

[273] Williams C，Davis B. Land-based activities：What remains to be done

[J]. Ocean & Costal Management, 1995 (1): 207-222.

[274] Williams P W, Penrose R W, Hawkes S. Shared decision-making in tourism land use planning [J]. Annals of Tourism Research, 1998 (4): 860-889.

[275] Wilson S, Fesenmaier D R, Fesenmaier J, et al. Factors for success in rural tourism development [J]. Journal of Travel Research, 2001 (2): 132-138.

[276] Ying T, Zhou Y G. Community, governments and external capitals in China's rural tourism: A comparative study of two adjacent villages [J]. Tourism Management, 2007 (1): 96-107.

[277] Yuksel F, Bramwell B, Yuksel A. Stakeholder interviews and tourism planning at Pamukkale, Turkey [J]. Tourism Management, 1999 (3): 351-360.

[278] Zeihaml V A, Berry L L, Paraasuraman A. The behavior consequences of service quality [J]. Journal of Marketing, 1996 (2): 31-46.

附件　居民参与乡村旅游调查问卷

尊敬的居民朋友：

您好！为了提高贵州旅游服务质量和服务水平，我们要进行一项居民问卷调查，调查内容不涉及隐私。您有幸被我们选中，麻烦您填写我们的调查问卷，完成后我们将有礼品赠送。

填答问卷时请注意以下几点：

1. 答案无所谓“对”或“错”，您只要如实回答。
2. 请您亲自填答，不要找他人代答，也不要与他人商量。
3. 请您按照问卷中的提示选择答案或进行填写。
4. 请您逐题回答，不要遗漏。
5. 如无特殊说明，所有问题只选一个答案。

旅游经济调查课题组

2018年7月

A1. 您的性别：1. 男　　2. 女

A2. 您的年龄：

1. 66岁以上　　2. 56～65岁　　3. 46～55岁　　4. 36～45岁
5. 26～35岁　　6. 18～25岁

A3. 您的婚姻状况：1. 未婚　　2. 已婚　　3. 其他

A4．您的受教育程度：

1．初中及以下　　2．高中及中专　　3．大专及高职

4．本科及以上

A5．您是以哪种方式参与乡村旅游开发的：

1．农家乐　　2．客栈　　3．零售　　4．出租商铺　　5．其他

A6．因为乡村旅游发展，您家共有几人从事相关工作：

1．2人及以下　　2．3人　　3．4人　　5．5人及以上

A7．您家每年从事乡村旅游活动的收入大约多少？

1．30000元以下　　2．30001～60000元　　3．60001～90000元

4．90001～120000元　　5．120001～150000元　　6．150000元以上

A8．您在当地居住时间：

1．10年以上　2．8～10年　3．5～7年　4．3～4年　5．2年及以下

A9．该乡村旅游地离中心城市的距离：

1．15公里以内　2．16～50公里　3．51～100公里　4．100公里以上

B1．请您就是否愿意参与乡村旅游发展进行选择。

情况表述	很愿意	愿意	一般	不愿意	很不愿意
1．您愿意推荐亲友参与乡村旅游经营吗？					
2．条件允许时，您愿意扩大旅游经营规模吗？					
3．游客不多时，您还愿意坚持乡村旅游经营吗？					
4．您愿意参与乡村旅游开发吗？					
5．您愿意参与乡村旅游决策吗？					
6．您愿意参与乡村旅游规划吗？					
7．您愿意参与乡村生态环境保护吗？					
8．您愿意受雇于本地旅游企业吗？					
9．您愿意协调乡村旅游中产生的矛盾吗？					

B2. 请您对自己参与乡村旅游的实际情况打分，最高分 5 分，最低分 1 分。

情况表述	5	4	3	2	1
1. 我了解乡村旅游的情况					
2. 我学习乡村旅游的知识					
3. 我会诚实守信合法经营					
4. 我接受政府的旅游管理					
5. 我接受旅游的相关培训					
6. 我热情接待游客的情况					
7. 我设法吸引游客来旅游					

B3. 请您就乡村旅游给生活带来的改变情况打分，最高分 5 分，最低分 1 分。

情况表述	5	4	3	2	1
1. 促进当地经济发展					
2. 增加居民就业机会					
3. 提高居民生活水平					
4. 完善基础设施建设					
5. 提高旅游地知名度					
6. 促进思想观念转变					
7. 加强文化传承意识					
8. 促进本外地文化交流					
9. 促进居民关系融洽					
10. 增强居民生态保护意识					
11. 促进当地清洁能源改造					
12. 促进当地牲圈改造					
13. 促进当地厕所改造					
14. 促进当地垃圾处理					
15. 促进当地污水处理					

B4. 请您就政府在乡村旅游发展中的情况打分，最高分 5 分，最低分 1 分。

情况表述	5	4	3	2	1
1. 政府开展乡村旅游调研					
2. 政府对乡村旅游发展有扶持政策					
3. 政府对乡村旅游业有税收优惠政策					
4. 政府对乡村旅游有征地补偿政策					
5. 政府对乡村旅游有奖励政策					
6. 政府动员居民参与乡村旅游					
7. 政府在乡村旅游中重视生态保护					
8. 政府在乡村旅游中配备意见箱					
9. 政府在乡村旅游中设立专项资金					
10. 政府在乡村旅游中制定培训计划					
11. 政府在乡村旅游有宣传推广活动					
12. 政府在乡村旅游中建立专门网站					
13. 政府在乡村旅游中组织重大节事活动					
14. 政府在乡村旅游中设立专门责任部门					

B5. 请您对当地乡村旅游改善提出宝贵意见和建议。